공직 제도개혁의 헌법적 조망

내일을여는지식 / 법 28

공직
제도개혁의
헌법적 조망

ㅣ 손상식 지음

행정의 효율성을 위한 정부의 역할과 기능에 대한 근본적인 패러다임의 전환

한국학술정보㈜

 우리나라에서는 최근 세계화·개방화·정보화·지방화의 심각한 국내외적 환경변화와 경제적 어려움이 겹치면서 공직사회의 생산성을 제고시키려는 노력의 일환으로서 공직제도에 대한 개혁작업이 시도되어 왔다. 즉 공공조직은 민간기업과는 달리 모든 국민에게 공공서비스를 제공한다는 점에서 효율성과 생산성만을 강조할 수 없는 근본적인 차이점이 있음에도 불구하고, 민간기업의 경영기법을 도입하는 등 공직제도의 개혁에 박차를 가하고 있다. 그중에서도 헌법적 차원에서는 契約職 公務員의 擴大, 公務員의 人力減縮, 高位公務員團의 導入, 外國人의 公職者 採用, 그리고 成果給制의 導入 등을 손꼽을 수 있다.

 첫 번째로, 契約職 公務員의 擴大에 관해 살펴보기로 한다. 계약직 공무원제도는 정규 공무원이 수행하기에 어려운 특수 전문분야 업무를 한시적으로 보조하는 것을 전제로 운영되어 왔으나, 최근 공직의 개방성과 유연성을 확대해 나가는 인사개혁 정책에 따라 계약직 공무원제도는 보다 더 강화되어 왔다. 이러한 계약직의 확대는 직업공무원의 지위를 잠탈하는 결과를 초래하여 직업공무원제도의 본질적 내용을 훼손시킬 수 있다.

 두 번째로, 公務員의 人力減縮에 관해 살펴보기로 한다. 새로운 정부가 등장할 때마다 공직인력은 상당한 영향을 받는다. 특히 이명박 정부의 기본철학은 '작은 정부'와 '경쟁과 효율'이다. 이에 따라 공무원의 인력을 감축하고 있다. 공무원의 신분보장은 공무원이 정권교체의 영향을 받지 아니할 뿐만 아니라 동일한 정권하에서도 정당한 이유 없이 해임당하지 아니하는 것을 말하는데, 예산절감 등을 위한 인력감축은 공무원의 신분보장을 형해화시킬 수 있다.

세 번째로, 高位公務員團의 導入에 관해 살펴보기로 한다. 고위공무원단제도는 유능한 인물을 적재적소에 배치하기 위해 도입되었는데, 그 도입·운용과정에서 정치적 오용 내지 정실개입의 문제가 지적되고 있다. 고위공무원의 정치인화는 직업공무원제도의 근간을 흔들 수 있으며, 정치적 공무원과의 권력분립적 기능과 공무원의 정치적 중립을 훼손시킬 수 있다.

네 번째로, 外國人의 公職者 採用에 관해 살펴보기로 한다. 이명박 대통령은 외국인도 고위공무원으로 임용하기 위해 공무원법까지 개정하였고, 외국인의 공무원 선발 범위를 확대하겠다고 밝히고 있다. 이러한 외국인의 공직자 채용은 적어도 법이론적으로는 국민주권의 원리 내지 민주적 정당성과 그리고 외국인의 기본권 주체성과 충돌할 수 있다.

다섯 번째로, 成果給制의 導入·擴大에 관해 살펴보기로 한다. 성과급제는 연공서열식 보수를 타파하고 공무원의 동기를 유발시킴으로써 공직사회의 경쟁력과 생산성을 제고시키려는 의도에서 도입된 제도이다. 이러한 성과급제는 직무능력과 실적의 평가에 따른 보수의 차등지급을 내용으로 하는데, 경영원리를 도입하기 곤란한 공공부문에 성과급제의 도입·확대는 실질적으로 공무원의 재산상 권리가 제한되는 결과를 초래할 수 있고, 능력주의의 본래 의미를 희석시킬 수 있다.

이러한 공직제도의 개혁은 행정의 효율성을 위한 정부의 역할과 기능에 대한 근본적인 패러다임의 전환을 의미하는 것으로서, OECD 국가들을 중심으로 시대의 조류가 되고 있는 신공공관리론에 바탕을 둔 것이라고 할 수 있다. 그러나 이러한 공직제도의 개혁은 한 국가의 최고규범인 헌법에 의해 한계지어지지 않을 수 없다. 따라서 이 글에서는 신공공관리론에 바탕을 둔 공직제도의 개혁을 직업공무원제도 등에 근거해서 헌법적으로 조망해 보고자 한다.

이 책이 나오기까지는 많은 분들의 도움이 있었다. 3남 2녀를 기르시느라 고생하신 부모님 그리고 누나·형들의 물질과 기도의 헌신이 절대적이었다. 그리고 헌법학이라는 학문의 길로 이끌어 주신

은사님이신 이종수 교수님을 비롯하여 부족한 석사논문을 지도해 주신 전광석 교수님과 김종철 교수님께 감사드린다. 또 박사과정에서 헌법과 행정법을 넘나들며 가르침을 주신 김성수 교수님과 최진수 교수님, 학부시절에 정신적으로 힘이 되어 주신 최상호 교수님과 최봉기 교수님, 그리고 저를 가르쳐 주신 모든 교수님들의 학은을 잊을 수 없다. 또한 같은 연구실에서 밤늦게까지 공부하면서 바쁜 와중에도 교정을 맡아 준, 지금은 사법연수원에서 공부를 하고 있는 나산하 원우에게도 감사를 표한다.

이 책의 기획에서부터 출판까지 수고해 주신 한국학술정보(주)의 채종준 사장님, 권성용 선생님, 그리고 안선영 선생님께도 감사드린다.

끝으로 이 모든 상황을 허락하신 하나님께 감사드린다.

2009년 9월
손상식

목 차

제4장

公務員의 人力減縮 / 71

제7장　成果給制의 導入·擴大 / 161

법령약어

공공기관운영법	공공기관의운영에관한법률
공노법	공무원의노동조합설립및운영등에관한법률
공보규	공무원보수규정
공수규	공무원수당등에관한규정
공선법	공직선거법
공임령	공무원임용령
교노법	교원의노동조합설립및운영에관한법률
국공법	국가공무원법
국배법	국가배상법
정부출연연구기관법	정부출연연구기관등의설립·운영및육성에관한법률
주민소환에 관한 법률	주민소환법
지공법	지방공무원법
지보규	지방공무원보수규정
지수규	지방공무원수당등에관한규정
지임령	지방공무원임용령
외임령	외무공무원임용령
특가법	특정범죄가중처벌등에관한법률
회계직원책임법	회계관계직원등의책임에관한법률

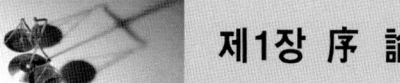

제1장 序 論

오늘날과 같이 고도로 분화되고 전문적 지식이 요구되는 사회에서는 공직사회에도 해당 분야에 부합하는 지식을 지닐 필요성이 점차 높아지고 있다. 특히 21세기 행정국가에서는 국가기능의 확대에 따른 행정사무의 양적 증대와 질적 변화를 수반하여 필연적으로 행정의 전문화와 기술화가 요청되게 되었다. 그래서 전문적 지식을 지니고 있는 유능한 인재가 공직에서의 근무를 직업으로 생각하는 직업공무원제의 확립이 더욱더 필요하게 되었다.

그러나 우리나라에서는 민주화 이후 세계화·개방화·정보화·지방화의 심각한 국내외적 환경변화와 경제적 어려움이 겹치면서 공직사회의 생산성을 제고시키려는 노력의 일환으로서 직업공무원제에 대한 개혁작업이 시도되어 왔다.[1] 특히, 김대중 정부에서는 폐쇄형 공직구조를 개방형 구조로 전환하였고, 전문성에 입각한 보직관리 기반을 조성하였으며, 공무원 보수의 현실화와 성과급을 도입하였다. 이러한 정부의 행정개혁은 효율성을 지향한 구조개혁이었다.[2] 이러한 개혁이 직업공무원제에 중대한 변화를 가져올 것임은

---

1) 박천오 외, 『현대인사행정론』, 법문사, 2007, 52면.

명백하지만, 그러한 변화가 과연 직업공무원제도를 보장한 헌법에 합치되는지 여부에 대해서는 별다른 논의가 이루어지지 않았다. 따라서 이하에서는 헌법이라는 최고규범에 근거하여 계약직 공무원의 확대, 공무원의 인력감축, 고위공무원단의 도입, 외국인의 공직자 채용, 그리고 성과급제의 도입 등[3] 공직제도의 개혁을 헌법적으로 조망해 보고자 한다.

제2장에서는 行政改革의 正當化要素로서 行政 效率性과 그 憲法的 限界를 살펴보기로 한다. 현재 추진되고 있는 공직제도개혁으로는 계약제의 확대, 공무원의 인력감축, 조직운영의 개선을 위한 권한의 분산, 성과급제의 도입, 인사 및 예산제도의 개방화와 자율화, 민간위탁 및 민영화의 확대정책 등이 있다.[4] 이것은 행정의 효율성을 위한 정부의 역할과 기능에 대한 근본적인 패러다임의 전환을 의미하는 것으로서, OECD 국가들을 중심으로 시대의 조류가 되고 있는 신공공관리론에 바탕을 둔 것이라고 할 수 있다.[5] 이에 대한 헌법적 한계로서 직업공무원제도를 제시할 수 있다. 여기서는 행정 효율성의 이론적 근거와 그 헌법적 한계를 검토하기 위해 ⅰ) 新公共管理論과 ⅱ) 職業公務員制度에 관하여 살펴보기로 한다.

---

2) 정부혁신지방분권위원회,『참여정부의 인사개혁』, 2005. 12, 5면.

3) 정부혁신지방분권위원회,『참여정부의 인사개혁』, 31면 이하 참조, 총무처 직무분석기획단,『신정부혁신론』, 1998. 2, 61면 이하 참조, 중앙인사위원회,『참여정부 공무원인사개혁백서』, 2007. 12, 30면 이하 참조. 다만 외국인의 공직자 채용은 이명박 정부에 들어와서 본격적으로 논의되기 시작하였다.

4) 김종철, "관료국가에서 계약국가로? - 김대중 정부의 정부혁신정책에 내포된 국가기능의 변화 - ",『법과 사회』제20호, 동성출판사, 2001. 6, 68면.

5) 총무처 직무분석기획단,『신정부혁신론』, 발간사 참조, 한영수·강인호,『인사행정론』, 형설출판사, 2006, 412면.

제3장에서는 契約職 公務員의 擴大에 관해 살펴보기로 한다. 계약직 공무원제도는 정규 공무원이 수행하기에 어려운 특수 전문분야 업무를 한시적으로 보조하는 것을 전제로 운영되어 왔으나, 최근 공직의 개방성과 유연성을 확대해 나가는 인사개혁 정책에 따라 계약직 공무원제도는 보다 더 강화되어 왔다. 이러한 계약직의 확대는 직업공무원의 지위를 잠탈하는 결과를 초래하여 직업공무원제도의 본질적 내용을 훼손시킬 수 있다. 여기서는 계약직 공무원의 확대에 대한 헌법적 검토를 위해, ⅰ) 공직제도의 구성원에 관한 내용인 공직인력의 이원화, ⅱ) 공직분류의 체계와 인사체계의 유형에 관한 내용인 공직구조의 형성원리, 그리고 ⅲ) 직업공무원제도의 본질적 내용인 기능유보와 구조적 보장에 관하여 살펴보기로 한다.

제4장에서는 公務員의 人力減縮에 관해 살펴보기로 한다. 새로운 정부가 등장할 때마다 공직인력은 상당한 영향을 받는다. 특히 이명박 정부의 기본철학은 '작은 정부'와 '경쟁과 효율'이다. 이에 따라 공무원의 인력을 감축하고 있다. 공무원의 신분보장은 공무원이 정권교체의 영향을 받지 아니할 뿐만 아니라 동일한 정권하에서도 정당한 이유 없이 해임당하지 아니하는 것을 말하는데, 예산절감 등을 위한 인력감축은 공무원의 신분보장을 형해화시킬 수 있다. 여기서는 공무원의 인력감축에 대한 헌법적 검토를 위해, ⅰ) 인사행정의 일반원리의 내용으로서 엽관제·실적제 그리고 직업공무원제와 ⅱ) 직업공무원제도의 내용으로서 신분보장에 관하여 살펴보기로 한다.

제5장에서는 高位公務員團의 導入에 관해 살펴보기로 한다. 고

위공무원단제도는 유능한 인물을 적재적소에 배치하기 위해 도입되었는데, 그 도입·운영과정에서 정치적 오용 내지 정실개입의 문제가 지적되고 있다. 고위공무원의 정치인화는 직업공무원제도의 근간을 흔들 수 있으며, 정치적 공무원과의 권력분립적 기능과 공무원의 정치적 중립을 훼손시킬 수 있다. 여기서는 고위공무원단의 도입·운용에 대한 헌법적 검토를 위해, ⅰ) 공직자 내지 공직제도의 내용으로서 자유민주적 통치구조의 관점에서 공직제도에의 요청사항, ⅱ) 통치기구의 구성원리로서 직업공무원제도의 기능, 그리고 ⅲ) 직업공무원제도의 내용으로서 정치적 중립성에 관하여 살펴보기로 한다.

제6장에서는 外國人의 公職者 採用에 관해 살펴보기로 한다. 이명박 대통령은 외국인도 고위공무원으로 임용하기 위해 공무원법까지 개정하였다. 이에 더하여 국가경쟁력강화위원회는 외국인의 공무원 선발 범위를 2008년 10월부터 기존의 계약직에서 정무직·별정직으로 확대하겠다고 밝혔다. 이러한 외국인의 공직자 채용은 적어도 법이론적으로는 국민주권의 원리 내지 민주적 정당성과 그리고 외국인의 기본권 주체성과 충돌할 수 있다. 여기서는 외국인의 공직자 채용에 대한 헌법적 검토를 위해, ⅰ) 공무원의 헌법상 지위와 ⅱ) 국민의 기본권으로서 참정권(정치적 기본권)에 관하여 살펴보기로 한다.

제7장에서는 成果給制의 導入·擴大에 관해 살펴보기로 한다. 성과급제는 1980년대 많은 OECD 국가들에서 공공조직의 구조와 관리과정에 대한 개혁의 하나로 추진되었다. 우리나라는 1990년대 말에 들어 정부의 생산성을 높일 수 있는 주요 수단들 중의 하나로

성과급제에 대한 논의가 진행되어 왔다. 그러나 경영원리를 도입하기 곤란한 공공부문에 성과급제의 도입·확대는 실질적으로 공무원의 재산상 권리가 제한되는 결과를 초래할 수 있고, 능력주의의 본래 의미를 희석시킬 수 있다. 여기서는 성과급제의 도입·확대에 대한 헌법적 검토를 위해, ⅰ) 공무원의 보수제도, ⅱ) 공무원의 성과급제, ⅲ) 공무원의 재산상 권리, 그리고 ⅳ) 직업공무원제도의 내용으로서 능력주의에 관하여 살펴보기로 한다.

마지막으로 제8장에서는 각 장에서 다룬 공직제도개혁의 검토에 관한 내용을 성리하기로 한다.

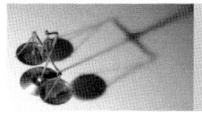

제2장 行政改革의 正當化要素로서 行政 效率性과 그 憲法的 限界

제1절 서 설

최근 추진되고 있는 행정개혁은 세계화 등 외부환경이 급속하게 변화되었다는 점과 행정서비스에 대한 국민의 요구수준이 매우 높아졌다는 점이 배경이다. 이러한 국민적 요구에 부응하기 위한 행정개혁은 제한된 자원을 통한 행정서비스의 효율성 증대에 중점을 두게 될 것이다. 이를 달성하기 위해서는 지나치게 비대화된 정부 규모를 줄인다는 차원에서 공무원 인사제도의 개혁과 그리고 서비스의 질적 향상과 성과관리 혁신 등이 주요 내용을 이룰 것이다.[6]

특히, 최근에 공직사회의 생산성을 제고시키려는 노력의 일환으로서 직업공무원제에 대한 개혁작업이 시도되어 왔다.[7] 이에 대해

---

6) 이우권, "신공공관리론의 행정학적 적용가능성", 『전북행정학보』 제14권 제2호, 전북행정학회, 2000. 12, 146면.

7) 공공부문의 생산성을 향상시키기 위해 어떤 정책수단을 활용하고 있는가라는 측면에서 최근의 공공부문 개혁을 '관리지향성'과 '시장지향성'으로 대별할 수 있다. 관리지향성을 보이는 국가들(1996년 하워드 정부가 들어서기 이전의 호주(노동당 정부) 등)은 공공부문 그 자체의 규모를 축소시키려 하지 않고, 단지 행정의 효율성을 증진시키는 것을 특징으로 한다. 시장지향성을 보이는 국가들(뉴질랜드 등)은 공공부문 개혁에 있어서 시장

행정학자들은 대체로 공무원의 대응성, 전문성, 능률성을 증진시키기 위해 계급제, 폐쇄형 충원, 일반능력자 중심의 임용체제를 수정하는 것이라고 평가한다.[8] 현재 추진되고 있는 공직제도개혁으로는 계약제의 확대, 공무원의 인력감축, 조직운영의 개선을 위한 권한의 분산, 성과급제의 도입, 인사 및 예산제도의 개방화와 자율화, 민간위탁 및 민영화의 확대정책 등이 있다.[9] 이것은 행정의 효율성을 위해 정부의 역할과 기능에 대한 근본적인 패러다임의 전환을 의미하는 것으로서,[10] OECD 국가들을 중심으로 시대의 조류가 되고 있는 신공공관리론에 바탕을 둔 것이라고 할 수 있다.[11] 신공공관리론의 특징은 공공부문에 대한 市場中心的 經營方式을 도입하여야 한다는 데 있다.[12] 즉 공공부문에도 경쟁과 비용개념을 도입하여 경영원리로 움직이도록 해야 한다는 것이다.[13] 이에 대한 헌

원리의 도입과 시장기제((market – type mechanisms)의 활용을 그 특징으로 한다(하연섭, 『제도분석』, 다산출판사, 2003, 255~256면).

8) 박천오 외, 『현대인사행정론』, 52면.

9) 김종철, "관료국가에서 계약국가로?", 68면 참조.

10) 총무처 직무분석기획단, 『신정부혁신론』, 발간사 참조.

11) 한영수 · 강인호, 『인사행정론』, 412면 참조. 1980년을 전후로 관리주의와 경제적 합리주의 사상을 공공관리에 적용하려는 시도가 OECD 국가들을 중심으로 확산되어 왔다. 이러한 일련의 행정개혁운동에 기반한 새로운 행정이론을 신공공관리론으로 규정하고 있다(Hood, C. "A Public Management for All Seasons?", Public Administration, 69(Spring), 1991). 범세계적으로 개혁열풍이 확산되면서 한국행정의 패러다임도 조금씩 변화하는 양상을 보이고 있다. 즉 공무원들에 대한 성과평가 및 경쟁력 제고가 강화되기 시작하였고, 이러한 환경변화로 정부의 인적자원관리정책에도 시민사회와 외부 전문가의 참여가 늘어나게 되었다.

12) 1980년대 이후 영국, 미국, 캐나다, 호주, 뉴질랜드 등 OECD 국가들은 사회경제의 근본적인 변화를 겪으면서 새로운 공공관리체제의 구축을 위한 혁신노력을 계속해 오고 있다. 엄청난 규모의 재정적자 누적으로 국가경영 능력에 심각한 도전을 받게 되고, 세계화의 급속한 진전에 따라 공공부문의 효율성이 국가경쟁력을 좌우하는 중요한 요소로 부각되고 있기 때문이다(총무처 직무분석기획단, 『신정부혁신론』, 발간사 참조.

13) 임도빈, "신공공관리론과 베버 관료제이론의 비교", 『행정논총』 제38권 제1호, 서울대학교 행정대학원, 2000. 6, 59면. 신공공관리론은 첫째, 시장의 효율성을 믿는 고전경

법적 한계로서 직업공무원제도를 제시할 수 있다. 이하에서는 ⅰ) 행정 효율성의 이론적 근거로서 新公共管理論과 ⅱ) 헌법적 한계로서 職業公務員制度에 관하여 살펴보기로 한다.

제2절 행정 효율성의 이론적 근거 - 新公共管理論

신공공관리론은 지시, 명령, 통제, 강제하는 권력적 행정자용을 극복하고 국민 또는 주민에게 효율적으로 공공서비스를 제공하는 '작고 효율적인 정부'로 가기 위한 행정개혁의 경향을 설명하기 위한 이론으로 요약된다.[14] 이하에서는 그 구체적인 내용과 문제점을 살펴보기로 한다.

Ⅰ. 서 설

1. 역사적 배경

신공공관리론이 대두된 역사적 배경은 현대 산업국가들, 특히 서구제국의 공공재정에 대한 구조적 위기에 있는 것으로 이해되고 있다. 즉 제2차 세계대전 이후 세계를 풍미하던 '수정자본주의' 또는 '개입주의'의 결과로 야기된 경제위기를 극복하기 위해서 정부

제학에 근거를 두고, 둘째, 민간기업에서 사용되는 실제 기법이 공공부문의 그것보다 우월하다는 믿음이 전제되어 있다.

14) 김재기, 『행정학』, 법문사, 2006, 797면.

의 역할과 기능을 대폭 축소해야 한다는 소위 '新自由主義'가 1970
년대 중반 이후 새롭게 등장하였다.[15] 이런 상황에서 신공공관리론
자는 공공부문에 있어 내부시장을 도입함으로써 市場機能을 통한
정책결정 및 집행과정의 개선을 추구하고, 조직운영의 개선을 위한
계약제의 확대와 성과급제의 도입을 통한 인사제도의 유연화 전략
과 인력감축 등을 주장하게 되었다.[16]

2. 이념적 기초

일반적으로 신공공관리론의 이념적 기초로는 新自由主義를 들고
있다. 신자유주의는 자유시장에 대한 국가의 개입을 반대하는 이념
으로 알려져 있다. 이런 점에서 신자유주의와 신공공관리론은 동일
한 것으로 이해되기도 한다. 예컨대, 정부규모 축소화·민영화 그
리고 규제개혁 등의 '작은 정부'와 함께 '기업형 정부'의 추구를 신
자유주의적인 정부혁신의 구체적 방안으로 이해한다.[17]

그러나 신자유주의와 신공공관리론은 개념적으로 구분될 수 있
고, 그 주장하는 구체적인 내용도 서로 동일하지 않다.

첫째, 신자유주의와 신공공관리론은 '작은 정부론'을 주장하지만,
그 내용 면에서 상이하다. 먼저, 신자유주의의 작은 정부는 기존의
정부의 역할을 시장에 넘기고 시장의 원활한 작동을 위한 역할만

---

15) 이명석, "신자유주의, 신공공관리론 그리고 행정개혁", 『사회과학』 제40권 제1호, 성균
관대학교 사회과학연구소, 2001, 2면.
16) 홍준형, "신공공관리론의 공법적 문제: 공무원 인사제도개혁을 중심으로", 『행정논집』
제37권 제1호, 서울대학교 행정대학원, 1999. 6, 95～96면.
17) 허철행, "김대중정부 신자유주의 정부혁신의 비판적 검토", 『한국행정학회 2000년도
춘계학술대회 발표논문집』, 한국행정학회, 2000. 4, 1～2면.

을 담당하는 것이 필요하다는 것을 의미한다. 반면, 신공공관리론의 작은 정부는 기존의 역할은 그대로 수행하되 관리적 효율성을 증가시켜 인원이나 예산규모를 줄여야 한다는 것을 의미한다.[18]

둘째, 신자유주의와 신공공관리론은 '인간을 합리적 존재로서 효용을 극대화하기 위한 결정을 하는 존재'로 가정한다.[19] 하지만 이러한 가정으로부터 도달하는 결론에는 차이가 있다. 우선, 신자유주의는 개인적 선택의 자유를 추구하고 정치적 권위에 의한 개인적 선택의 자유에 대한 간섭을 반대하기 때문에, 신자유주의자는 정치적 권위의 영역의 축소와 시상의 사회적 조정기능의 확장을 주장한다. 그러나 신공공관리론은 자발적인 선택과 정치적 영역의 비율조정에는 관심이 없고, 시장과 기업적인 경영기법을 통한 공직 내부관리의 개선을 추구한다.[20]

3. 이론적 기초

신공공관리론은 '관료주의적 패러다임'에 근거한 전통적 행정학의 대안으로 부상하였다. 관료주의적 패러다임은 계층제적 통제, 전문화, 명확하게 규정된 절차 등을 통해서 '좋은 행정'을 구현할 수 있다고 주장하는 반면, 신공공관리론은 전통적인 행정학의 이러

---

18) 이명석, "신자유주의, 신공공관리론 그리고 행정개혁", 17면.

19) 안형기·최병대·강인호, "친환경정치행동화", 『한국행정학보』 제33권 제4호, 한국행정학회, 2000. 2, 394면.

20) 부연하자면, 新自由主義가 사회문제의 효율적인 해결을 위해서 정부의 역할을 시장에 대폭 넘길 것을 주장하는 반면, 新公共管理論은 정부의 역할을 시장에 맡겨야 한다는 것을 의미하는 것이 아니라, 정부관료제의 운영체제가 시장의 그것을 모방해서 市場競爭의 原理가 정부관료제의 효율성을 높이는 주요 기제로 오랫동안 간주되어 온 內部的인 階層制的 統制를 대체해야 한다는 것이다(이명석, "신자유주의, 신공공관리론 그리고 행정개혁", 12~13면).

한 처방들이 오히려 정부의 많은 문제들을 초래하였다고 비판한다. 신 공공관리론이라고 불리는 새로운 패러다임은 管理主義와 新制度的 經濟學(新制度主義)이라는 두 가지의 이론적 기초에 근거한다.[21]

먼저, 신공공관리론은 管理主義에 근거한다. 관리주의란, 관리가 중요하며 좋은 것이며, 민간부문의 經營技法을 받아들임으로써 행정은 합리화될 수 있다는 것을 내용으로 한다. 일반적으로 효율적이고 대응적인 정부를 만드는 것이 관리주의적 개혁의 주목적으로 이해되고 있다. 따라서 신공공관리론은 어떻게 효과적이고 대응적인 정부를 구현할 것인가 하는 문제에 대한 근본적인 관점의 변화를 의미한다.[22] 신공공관리론자들은 민간부문의 經營技法의 導入을 통해 효과적이고 대응적인 정부를 구현할 수 있다고 주장한다. 즉 정부는 기업과 같이 운영되어야 하며, 관료는 공공기업가가 되어야 한다는 것이다.[23]

다음으로 신공공관리론은 新制度的 經濟學(新制度主義)[24]의 영

---

21) 권인석, "신공공관리론의 논리, 한계, 그리고 극복", 『한국공공관리학보』 제18권 제2호, 한국공공관리학회, 2004. 12, 33면. 피터스는 신공공관리의 내용으로 市場主義와 管理主義 외에 개방형 임용제 등 행정의 對外開放과 參與主義를 추가적으로 지적하고 있다(최순영, "정부와 민간부문 인사교류의 활성화방안 모색", 『한국행정학회』 2005년도 춘계학술대회 발표논문집, 한국행정학회, 2005. 4, 635면).

22) 관리주의는 조직의 내부관리에 있어서 경제적 능률성을 추구함으로써 다른 조건이 동일한 상황에서는 상대적으로 경쟁에 있어서 우위에 놓인다는 논리에 근거하고 있다. 관리주의에 시장적 성격을 첨가한 신관리주의는 리더로서 행정관리자는 관리자 또는 경영자적 역할보다는 기업가적 역할을 수행할 것을 강조한다(권인석, "신공공관리론의 논리, 한계, 그리고 극복", 33면).

23) 김재기, 『행정학』, 796면.

24) 경제학에서의 신·구제도주의는 개인행위에 대한 제도의 영향력과 경제현상의 설명에 있어서 제도의 중요성을 강조한다는 점에서는 공통점을 지니고 있다. 그러나 구제도주의 경제학은 원자화된 개인의 선호를 극대화하고자 노력하는 합리적인 행위자를 이론적 기초로 하고 있는 신고전파 경제학을 근저에서부터 비판하는 동시에, 개인의 경제적 행위는 오직 문화적 맥락 속에서만 이해가 가능함을 강조하고 있다. 이와 달리 신제도주의 경제학은 신고전파 경제학을 부정하는 것이 아니라, 오히려 신고전파 경제학

향을 받았다.[25] 비록 관료들이 훌륭한 관리기술을 가지고는 있지만 이들을 신뢰할 수 없다는 전제하에, 신공공관리론은 '도덕적 해이를 유발하는 행동을 할 선천적인 경향'을 지닌 합리적인 인간들에게 동기를 부여할 수 있는 유인체제의 설계에 관심을 가진다. 신공공관리론의 이러한 측면은 '市場原理管理論'이라 불리기도 한다. 시장원리관리론이 주장하는 유인체제는 '競爭'이다. 여기에서 경쟁은 공공부문의 內部市場(internal market)에서의 '경합 가능성(rivalry)'을 의미한다. 시장원리관리론 옹호자들은 관료들이 내부적 시장 압력에 노출될 경우 그들의 성과를 향상시킬 수밖에 없게 될 것이라고 주장한다.[26]

Ⅱ. 신공공관리론의 특징

新公共管理論은 舊公共管理論과 대비되는 개념으로 이해되기도 한다. 구공공관리론은 사회문제 해결에 필요한 人間의 合理性

이 갖고 있는 문제점을 해결함으로써 그 설명력을 증진시키려는 목적을 지니고 있다. 주어진 선호를 극대화하고자 하는 합리적인 개인이라는 신고전파 경제학의 기본명제를 그대로 유지한 상태에서, 신고전파 경제이론의 현실적합성을 높일 수 있도록 거래비용 개념과 제한된 합리성 개념을 도입하고 있는 것이 신제도주의 경제학의 기본적인 특징인 것이다(하연섭, 『제도분석』, 34면). 신제도주의에 관한 더 자세한 내용은 하연섭의 『제도분석』 참조.

25) 이러한 영향으로 신공공관리론은 공공선택론과 그 이론적 기초를 공유한다. 공공선택론은 정부를 공공재(public goods and services)의 생산자로 그리고 시민을 소비자로 규정하고, 시민의 편익을 극대화할 수 있는 서비스의 공급과 생산은 공공부문의 시장경제화를 통해 가능하다고 주장하는 이론을 말한다. 공공선택론자들은 공공서비스를 제공할 때에 시민 개개인의 선호와 선택을 존중하고, 경쟁을 통하여 서비스를 생산하고 공급하게 함으로써 행정의 대응성을 높일 수 있다고 한다.

26) 이명석, "신자유주의, 신공공관리론 그리고 행정개혁", 9~11면.

에 대한 확신에 근거하여, 중앙집권화된 관료제에 의한 합리적 기획을 강조하였고 결과적으로 관료제의 팽창을 초래하였다. 반면에 신공공관리론은 효율성과 행정서비스의 개선을 위해 전통적인 행정체제에 민간부문의 경영기법과 시장주의적 경쟁원리의 도입이라는 특징을 가진다.

먼저, 신공공관리론은 성과관리, 전략적인 기업가 정신 등을 강조하는 經營技法의 導入을 특징으로 한다. 행정기관의 장은 전략적인 기업가 정신을 바탕으로 창의적으로 미래의 행정수요에 대한 대응성을 강구할 수 있어야 하며, 집행에 있어서도 성과를 극대화하여야 한다. 성과는 공공관리자의 재계약, 성과급에 의한 보수 등이 적용되어 행정통제적 역할을 한다.[27]

다음으로, 신공공관리는 市場概念의 導入을 통한 분권화 및 축소화를 특징으로 한다. 분권화 및 축소화는 독점적인 정부기능에 경쟁체제를 도입하여 경제적 효율성을 제고시키는 과정에서 나타난다. 그리고 정부기능 중 민간부문이 진입할 수 있는 영역에 대해서는 과감하게 시장적 경쟁을 도입하고, 정부의 내부시장을 형성하여 정부기관 간의 경쟁을 활성화시킨다는 것이다.

요컨대, 신공공관리론의 특징은 공공부문에 대한 市場中心的 經營方式을 도입하여야 한다는 데 있다. 시장중심적 접근방식은 '공공부문을 내부로부터 개혁하려는 시도로써 내부시장을 창출하는 것'을 의미한다.[28]

---

27) 이재은, "신공공관리론과 행정개혁에 관한 이론적 고찰", 『현대사회와 행정』 제13권 제2호, 한국국정관리학회, 2003. 8, 142~144면.

28) 홍준형, "신공공관리론의 공법적 문제", 95~96면. 競爭은 그것이 비용을 감소시키고 효율성을 증대시킨다는 점에서 공공관료제의 성과를 개선하기 위한 생존전략으로 간

Ⅲ. 신공공관리론의 한계

그러나 많은 사람들은 민간부분의 경영방식을 공공부문에 그대로 또는 부분적 수정을 통해 적용하는 것에 대해 경계를 표명하고 있다.[29] 행정 효율성의 이론적 근거로서 신공공관리론은 공공조직과 민간조직 간의 가장 근본적인 차이인 법의 지배(rule of law)[30] 문제, 그 밖에 헌법과 행정법 등 공공부문을 제약하는 법제도적 조건[31]들을 고려함에 있어서[32] 심각한 이론적 한계를 드러내고 있다.[33] 즉 행정의 특성을 무시하고 민간경영이론과 상업화전략을 천

주된다.

29) 국가의 통치와 기업의 경영은 그 본질이 전혀 다르다. 즉 통치와 경영은 목적과 의사결정 방법, 그리고 다수관계의 가변성에서 큰 차이가 있다. 통치의 目的은 국민의 공감대를 바탕으로 사회통합이라는 국익적 가치를 실현하는 것이다. 그에 반하여 경영은 기업의 이윤추구가 최대의 목적이다. 그리고 통치의 意思決定은 대의적인 절차와 방법에 따른 상향식이어야 하지만, 경영의 의사결정은 대부분 최고경영자의 뜻에 따라 하향식으로 이루어진다. 통치에서 여당과 야당의 역할은 주권자 國民의 뜻과 選擇에 따라 상향식으로 정해지지만, 경영의 지배구조는 최대주주의 변화에 따라 하향식으로 이루어진다(허영, "통치와 경영의 차이", 동아일보 2008년 3월 2일자, A30면).

30) 법의 지배(rule of law)는 법치주의의 영미법적 실현을 의미한다(강경근, 『헌법』, 법문사, 2004, 180면). 다이시(A. V. Dicey)에 의하면, 법의 지배는 첫째, 자의적 권력의 영향과 대립되는 의미로서 일반법의 절대적 우위와 최고성을 의미한다. 둘째, 법 앞의 평등, 즉 일반법원(ordinary Law Courts)에 의해 실현되는 국가의 일반법률에 모든 계층이 공히 평등한 적용을 받는다는 의미를 내포한다. 셋째, 법적 형식의 헌법, 즉 여타의 외국들에서는 본질적으로 헌법전에서 도출되는 법원칙들은 영국에서는 법원(法源, source)이 아니라 법원(法院, the Courts)에 의해 실현되고 규정된 개인의 권리의 결과물들이라는 사실을 표현하는 공리로서 사용된다. 즉 헌법은 국가의 일반법의 결과물인 것이다(A. V. Dicey, 안경환·김종철 譯, 『헌법학 입문』, 경세원, 1999, 121～122면). 이러한 법의 지배는 개인의 자유와 권리를 더욱 효율적으로 확보하기 위해서 節次法的인 側面에 중점을 두는 法原理이다(홍성방, 『헌법학』, 현암사, 2008, 142면).

31) 행정은 원칙적으로 행정의 법률적합성의 원칙 등으로 인하여 기업에서와 같은 경영효율성 개념을 도입하기 곤란한 본질이 내재한다(이종수, "공무원법의 헌법적 조망", 『허영박사정년기념논문집』, 박영사, 2002, 74면).

32) 관료조직과 사기업은 비록 조직의 효율성에 대한 노력에서 기본적인 공통성을 보인다 할지라도, 公職遂行의 合法性은 양자를 구별하는 기본적인 징표가 된다(장영수, 『헌법학』, 홍문사, 2008, 361면).

편일률적으로 적용하여 내부시장, 성과측정, 인력감축 등을 무리하게 추진할 경우 공무원의 사기와 행정기관의 책임성을 손상시킬 위험이 있다.[34]

제3절 헌법적 한계의 이론적 근거 – 職業公務員制度

I. 서 설

직업공무원제도는 영국에서는 1870년 추밀원령에 의해, 미국에서는 1883년 공무원법에 의해 법제화되었다.[35] 그러나 직업공무원제도가 헌법상의 제도보장으로 정착된 것은 바이마르 공화국 헌법(제128조～제131조)에서 비롯되었다. 즉 Carl Schmitt의 제도보장론에 따르면, 직업공무원제도가 헌법상의 제도보장으로 규정된 헌법질서 내에서는 입법권자가 직업공무원제도를 구체적으로 형성하는 것은 가능하지만 직업공무원제도 그 자체를 폐지하는 것은 절대로 허용될 수 없다고 한다. 따라서 이 같은 시각에서 볼 때 제도보장으로서의 직업공무원제도는 공직구조에 관한 헌법적 결단이라고 할 수 있다.[36] 이는 공직의 일관성과 독자성의 확보에 기여한다.[37]

---

33) 홍준형, "신공공관리론의 공법적 문제", 100면.

34) 총무처 직무분석기획단, 『신정부혁신론』, 54면.

35) 정종섭, 『헌법학원론』, 박영사, 2008, 835면.

36) 허영, 『한국헌법론』, 박영사, 2008, 777면.

37) 직업공무원제도하에 있어서는 과학적 직위분류제, 성적주의에 따른 인사의 공정성을 유지하는 장치가 중요하지만 특히 공무원의 정치적 중립과 신분보장은 그 중추적 요

직업공무원제도의 확립에는 공무원의 신분보장, 공무원의 정치적 중립, 능력주의(성적주의) 등이 요청된다.[38]

Ⅱ. 제도보장으로서 직업공무원제도

1. 직업공무원제도

(1) 의의

직업공무원제도(Berufsbeamtentum)는 공무원이 집권세력의 논공행상의 제물이 되는 엽관제를 지양하고 정권교체에 따른 국가작용의 중단과 혼란을 예방하고 일관성 있는 공무수행의 독자성을 유지하기 위하여[39] 헌법과 법률에 의하여 정치적 중립과 공무원의 신분이 보장되는 공직구조에 관한 제도이다.[40] 즉 직업공무원제도는 국가와 공법상의 근무 및 충성관계를 맺고 있는 직업공무원에

소라고 할 수 있는 것이다. 그러나 보장이 있음으로 해서 공무원은 어떤 특정정당이나 특정상급자를 위하여 충성하는 것이 아니고 국민 전체에 대한 공복으로서 법에 따라 그 소임을 다할 수 있게 되는 것으로서 이는 당해 공무원의 권리나 이익의 보호에 그치지 않고 국가통치 차원에서의 정치적 안정의 유지와 공무원으로 하여금 상급자의 불법부당한 지시나 정실(情實)에 속박되지 않고 오직 법과 정의에 따라 공직을 수행하게 하는 법치주의의 이념과 고도의 합리성, 전문성, 연속성이 요구되는 공무의 차질 없는 수행을 보장하기 위한 것이다(헌재결 1989. 12. 18, 89헌마32·33(병합)).

38) 홍정선, 『행정법원론(하)』, 박영사, 2008, 263면.

39) 의원내각제는 의회의 내각불신임권과 내각의 의회해산권 때문에 정국의 불안정을 가져올 소지가 특히 큰 관계로 정치적으로 중립적인 위치에서 집행업무를 담당해 나가는 직업공무원제도가 필수요건으로 간주된다(허영, 『한국헌법론』, 702면). 즉 의원내각제하에서는 의회를 중심으로 하는 정당 간, 당파 간의 이합집산에 따라 언제라도 정권이 교체될 가능성을 내포하고 있으므로, 공무원이 정치의 소용돌이에 휘말릴 가능성이 높아지는 것이다. 따라서 정당의 압력과 당원의 특별채용이 배제되면, 공무원은 당파성을 떠나 불편부당하게 공익을 증진할 수 있을 것이다(박창로, "직업공무원제와 공무원의 사기진작", 『행정논집』 제16집, 동국대학교 행정대학원, 1987. 2, 117면).

40) 헌재결 1989. 12. 18, 89헌마32·33(병합).

게 국가의 정책집행기능을 맡겨서 안정적이고 전문적인 정책집행을 보장하려는 공직구조에 관한 제도보장을 말한다.[41] 직업공무원제도는 바로 이러한 제도보장을 통하여 모든 공무원으로 하여금 어떤 특정 정당이나 특정 상급자를 위하여 충성하는 것이 아니라, 국민 전체에 대한 봉사자로서(헌법 제7조 제1항) 법에 따라 그 소임을 다할 수 있게 함으로써 공무원 개인의 권리나 이익을 보호함에 그치지 아니하고 나아가 국가기능의 측면에서 정치적 안정의 유지에 기여하도록 하는 제도이다.[42] 따라서 직업공무원제도는 오로지 공무에만 종사하는 직업공무원에게 국가의 정책집행기능을 맡겨서 수행하게 하는 데 있다.[43] 여기서 말하는 공무원은 협의의 공무원을 말하며,[44] 정치적 공무원이라든가 임시적 공무원은 포함되지 않는다.[45]

(2) 직업공무원제도에 관한 현행 헌법규정

① 직업공무원제도에 관한 헌법규정

우리 현행헌법은 직업공무원제도라는 표현을 명시적으로 사용하고 있지 않지만, 직업공무원제도와 관련해서 공무원의 지위·책임과 정치적 중립성에 관한 기본조문(제7조)을 비롯해서 대통령의 공

---

41) 허영, 『한국헌법론』, 777면.

42) 헌재결 1997. 4. 24, 95헌바48.

43) 정종섭, 『헌법학원론』, 834면.

44) 신분의 보장을 받고 정치적 중립성이 요구되는 직업공무원은 국가와 근로계약을 맺고 이른바 공법상의 특별권력관계에서 공무를 담당하는 것을 직업으로 하는 협의의 공무원, 즉 일반직·특정직·기능직 같은 경력직 공무원만을 지칭한다(권영성, 『헌법학원론』, 법문사, 2008, 228면, 이준일, 『헌법학강의』, 홍문사, 2007, 283면).

45) 헌재결 1989. 12. 18, 89헌마32·33(병합).

무원임면권(제78조), 공무원의 노동3권의 제한(제33조 제2항),[46) 공무원의 직무상 불법행위로 발생한 손해에 대한 국가 등의 배상책임(제29조 제1항), 직업공무원제도의 구조적 요소에 관한 법률유보(제7조 제2항) 등을 규정하고 있다. 따라서 입법권자는 직업공무원제도에 관한 이러한 헌법규정들을 구체화시키고 헌법정신에 따라 직업공무원제도의 구조적 요소들을 제도화해야 할 헌법적 의무를 지고 있다.[47)

② 기타 공직에 관한 헌법규정

우리 헌법은 또한 직업공무원제도와는 별도로 공직에 관한 다른 규정을 두고 있다. 즉 공무원 선거권(제24조), 공무담임권(제25조)을 바탕으로 하는 각종 선거직 공직자(대통령·국회의원·지방자치단체의 장·지방의회의원)와 정무직 공직자(국무총리·국무위원 등),[48)

---

46) 헌법 제33조 제2항에 의하여 공무원은 법률이 정하는 자에 한하여 단결권, 단체교섭권 및 단체행동권을 갖게 된다. 본 조는 동법 제33조 제1항에 대한 특별규정이라 할 것이므로, 공무원의 노동3권에 대한 특별한 헌법유보를 두고 있는 것이다. 본 조의 구체화 입법으로는 국가공무원법 제66조, 지방공무원법 제58조, 교원의노동조합설립및운영등에관한법률 제4조 내지 제6조, 공무원의직장협의회의설립·운영에관한법률이 있다. 다만 사실상의 단순 노무자인 공무원에 대해서는 그 예외를 두고 있다(정종섭,『헌법학원론』, 843면). 그 밖에 교육공무원법·경찰공무원법·소방공무원법 등에서도 공무원을 노동3권을 행사할 수 없다고 규정하면서, 이에 위반할 경우에는 일정한 제재를 가하고 있다. 특히 사립학교법 제55조에서는 사립학교의 교원의 복무에 관하여는 국·공립학교의 교원에 관한 규정을 준용하도록 규정하고 있으므로, 사립학교교원의 노동3권도 제한되고 있다(국·공립학교 교원의 경우 헌재결 1992. 4. 28, 90헌바27, 사립학교 교원의 경우 헌재결 1991. 7. 22, 89헌가106 참조). 그러나 독일은 공무담당자를 Beamte, Angestellte 그리고 Arbeiter의 3그룹으로 나누고, 그중 고권적 권한을 행사하는 공무원에 대하여 쟁의권만을 금지하고 있다(김선욱, "정당정치와 공무원제도",『공법연구』제25집 제3호, 한국공법학회, 1997, 44면).

47) 박규하, "직업공무원제도의 헌법적 의의와 기능",『월간고시』1991년 8월호, 법지사, 1991. 9, 65면.

48) 그 밖에 감사원장·감사위원 및 사무총장, 국회사무총장·차장·도서관장 및 의정연수원장, 헌법재판소 재판관·사무처장 및 사무차장, 중앙선거관리위원회 상임위원·사무총장 및 차장, 처의 처장, 각부의 차관, 청장(경찰청장과 해양경찰청장은 특정직), 국

국군의 구성원으로서의 직업군인과 일반군인(제5조, 제39조, 제89조 제16호, 제110조), 사법기능을 맡는 법관(제101조 제1항, 제103 내지 제106조)에 관한 규정 등이 있다. 그러나 이들이 수행하는 공직의 기능과 성격상 직업공무원제도의 구조적 요소가 공직자에게 그대로 적용될 수 없기 때문에, 직업공무원제도에 포함시킬 수 없다.[49] 따라서 이하에서는 기본적으로 일반공무원의 직업공무원제도에 관해 살펴보기로 한다.

2. 제도보장

제도보장[50]이라 함은 역사적·전통적으로 확립된 기존의 객관적 制度 그 自體가 폐지되거나 本質的 內容이 훼손되는 것을 방지하기 위하여 헌법이 객관적 법규범으로써 보장하는 것이다.[51] 따라서

무조정실장, 차관급상당 이상의 보수를 받는 비서관(대통령수석비서관, 국무총리비서실장, 대법원장비서실장, 국회의장비서실장), 국가정보원장 및 차장 등이 있다.

49) 허영, 『한국헌법론』, 782~783면.

50) 제도보장이라는 용어는 볼프(Martin Wolff)가 바이마르 공화국 헌법의 해석에 관련하여 '바이마르 공화국 헌법 제135조에 있어서 재산권의 제도보장적 보장'이라는 표현을 통해 처음으로 사용하였지만, 이를 체계적으로 정립한 사람은 슈미트(Carl Schmitt)이다. "자유(Freiheit)는 제도(Institution, Institut)가 아니다."라는 전제에서, 헌법상 기본권 형식으로 규정되었어도 자유의 보장보다는 '공법상 제도'나 전형적·전통적인 '사법상 제도'의 헌법적 보장을 주목적으로 한다. 이것을 각각 '제도적 보장'(institutionelle Garantie) 또는 '제도보장'(Institutsgarantie)이라고 하고 이를 총칭하여 '제도적 보장'(institutionelle Garantie)이라는 용어를 사용한 것이다. 독일에서는 최근 칼 슈미트의 공법상 제도적 보장과 사법적 제도보장의 구별을 따르지 않고 '제도보장'(Einrichtungsgarantie)으로 총칭하여 표현하기도 한다(강경근, 『헌법』, 427면 주1·2).

51) 권영성, 『헌법학원론』, 183면, 성낙인, 『헌법학』, 법문사, 2008, 313면. 제도보장론은 直接的으로는 바이마르 공화국 출범 당시에 사회주의적 질서의 채범과 같은 혁명적 개혁으로부터 전통적인 개인주의적·자유주의적 질서와 제도의 최소한을 수호하려는 것이 본래의 목적이었지만, 間接的으로는 입법부의 일방적·자의적 입법으로 인한 기존 제도의 폐지 등 法律萬能主義 내지 法實證主義로부터 기본적 인권을 수호하려는 의도가 깔려 있었다. 이와 같이 제도보장의 궁극적 목적은 기존의 전통제도의 유지·수호이지만, 이러한 제도보장은 인권보장의 강화에도 기여하는 것이 된다(권영성, 『헌법

제도보장은 제도의 '헌법적' 보장이지 제도의 '법률적' 보장이 아니다.[52] 즉 제도보장은 객관적 제도를 헌법에 규정하여 당해 제도의 本質을 유지하려는 것으로서 헌법제정권자가 특히 중요하고도 가치가 있다고 인정되고 헌법적으로도 보장될 필요가 있다고 생각하는 국가제도를 헌법에 규정함으로써 장래의 법발전, 법형성의 방침과 범주를 미리 규율하려는 데 있다. 이러한 제도보장은 주관적 권리가 아닌 객관적 법규범이라는 점에서 기본권과 구별되기는 하지만, 헌법에 의하여 일정한 제도가 보장되면 입법자는 그 제도를 설정하고 유지할 입법의무를 지게 될 뿐만 아니라, 헌법에 규정되어 있기 때문에 법률로써 이를 폐지할 수 없고 비록 내용을 제한하더라도 그 본질적 내용을 침해할 수 없다.[53] 그러나 우리 헌법재판소는 "기본권 보장에는 '최대한 보장의 원칙'이 적용됨에 반하여, 제도보장에는 그 본질적 내용을 침해하지 아니하는 범위 내에서 입법자에게 제도의 구체적 내용과 형태의 형성권을 폭넓게 인정한다는 의미에서 '최소한 보장의 원칙'이 적용될 뿐이다."[54]라고 한다.

현행헌법이 보장하는 제도보장의 유형에는 직업공무원제도(제7조

학원론』, 183면).

52) 칼 슈미트에 따르면, 제도보장은 헌법률적 보장을 의미한다(이종수, "공무원법의 헌법적 조망", 64면).

53) 제도보장은 헌법제정권자가 특히 헌법적으로 보장할 필요가 있다고 인정하여 헌법상 창설한 제도보장을 내용으로 한다. '헌법상 창설된다.' 함은 당해 제도에 관련한 장래의 법발전 내지 법형성의 방침과 범주를 헌법적으로 미리 설정하여 놓는다는 의미이다. 즉 제도보장을 정한 헌법규정은 입법권자의 입법형성권의 기속적 기준을 제시하는 기능을 갖는다는 것이다(강경근, 『헌법』, 427면). 따라서 개별 법률에 의한 구체적인 형성이 필요하다는 점에서 제도보장론은 이미 사라진 것이 아니라, 오늘날의 헌법해석에 적합하게 새롭게 정립되어야 한다. 즉 오늘날의 제도보장의 문제는 입법형성의 헌법적 구속의 문제인 것이다(김세진, "헌법과 제도 - 기본권과 제도보장에 관한 해석론을 중심으로 - ", 『공법연구』 제34집 제4 - 2호, 한국공법학회, 2006. 6, 280면).

54) 헌재결 1997. 4. 24, 95헌바48.

제2항), 복수정당제도(제18조 제1항), 자유언론제도(제22조 제1항), 사유재산제도(제23조 제1항), 교육제도(제31조 제4항), 혼인 및 가족제도(제34조), 민주적 선거제도(제41조 제1항, 제67조 제1항), 지방자치제도(제117조 제1항) 등이 있다.55)

3. 검 토

제도보장과 관련하여 독일의 기본법은 제33조 제5항에서 "공직근무에 관한 법은 직업공무원제도의 전통적인 원칙들을 참작하는 가운데 규율되어야만 한다."고 규정하고 있다.56) 이러한 제도보장

---

55) 헌재결 1997. 4. 24, 95헌바48, 헌재결 1994. 4. 28, 91헌바15·19(병합), 헌재결 1991. 2. 11, 90헌가27, 헌재결 1995. 3. 23, 94헌마175 등 참조. 다만 자유언론제도와 민주적 선거제도는 헌법재판소가 제도보장의 유형으로 언급하고 있지는 않으나, 前者는 허영, 『한국헌법론』, 551면, 後者는 강경근, 『헌법』, 428면, 권영성, 『헌법학원론』, 185면, 성낙인, 『헌법학』, 317면 등에서 언급되고 있다.

56) 독일연방헌법재판소와 독일연방행정법원은 그간의 판결을 통해서 독일 기본법 제33조 제5항에서 정하고 있는 '참작해야 할 직업공무원제도의 전통적 원칙들'을 여러모로 파악해 왔다. 즉 '특별한 신분으로서의 공무원'과, '원칙적으로 주업이자 종신직으로서의 채용', '공무원의 정당정치적 중립성', '공무원이 그 공직취임선서에서 행하는 바대로 헌법질서를 옹호하기 위한 의무', '공직명칭의 지속성', '직무상의 비밀준수의무', '공무원의 책임부담상의 특권', '성적주의원칙', '적절한 봉급과 기타 배려에 관한 청구권', '공무원의 봉급과 기타 생계배려 내지 생활부양을 위한 형식적 법률에의 유보원칙', '원칙적으로 임용행정청에 의한 봉급상한선의 규정', '공무원의 최종직위에서의 은퇴연금 적용대상인 봉급에 기초한 부양급여산정', '공동의 직업적 이해관계를 지키기 위한 집단적 행위의 금지', '공무원의 재산법적 권리구제절차의 보장', '요구되는 동일한 활동, 실적, 책임과 업무부담에 기초해서 행해지는 동일한 경력을 지닌 동일한 또는 유사한 직무담당자에 대한 동일봉급적용원칙', '승진에 있어서 봉급감액의 불허용원칙', '직접적으로 법률에 의한 공무원관계의 종료와 대기발령상태로의 전직처분에 있어서 전제조건과 형식성의 규정원칙', '임용권자의 생계배려의무', '공적 근무상의 이해관계성의 손상금지', '한 공무원의 인사사항에 대한 상급근무행정청의 원칙적으로 독자적인 결정권한의 인정' 등이다. 이에 반해서 독일연방헌법재판소는 다음과 같은 내용들은 직업공무원제도의 전통적 원칙으로 수용하기를 거부했다. 여기에는 '공무원의 전통적인 기득권의 헌법적 보호', '공무원의 다른 유형의 사적 수입이 있는 경우에 있어서의 봉급감액', '앞으로의 혼인관계의 해소에 따른 유족지급금의 연금에의 비산정', '공무원의 동의만에 의한 임용권자의 변경', '(맡겨진 근무상의 과업의 불변경적이고 완전한 수행에 관한 권리의 의미에서의) 공직 자체에 관한 권리' 등이다. 이상의 내용에 관해서 법원

은 역사적으로 전승되어 온 국가 및 사회생활의 기본적 질서를 유지하기 위하여 당시의 기본적 질서에 대한 위협 때문에 그리고 규범상의 문제 때문에 만들어졌다.[57] 그렇기 때문에 우리 헌법에서 '제도보장'이라는 개념을 적용하기 위해서는 그 내용을 다소 수정하여야 하는데, 우리나라에서는 역사적 전개에서 형성된 참작해야 할 직업공무원제도의 전통적인 원칙들이 있지 않고 또한 우리 헌법의 개정절차는 바이마르 헌법의 개정절차와 다르기 때문이다. 즉 바이마르 헌법의 경우, 헌법개정절차가 일반법률에 비해 의결정족수가 가중되어 있기는 하지만 국민투표 없이 의회의 의결만으로 헌법을 개정한다. 따라서 칼 슈미트는 헌법에 규정되어 있는 일정한 제도들에 대하여 헌법률적 보장을 인정하여 일반법률에 의한 폐지를 금지하는 제도보장론을 전개하였다.[58] 이에 대하여 우리나라의 경우, 헌법개정절차에 있어서 국회의 의결만으로는 헌법개정이 이루어지지 않으며 헌법개정은 국민투표에 의해서 확정된다.[59] 따라서 제도보장의 기능은 더 이상 제도의 안정화에 있지 않고, 입

의 판결번호를 포함해서 보다 상세한 것은 H. Lecheler, Die "hergebrachten Grundsätze des Berufsbeamtentums" in der Rechtsprechung des Bundesverfassungsgerichts und des Bundesverwaltungsgerichts, in: AöR 103(1978), S. 354 f., Maunz/Dürig/Herzog/Scholz, Grundgesetz – Kommentar (Loseblatt), Art. 33 Rn. 62 f. 참조(이종수, "공무원법의 헌법적 조망", 68면). 이것들은 비교법적인 고찰로부터 향후 제도의 발전과 관련한 중요한 단서들을 포착할 수 있을 것이다.

57) 김세진, "헌법과 제도", 288면.

58) C. Schmitt, 김기범 譯, 『헌법이론』, 교문사, 1976, 192면, 권영성, 『헌법학원론』, 183면, 이종수, "기본권의 보장과 제도적 보장의 준별론에 관한 비판적 보론 - '기본권의 최대한의 보장과 제도의 최소한의 보장'에 전제된 오해의 극복을 위하여 -", 『헌법실무연구』 제3권, 박영사, 2002, 188면, 정종섭, 『헌법연구』 제3권, 박영사, 2001, 89～90면.

59) 즉 헌법개정의 방법에 따르지 않고 국회가 단독으로 법률을 통하여 헌법에 보장된 제도를 폐지할 수 없다는 차이점이 있다(오동석, "제도적 보장론 비판 序說", 『헌법학연구』 제6권 제2호, 한국헌법학회, 2000. 11, 65면).

법권의 헌법적 기속에 있다.[60] 즉 제도보장에 관한 헌법규정은 입법형성권의 기속적 방향을 제시한다.

Ⅲ. 직업공무원제도의 내용

공직제도는 공무원이 직무성적에 의해서 생활수요로서의 공직을 보장받으면서 공익실현에 전념함으로써, 최종적 임면권자인 국민 전체에게 봉사하게 하는 헌법제도이다.[61] 공직제도에 따라 공무원은 국민 전체에 대한 봉사자로서 정치적 중립과 신분을 보장받고, 정권교체에 따른 신분의 불안정성을 배제하여 당파나 계급 등 부분이익의 대표자가 아닌 공익의 대표자로서 기능할 수 있게 된다.[62]

공직제도의 가장 핵심적인 내용으로서 직업공무원제도는 공무수행의 일관성과 독자성을 유지하고, 정권교체에 따른 국가작용의 중단과 혼란, 엽관제의 폐단을 방지하기 위하여 공무원의 정치적 중립과 신분이 보장되는 공직구조에 관한 제도를 말한다. 헌법에 의하여 일정한 제도가 보장되면 입법권자는 그 제도를 설정하고 유지시킬 입법의무를 지게 된다. 직업공무원제도에 관한 보다 자세한 내용은 국가공무원법과 지방공무원법 등에서 구체화되고 있다. 직업공무원제도의 내용에는 공무원의 신분보장, 공무원의 정치적 중립, 능력주의(성적주의) 등이 있다.[63] 이것들은 현재 진행되고 있는

---

60) 김세진, "헌법과 제도", 288면.

61) 공무원은 국민주권주의하에서 선거직 공무원은 물론 임명직 공무원 모두 그 궁극적 임명주체는 주권자인 국민이다(헌재결 1992. 4. 28, 90헌바27).

62) 강경근, 『헌법』, 321~322면.

공무원의 인사제도개혁에 있어서도 당연히 준수되어야 한다. 따라서 직업공무원제도는 공직제도개혁의 가장 중요한 헌법적 한계를 설정한다.

제4절 검 토

직업공무원제는 공무원의 정치적 중립과 신분을 보장하는 제도로 정권의 교체에도 불구하고 행정의 일관성과 독자성을 유지할 수 있게 한다. 즉 정당정치에 따르는 정권교체가 있더라도 행정의 공백상태를 방지하고 행정의 안정성과 계속성을 유지하게 하는 제도적 장치인 것이다. 그러나 직업공무원제는 동태적 외부환경에 적응력이 약하고 폐쇄형 충원으로 말미암아 전문화의 수준이 떨어진다는 비판을 받기도 한다. 서구제국과 호주·뉴질랜드 등이 직업공무원제의 개혁을 시도하는 것은 민간부문의 인적자원과 그 관리체계를 공무원제도에 도입·접목시킴으로써 공무원조직의 효율성을 강화시키려는 작업이라고 할 수 있다.[64] 따라서 공직제도개혁은 기본적으로 공직수행의 효율성을 증진시키기 위하여 직업공무원제에 대한 변화를 시도하는 것이다.[65] 하지만 공직제도의 개혁은 헌법과 법률에서 오는 한계를 준수할 때에만 허용될 수 있다.

이하에서는 최근 논의되고 있는 행정 효율성의 증대를 위한 공

---

63) 헌재결 1989. 12. 18, 89헌마32·33(병합).

64) 한영수·강인호,『인사행정론』, 43면.

65) 박천오 외,『현대인사행정론』, 52면.

직제도의 개혁으로서 ⅰ) 契約職 公務員의 擴大, ⅱ) 公務員의 人力減縮, ⅲ) 高位公務員團의 導入, ⅳ) 外國人의 公職者 採用, 그리고 ⅴ) 成果給制의 導入·擴大에 대해 헌법적으로 조망해 보기로 한다.

 **제3장 契約職 公務員의 擴大**

제1절 서 설

계약직 공무원제도는 정규 공무원이 수행하기에 어려운 특수 전문분야 업무를 한시적으로 보조하는 것을 전제로 운영되어 왔으나, 최근 공직의 개방성과 유연성을 확대해 나가는 인사개혁 정책에 따라 계약직 공무원제도는 보다 더 강화되어 왔다.[66] 1998년 2월 국가공무원법을 개정하여 종전 전문직 공무원의 명칭을 계약직 공무원으로 변경하고, 최근 공직의 개방성과 유연성을 확대해 나가는 인사개혁 정책에 따라 채용 분야를 연구·기술 분야 중심에서 전문성이 요구되는 모든 행정 분야로 확대하여 계약직 채용이 활성화되었다.[67]

예컨대, 경기도의 경우 민선 4기 김문수 지사 취임(2006년 7월)

---

66) 중앙인사위원회, 『공무원인사개혁백서』, 2005. 9, 127면.

67) 한영수·강인호, 『인사행정론』, 43면. 그동안 계약직 공무원은 정원 외로 채용되어 전문성이 요구되는 특수전문분야에서 일반직 공무원의 역할을 한시적으로 보조하였으나, 개방형 직위에 계약직 공무원을 임용하고, 정원 중 일부를 계약직으로 대체 임용하는 등 계약직 공무원의 활용 및 역할이 확대되었다(박천오 외, 『현대인사행정론』, 54면).

이후 계약직 공무원의 신규채용을 크게 늘리고 있다. 이에 대해 경기도는 "행정수요의 다양화·전문화에 걸맞게 각 분야 전문가를 수혈하다 보니 계약직 공무원의 채용이 늘었다."라고 주장한다. 2008년 2월 27일 경기도에 따르면, 2006년 7월 김문수 지사 취임 이후 1년 7개월간 개방형계약직,[68] 전임계약직, 비전임계약직 등 계약직 공무원으로 신규 채용된 공무원의 수는 모두 106명으로 나타났다.[69] 이는 민선 3기 손학규 지사 당시 4년 동안(2002년 7월~2006년 6월) 채용한 전체 계약직 공무원 149명의 71% 수준으로 앞으로도 계약직 공무원의 수는 크게 늘어날 것으로 예상된다.[70] 경기도 인사계장은 "계약직 공무원 채용은 민간의 전문성을 행정에 접목한다는 점에서 시대적 대세"라며 "경기도의 경우 계약직 공무원 비율은 전체의 4.8%로 10%에 달하는 서울시에 비해 오히려 크게 낮은 편"이라고 한다.[71] 한편 서울시는 현재 정원의 10% 선

---

68) 개방형 직위제도는 고도의 전문성이 요구되거나 효율적인 정책수립을 위하여 공직 내부 또는 외부에서 적격자를 임용할 필요가 있는 1~3급의 실·국장급 직위를 대상으로 한다. 개방형 직위에 임용되는 공무원의 신분은 원칙적으로 계약직 공무원으로 하되, 개방형 직위 임용 당시 경력직 공무원으로서 당해 개방형 직위에 전보·승진·전직의 방법으로 임용할 수 있는 자격을 갖춘 자에 대해서는 경력직 공무원의 신분을 유지할 수 있다(중앙인사위원회, 『공무원인사개혁백서』, 96면). 개방형 직위에 임용되었다가 중도에 그만두거나 임용기간이 만료되는 때에는 공직외부에서 계약직 공무원으로 임용된 자는 퇴직하게 되며, 신분보장이 되지 않는 별정직 공무원이나 계약직 공무원 등 특수경력직 공무원이 임용된 경우와 국회나 법원 등 헌법기관 소속공무원이 행정부 개방형 직위에 임용되는 경우에도 퇴직하게 된다. 그러나 개방형 직위 임용 당시 경력직 공무원이었던 자는 원소속기관에서 원래의 직급(승진된 경우 승진된 직급)으로 임용되도록 하여 신분보장을 하고 있다(중앙인사위원회, 『공무원인사개혁백서』, 99면).

69) 전임계약직이 82명으로 가장 많고, 비전임계약직 20명, 개방형 계약직 4명 등이다.

70) 특히 사무관 이상 지위에 해당하는 전임계약직 가급의 경우, 前任 손 지사 당시 4년 동안 채용한 인원은 15명에 불과했으나, 김 지사 취임 이후 30명으로 배나 늘었다. 채용된 계약직 공무원들은 투자유치, 통상, 교통, 환경, 디자인, 공보 등 도청 내 각 부서에 배치되어 업무를 보고 있다.

71) "경기도 계약직공무원 급증에 내부 반발", 연합뉴스, 2008년 2월 27일자
(http://app.yonhapnews.co.kr/YNA/Basic/article/search/YIBW_showSearchArticle.aspx?searc

인 계약직을 오는 2010년까지 20%로 확대할 계획에 있다.[72]

그러나 한시적 공무원제도로서 계약직의 확대는 행정의 안정성과 계속성 등을 저해함으로써 직업공무원에게 국가의 정책집행기능을 맡겨서 안정적이고 전문적인 정책집행을 보장하려는 직업공무원제도의 본질적 내용을 훼손시킬 수 있다.

이하에서는 契約職 公務員의 擴大에 대한 헌법적 검토를 위해, ⅰ) 공직제도의 구성원에 관한 내용인 공직인력의 이원화, ⅱ) 공직분류의 체계와 인사체계의 유형에 관한 내용인 공직구조의 형성원리, 그리고 ⅲ) 직업공무원제도의 본질직 내용인 기능유보와 구조적 보장에 관하여 살펴보기로 한다.

제2절 공직인력의 이원화

Ⅰ. 서 설

역사적으로 볼 때 국가작용을 수행하는 공직자는 '공무원'[73]임이

　　hpart = article&searchtext = %ea%b2%bd%ea%b8%b0%eb%8f%84%20%ea
　　%b3%84%ec%95%bd%ec% a7%81%ea%b3%b5%eb%ac%b4%ec%9b%90%20%ea
　　%b8%89%ec%a6%9d%ec%97%90%20%eb%82%b4%eb%b6%80%20%eb%b0%98%eb
　　%b0%9c&contents_id = AKR20080227059600061, 2009. 9. 20. 최종확인).

72) "경기도 계약직공무원 크게 증가", 연합뉴스, 2007년 9월 7일자
　　(http://app.yonhapnews.co.kr/yna/basic/article/Search/YIBW_showSearchArticle.aspx?search
　　part = article&searchtext = %ea%b2%bd%ea%b8%b0%eb%8f%84%20%ea
　　%b3%84%ec%95%b d%ec%a7%81%20%ea%b3%b5%eb%ac%b4%ec%9b%90%20
　　%ed%81%ac%ea%b2%8c%20%ec%a6%9d%ea%b0%80&contents_id =
　　AKR2007090717200061&search = 1, 2009. 9. 20. 최종확인). 이러한 계약직 채용의 확대
　　는 유능한 외부 인재의 충원을 통해 행정의 전문성을 제고시키려는 데 있다고 할 것이다.

원칙이었다. 그러나 국가의 활동영역이 넓어지고 사회국가적 경향에 의하여 증대된 업무량을 능률적이고 신속하게 처리하기 위해서 새로운 인력이 필요하게 되었다. 그래서 나타난 것이 공직제도의 이원화 현상이다. 종래 국가고권작용에 의해서만 설정될 수 있었던 전통적인 공무원관계(Beamtenverhältnis) 이외에 일종의 근무계약에 의해서 공법상의 근무관계를 바탕으로 하는 제2의 공직자집단이 생기게 되었다.[74] 즉 공직제도의 인력구조가 공무원만의 一元的 構造에서 공무원과 비공무원인 공직자의 二元的 構造로 바뀐 것이다.[75] 국가의 임명행위에 의해서 성립되는 충성의 근무관계라는 특성[76]은 '직업공무원'에게 가장 잘 나타나는 반면에, 근무계약에

---

73) 독일법상 공무원을 의미하는 'Beamte'는 말 그대로 관직(Amt)이 맡겨진 자를 뜻한다. 공무원(Beamte)이 아니면서 공적인 근무 내지 근로관계에서 종사하는 별도의 공직자로는 Angestellte 그룹과 Arbeiter 그룹이 있다. 우리나라의 경우 현행법상 '공무원'이라는 표현만으로는 모든 공직종사자에 해당되는 권리의무관계를 통일적으로 整序하지 못하기 때문에 광의의 공무원과 협의의 공무원, 그리고 공무원법상으로는 경력직 공무원과 특수경력직 공무원 등의 세분화된 구분에서 나타나듯이 별도의 추가적인 수식어의 사용을 통해서 공무원관계를 복잡하게 분류하고 있다(이종수, "공무원법의 헌법적 조망", 52면 주3 참조).

74) 독일에서는 공직제도가 '공무원'(Beamte)과 '비공무원인 공직자'의 이원구조로 되어 있다. 공직제도 내의 인력구조가 이원화되고 공직자의 수가 점점 팽창해진다고 하는 것은 증가된 공무수요에 대응하기 위한 불가피한 현상이긴 하지만, 공직구조의 비대화를 초래하고 공무수행의 경제성을 약화시킬 뿐 아니라, 비공무원인 공직자들이 행사할 수도 있는 헌법과 노동법상의 여러 가지 권리(예컨대 쟁의권) 때문에 오히려 통치기능의 수행에 부정적인 영향을 미칠 수도 있다는 점을 간과할 수 없다(허영, 『헌법이론과 헌법』, 박영사, 2008, 1114면).

75) 박규하, "직업공무원제도의 헌법적 의의와 기능", 56면. 따라서 공직자라는 말은 이원적 인력구조에 속하는 모든 공직담당자를 총칭하는 개념이므로, '공무원'보다 더 포괄적인 개념이다(허영, 『헌법이론과 헌법』, 1114면).

76) 독일에서 헌법충실의무(Verfassungstreuepflicht)는 기본법 제33조 제5항에 따른 직업공무원제도의 전통적인 원칙의 한 내용으로서 파악되는데, 연방헌법재판소의 이해에 따르면 공무원에 대해서는 보다 고양된 의미에서 정치적 성실의무(Politische Treuepflicht)로써 주어진다. 독일에서는 연방공무원지침법률(BRRG) 제35조 제1항과 연방공무원법(BBG) 제52조 제2항에서 규정하고 있는데, 공무원신분을 지니지 않은 공직종사자(Angestellte und Arbeiter im öffentlichen Dienst)에게도 연방사무직공직종사자단체협약(BAT) 제8조 제1항 제2절과 연방 및 주의 노무직공직종사자단체협약(MTB / MTL II) 제

의해서 임용된 '비공무원인 공무담당자'[77](계약직 공무원)에게 그것
은 약화된 형태로 나타난다.[78]

우리 현행 공무원법에서는 공무원을 경력직 공무원과 특수경력
직 공무원으로 구분함으로써 공직자라는 용어를 사용하지 않고 있
으며, 계약직 공무원을 특수경력직 공무원의 한 유형으로 분류하고
있다(국공법 제2조, 지공법 제2조). 이하에서는 공무원의 개념과 종
류에 대해 살펴보기로 한다.

II. 공무원의 개념

공적 업무의 수행을 직업으로 하는 공무원의 개념은 국왕에게로
권력을 집중시켜 중앙집권제를 구축하기 위한 관료제도가 확립되
면서부터 발생하였다. 국가를 국왕의 의사에 따라 일률적으로 통제

9조 제9항 제2절의 규정에 따라서 유사하게 적용되고 있다(이종수, "공무원법의 헌법
적 조망", 79면 주61 참조).

77) '비공무원인 공무담당자'(nicht beamtete Personen im öffentlichen Dienst)들은 그들이 수
행하고 있는 공무의 통치기능적 성격 때문에 단순한 사법상의 근무관계에서와는 다른
입장에 서게 된다. 공무원이 지는 각종 의무가 그들에게도 부과되고, 또 공무원에게 베
풀어지는 여러 가지 특전이 그들에게도 함께 돌아가게 되는 이유도 그 때문이다. 공무
원을 대상으로 하는 직업공무원제도의 여러 내용이 그들에게도 원칙적으로 그대로 준
용되는 이유는 그들이 수행하고 있는 직무내용이 공무원의 직무내용과 본질적으로 동
일하기 때문이다(허영, 『헌법이론과 헌법』, 993면). 공직인력구조의 이원화 현상을 직
업공무원제도와 조화시키기 위한 이론적인 노력으로 독일에서 근무계약에 의한 공직
담당자를 가급적으로 공무원으로 수용하는 방안과 그들의 급료자율교섭권과 쟁의권
등 계약법상의 권리를 부인하거나 최소한으로 제한하기 위한 이론이 모색되고 있다(허
영, 『헌법이론과 헌법』, 1134면).

78) 허영, 『헌법이론과 헌법』, 993면. 여기서 국가기능 가운데 어떤 부분이 직업공무원에
의해 담당되어야 할 것인지가 문제되는데, 이것은 직업공무원제도의 본질적 내용으로
서 '기능유보'에 관한 내용이다. '기능유보'는 원칙적으로 직업공무원에게 국가의 정책
집행을 맡겨서 사인·공무수탁사인 또는 근무계약에 의한 공직자들에 의해 정책집행
기능이 수행되는 것을 방지하려고 하는 것을 의미한다.

하기 위해서는 관료제도가 필수적이었기 때문이다.[79] 그러나 시민혁명을 거치면서 정권의 수평적 교체가 정착되고, 공직에 대해서도 정권을 쟁취한 정당 또는 정치세력이 공무원을 임명하는 엽관제가 실시되었는데, 이러한 제도의 변화는 국민 위에 군림하던 공무원을 공공에 봉사하는 자로 성격을 변화시킨 측면도 있었으나, 국가가 아닌 정치세력의 이익을 실현하는 도구로 전락하는 문제를 야기하였다. 이러한 문제의 해결을 위해서 일정한 자격요건을 충족하는 자를 공직에 임명함으로써 당파성을 벗어난 자가 공직을 수행하게 하는 직업공무원제가 등장하게 되었다.[80] 우리나라에서는 제헌헌법이 주권을 가진 국민의 수임자로 공무원을 규정함에 따라 적어도 법제적인 의미에서는 공복(公僕)으로서의 공무원이라는 관념이 생겼고, 이것이 제도로서 구체화된 것은 국가공무원법의 제정(1949년 8월 12일, 법률 제44호) 이후이다.[81]

일반적으로는 공무원이란 직접 또는 간접적으로 국민에 의하여 선출 또는 임용되어 국가와 공법상의 근무관계를 맺고 공적 업무를 담당하고 있는 사람들을 가리킨다.[82] 그러나 이러한 공무원의 개념은 일반적인 것이고, 공무원이 담당하는 업무나 법령상의 의미

---

79) 정종섭, 『헌법학원론』, 835면.

80) 미국의 직업공무원제도는 대통령의 절대적인 권한을 제한하는 작용을 함으로써 미국의 정치안정과 행정체계의 확립에 기여하였다. 또한 영국의 전문적인 관료조직이 법집행과 행정업무를 중립적이고, 독자적으로 수행해 감으로써 의원내각제의 정착에 기여하였다. 그리고 극단적인 내각의 불안정한 상황이 반복되었던 프랑스를 지켜 준 것도 관료조직이었다. 독일의 경우는 정치안정과 법치국가실현의 중추로서 직업공무원제도가 기능하고 있다(김민배, "중앙인사위원회의 설치와 직업공무원제도", 『지방자치』 제128권, 현대사회연구소, 1999. 5, 38면).

81) 지방공무원법은 1963년 11월 1일 법률 제1427호로 제정되었다.

82) 헌재결 1992. 4. 28, 90헌바27.

에 따라 지극히 다양하게 사용되고 있으므로, 이를 일정한 기준에
의해 분류하여 이해하는 것이 필요하다.[83]

Ⅲ. 공무원의 종류

공무원의 종류는 그 분류기준에 따라 여러 가지 형태로 나눌 수
있지만,[84] 여기서는 '經歷職 公務員과 特殊經歷職 公務員', '非政
治的 公務員과 政治的 公務員', '職業公務員과 名譽職 公務員',
그리고 '正公務員과 準公務員'에 관해서 살펴보기로 한다.

1. 경력직 공무원과 특수경력직 공무원

이것은 任用資格・身分保障・能力主義 등에 따른 구별로서,[85]
내용적으로는 職業公務員인지의 여부에 따른 구별이라 할 수 있

---

83) 김성수, 『개별행정법』, 법문사, 2004), 546면. 학자에 따라서는 廣義의 공무원(헌법상
의 공무원)과 狹義의 공무원(공무원법상의 공무원)으로 나누기도 하고(김남진・김연태,
『행정법Ⅱ』, 법문사, 2008, 190～191면), 공무원을 最廣義의 공무원(일체의 공무담당
자), 廣義의 공무원(공법상의 근무관계를 맺고 공무를 담당하는 기관구성원) 및 狹義
의 공무원(국가 또는 지방자치단체와 특별행정법관계를 맺고 공무를 담당하는 기관구
성원)으로 나누기도 하고(김도창, 『일반행정법론(하)』, 청운사, 1989, 216면), 最廣義로
국가와 공공단체 등 모든 공법상의 단체・영조물・재단 등에서 공무를 수행하는 모든
인적 요원을(선출직 공무원까지 포함), 廣義로 공무원을 비롯해서 근무계약관계에 있
는 공직자・법관・직업군인과 병역복무 중의 군인을, 狹義로 공무원 및 근무계약에
의한 공직자를, 最狹義로 공무원만을 의미하는 것으로 구분하기도 한다(허영, 『헌법이
론과 헌법』, 1115면). 또 헌법상의 공무원과 공무원법상의 공무원을 '형식적 의미의 공
무원'이라 하여 '실질적 의미의 공무원'(공법상의 근무의무를 지는 자)과 구별하는 견해
도 있다(이상규, 『신행정법론(하)』, 법문사, 1994, 198면).

84) 선임주체와 경비부담주체에 따라 '國家公務員과 地方公務員'으로, 공무원이 소속하는
국가기관에 따라 '立法公務員, 司法公務員과 行政公務員'으로 구분할 수 있다.

85) 김철용, 『행정법Ⅱ』, 박영사, 2008, 165면.

다.[86] 국가공무원법과 지방공무원법은 각각 제2조에서 공무원을 경력직 공무원과 특수경력직 공무원으로 구분하고 있다.

經歷職 公務員이란, 실적과 자격에 의하여 임용되고 그 신분이 보장되어, 정년에 이를 때까지 공무원으로 근무할 수 있음이 예정되어 있는 공무원을 말한다.[87] 경력직 공무원에는 일반직·특정직·기능직 공무원이 있다. ⅰ) 一般職公務員은 기술·연구 또는 행정일반에 대한 업무를 담당하고 직군·직렬별로 분류되는 공무원으로서 일반직 공무원의 계급구조는 원칙적으로 1급부터 9급까지의 9단계이며, ⅱ) 特定職公務員은 법관·검사·외무공무원·군인·군무원·국가정보원직원·헌법재판소헌법연구관·교육공무원·경찰공무원·소방공무원(이상 국가공무원), 공립대학 및 전문대학에 근무하는 교육공무원·자치경찰공무원·지방소방공무원(이상 지방공무원) 및 기타 특수분야의 업무를 담당하는 공무원으로서 다른 법률이 정하는 특정직 공무원을 말한다.[88] 특정직 공무원은 실적과 자격에 의하여 임용되고 신분이 보장되는 점에 있어서는 일반직 공무원과 같으나, 담당업무의 특수성으로 인하여 임용자격·신분보장·복무규율 등에 있어서 특성을 인정할 필요가 있는 공무원이다.[89] 특정직 공무원에게도 일반공무원법이 대부분 적용되지만, 특정직 공무원의 법적 지위에 관하여 특별한 지위를 정하는 별도의 특별법[90]이 존재한다. ⅲ) 技能職公務員은 기능적인 업무를 담당

---

86) 김동희, 『행정법Ⅱ』, 박영사, 2008, 131면.

87) 권영성, 『헌법학원론』, 225면.

88) 박균성, 『행정법론(하)』, 박영사, 2008, 206면.

89) 김철용, 『행정법Ⅱ』, 165면.

90) 법원조직법, 검찰청법, 외무공무원법, 군인사법, 군무원인사법, 국가정보원직원법, 헌법

하며 그 기능별로 분류되는 공무원이다(국공법 제2조 제2항, 지공법 제2조 제2항).

特殊經歷職 公務員이란, 경력직 공무원 이외의 공무원으로서 직업공무원제도의 획일적 적용을 받지 않는 공무원집단을 말한다. 즉 특수경력직 공무원은 직업공무원처럼 신분이 철저히 보장되지 않고, 정치적이거나 특수한 직무를 수행하기 위하여 임용되는 공무원을 말한다.[91] 따라서 국가공무원법과 지방공무원법은 원칙적으로 경력직 공무원에게 적용되고, 특수경력직 공무원에 대해서는 缺格事由에 관한 규정, 報酬・能率・服務에 관한 규정, 當然退職에 관한 규정만 적용된다. 다만 缺格事由에 관한 규정, 當然退職에 관한 규정은 政務職公務員에 대해서는 적용되지 아니하고, 정치운동금지・집단행위금지에 관한 규정은 대통령령으로 정하는 특수경력직 공무원에 대해서는 적용되지 아니한다(국공법 제3조, 지공법 제3조). 그러나 다른 법률에 특별한 규정이 있는 경우를 제외하고는 대통령령 등으로 정하는 바에 따라 특수경력직 공무원에 대해서도 懲戒에 관한 규정을 준용할 수 있다(국공법 제83조의 3, 지공법 제73조의 3). 특수경력직 공무원에는 정무직・별정직・계약직・고용직 공무원이 있다. ⅰ) 政務職公務員은 선거에 의해 취임하거나 임명에 있어서 국가공무원의 경우 국회의 동의, 지방공무원의 경우 지방의회의 동의를 요하는 공무원 혹은 고도의 정책결정업무를 담당하거나 이러한 업무를 보조하는 공무원으로서 국가공무원의 경

재판소법, 교육공무원법 등.

91) 다만 일부 특수경력직 공무원(예: 감사원)에 있어서는 임기제가 적용되어 임기 동안에는 신분보장이 보다 강화되는 경우도 있다(김철용, 『행정법Ⅱ』, 166면).

우 법률 또는 대통령령, 지방공무원의 경우 법령 또는 조례에서 정
무직으로 지정한 공무원이며, ⅱ) 別定職公務員은 특정한 업무를
담당하기 위하여 별도의 자격기준에 의하여 임용되는 공무원으로
서 국가공무원의 경우 법령, 지방공무원의 경우 법령 또는 조례에
서 별정직으로 지정하는 공무원이다. ⅲ) 契約職公務員은 국가공
무원의 경우 국가와, 지방공무원의 경우 지방자치단체와 채용계약
에 의하여 일정한 기간 동안 전문지식·기술이 요구되거나 임용에
있어서 신축성 등이 요구되는 업무에 종사하는 공무원이고,92) ⅳ)
雇傭職公務員은 단순한 노무에 종사하는 공무원이다(국공법 제2조
제3항, 지공법 제2조 제3항). 별정직 공무원·계약직 공무원 및 고
용직 공무원의 채용조건·임용절차·근무상한연령 기타 필요한 사
항은 국가공무원의 경우 대통령령, 지방공무원의 경우 대통령령 또
는 조례로 정한다(국공법 제2조 제4항, 지공법 제2조 제4항).

2. 비정치적 공무원과 정치적 공무원

이것은 業務의 內容과 行爲의 方式이 政治的인 것인가의 여부
에 따른 구분이다. 政治的 公務員이란, 국가의 최고정책수립에 직

---

92) 계약직 공무원에는 일반계약직 공무원과 전문계약직 공무원이 있다. ⅰ) 일반계약직
　　공무원은 직제 등 법령에 규정된 경력직 또는 별정직 공무원의 정원에 해당하는 직위
　　와 '책임운영기관의설치및운영에관한법률' 제7조 제1항의 규정에 의한 책임운영기관장
　　의 직위에 채용되는 계약직 공무원을 말하고, ⅱ) 전문계약직 공무원은 특수 분야에
　　대한 전문적 지식이나 기술 등이 요구되는 직위의 업무를 수행하기 위하여 채용되는
　　계약직 공무원을 말한다. 그 밖에 ⅲ) 시간제 계약직 공무원이 있는데 이는 국가공무
　　원법 제26조의 2 및 지방공무원법 제25조의 3의 규정에 의하여 통상적인 근무시간보
　　다 짧게 근무하는 공무원으로 채용되는 일반계약직 또는 전문계약직 공무원을 말하며,
　　계약직 공무원 임용형태의 한 특례라고 할 수 있다(중앙인사위원회, 『공무원인사개혁
　　백서』, 131면, 133면).

접 또는 간접적으로 참여하고 자기의 정치노선에 따라 적극적인 정치활동을 통해 국가에 봉사하는 공무원을 말한다. 정치적 공무원 이외의 공무원이 非政治的 公務員이다.[93] 정치적 공무원에게는 정치적 중립성의 보장이 문제되지 아니하며, 정당가입이나 정당활동 등이 가능하다. 현재 정치활동이 가능한 공무원으로는 대통령, 국무총리, 국무위원, 국회의원, 처의 장, 각 원·부·처의 차관, 정무차관, 대통령·국무총리·국무위원·처의 장·각 원·부·처의 차관의 비서실장 및 비서관과 전직대통령의 비서관, 국회의장·국회부의장 및 국회의원의 비서실장·보좌관·비서관 및 비서와 교섭단체의 정책연구위원이 있다(국가공무원법제3조단서의공무원의범위에관한규정 제2조). 지방자치단체의 경우는 정치적 공무원으로 지방자치단체의 장과 지방의회의원이 있다(지방공무원복무규정 제8조[94]).

3. 직업공무원과 명예직 공무원

이것은 公務의 職業性과 관련된 구분이다. 職業公務員은 일정 기한까지 임명주체에 대해 법이 정한 바에 따라 계속적으로 主된 職業으로서 그의 노동력을 제공하여야 하는 공무원을 말한다. 직업 공무원은 공무원관계의 계속성에 따라 다시 정년직 공무원, 임기직 공무원, 수습직 공무원으로 구분이 가능하다. ⅰ) 停年職公務員은 법이 정한 정년까지 공무원이라는 직업이 주된 직업으로서 보장되는 공무원이고, ⅱ) 任期職公務員은 법으로 정해진 일정기간 동안

---

93) 홍정선, 『행정법원론(하)』, 251면.
94) 지방공무원법제3조제3항의공무원의범위에관한규정은 2005년 3월 18일자로 폐지되었다.

만 공무원이라는 직업이 주된 직업으로 보장되는 공무원이며, iii)
修習職公務員은 사후에 정년직 공무원이 되기를 원하는 자로서 공
무원이 주된 직업으로서 적합한가의 시험기간 중에 있는 공무원을
말한다.

한편, 名譽職公務員은 자신의 노동력을 2차적인 직업으로서의 공
무를 위하여 국가나 지방자치단체에 위탁한 공무원을 말한다. 명예
직 공무원에게는 직업공무원에게 주어지는 보수청구권 등이 주어
지지 아니한다. 명예직 공무원 역시 終身職과 任期職으로 구분될
수 있다.[95]

4. 정공무원과 준공무원

정규 공무원으로서의 身分을 가지는 자를 正公務員이라고 하고,
개별법에서 일정 범위에서 정공무원의 신분에 준하는 취급을 하도
록 규정되어 있는 자를 準公務員이라 한다. 준공무원에 대하여 공
무원에 관한 규정이 준용되는 범위는 개별법이 정하는 바에 따라
다르나, 공무원의 의무와 책임(배상책임·형법책임)이 준용되는 것
이 보통이다.

현행법상 준공무원의 신분을 가지는 자는 한국은행·한국토지주
택공사·한국도로공사·한국방송공사·한국전력공사와 같은 공기
업·준정부기관의 임직원·운영위원회의 위원과 임원추천위원회의
위원(공공기관운영법 제57조[96]) 등이다.[97]

---

95) 홍정선, 『행정법원론(하)』, 275~276면.
96) 기존의 '정부투자기관관리기본법(제18조)'과 '정부산하기관관리기본법'을 통합하여 '공
   공기관의 운영에 관한 법률'을 제정하였다. 동법 제53조(벌칙 적용에서의 공무원 의제)

제3절 공직구조의 형성원리

Ⅰ. 서 설

조직의 기본적인 틀 속에서 사람들이 맡아 수행해야 할 구체적인 일들을 체계적으로 분류하여 구조화하는 것은 인사행정의 초석을 놓는 작업이라 할 수 있다. 인사행정에서 공직구조의 형성은 각 공무원들이 맡을 직위들을 일정한 기준에 따라 질서 있게 배열하는 하는 것이다. 이러한 공직구조의 형성은 정부의 인적자원을 동원하고 배분하는 인사관리의 토대로서 공무원 인사관리의 기준과 방향을 제시해 준다. 직위를 분류하여 공직구조를 형성하는 전통적인 방법에는 계급제와 직위분류제가 있다. 그리고 공직구조의 형성을 이해하는 데 필요한 인사체계의 유형에는 폐쇄형과 개방형이 있다.

Ⅱ. 공직분류의 체계

정부조직 내에는 수많은 직위와 공무원이 있다. 이러한 수많은 직위와 공무원을 개별적으로 관리하는 것은 사실상 불가능하고 또한 인사행정상 여러 가지 낭비가 많다. 동일한 성격의 공직을 한데

공기업·준정부기관의 임직원, 운영위원회의 위원과 임원추천위원회의 위원으로서 공무원이 아닌 사람은 형법 제129조(수뢰, 사전수뢰) 내지 제132조(알선수뢰)의 적용에 있어서는 이를 공무원으로 본다.

97) 김동희, 『행정법Ⅱ』, 134면.

묶어 동일하게 취급하는 것이 인적자원 관리에 도움이 된다.

公職의 分類는 공무원의 선발, 교육훈련, 보수, 업무부과 등 인적자원을 보다 체계적으로 관리할 수 있게 한다.[98] 따라서 정부조직 내에 있는 수많은 직위와 공무원을 일정한 기준과 원칙에 따라 질서 있게 분류하고 배열하는 것은 인사행정에서 가장 기본적이고 필수적인 요소이다. 이와 같이 수많은 직위와 공무원을 일정한 기준과 원칙에 따라 질서 있게 분류하고 배열하는 것을 공직의 분류라고 한다. 공직구조를 형성하는 방법은 일반적으로 계급제와 직위분류제로 나누어 볼 수 있다.[99]

1. 계급제

階級制는 공무원이 가지는 개인적 특성, 즉 학력·경력·자격을 기준으로 유사한 개인적 특성을 가진 공무원을 하나의 범위나 집단으로 구분하여 계급을 형성하는 제도이다.[100] 직위분류제를 職務

---

98) 강성철 외,『새 인사행정론』, 대영문화사, 2007, 177면.
99) 계급제와 직위분류제의 특징 비교(박천오 외,『현대인사행정론』, 105면).

구 분	계급제	직위분류제
신분보장	◦ 강함	◦ 약함
충원체계	◦ 폐쇄형	◦ 개방형
채용기준	◦ 일반적 능력	◦ 전문적 능력
경력발전	◦ 일반능력자 중심	◦ 전문행정가 중심
인사이동	◦ 광범위·신축적(계급만 같으면 이동이 가능함)	◦ 제한적·경직적(직위에 적합한 사람이 이동해 감)
인사관리	◦ 연공서열 중심/수직적 이동이 곤란	◦ 능력실적 중심 / 수평적 이동이 곤란
보수	◦ 동일계급 동일보수	◦ 동일직무 동일보수
분류단위	◦ 계급	◦ 직위
직업 공무원제	◦ 유리	◦ 불리

中心的 제도라고 하는 데 반해, 계급제는 직위가 내포하고 있는 직무가 아니라 공무원의 개인적 특성에 따라 공직을 종적으로 구분하여 계층을 만들고 여기에 행정업무를 수준별로 구분하여 담당하게 하는 人間中心的 제도이다.[101] 따라서 계급제는 공무원 개인의 신분상의 지위나 자격에 중점을 두고 계급구조를 형성하므로, 특정 직위를 중심으로 임용되는 직위분류제와는 달리 특정 계급을 중심으로 공무원을 임용한다.[102]

여기에서 공무원은 직위에 고용되는 것이 아니라 계급에 고용되는 것이 특징이기 때문에, 신분과 직위의 관련성이 약하고 조직이 폐지되더라도 배치전환이 가능하여 신분보장이 강하다.[103] 즉 계급제하에서 공무원의 身分은 자진하여 사퇴하거나 형의 선고나 징계처분 등 법적으로 문제되지 않는 이상 법률에 정한 정년까지 공직을 수행하도록 철저히 보장된다. 이러한 계급제적 공직구조는 직업공무원제의 목적을 수행하는 데 부합한다.[104] 그리고 계급제를 채택하고 있는 국가들은 대개 폐쇄형의 공무원제도를 유지한다. 이러한 면에서 계급제는 개방형 임용제도를 채택하고 있는 직위분류제와 대조적이다.[105]

---

100) 강성철 외, 『새 인사행정론』, 216면. 계급제를 채택하고 있는 나라는 영국, 독일, 프랑스, 한국, 일본 등이다.

101) 계급제는 일정한 절차를 거쳐 선발된 者에게 일정한 신분(＝계급)의 공무원으로 임용한 후에 일정한 직위를 부여하는 방식이다. 반면, 직위분류제는 그 직위에 할당되어 있는 범위의 직무·직책을 수행하는 데 필요하고 충분한 능력·자격을 가진 인재를 임용하는 방식이다(유진식, "국가공무원법과 직위분류제", 『공법학연구』 제8권 제2호, 한국비교공법학회, 2007, 68면).

102) 군대조직은 계급제의 전형적인 모습을 지닌다. 군대조직에서 계급은 사람이 어떠한 일을 수행하느냐에 따라 변화하는 것이 아니고, 오히려 그 계급이 어떠한 일을 할 수 있는가를 결정짓기 때문이다.

103) 신윤표, 『인사행정관리학』, 법문사, 2006, 87면.

104) 박천오 외, 『현대인사행정론』, 105면.

105) 그러나 계급제를 채택하고 있다고 해서 전적으로 폐쇄형을 채택한다는 것은 아니다.

2. 직위분류제

職位分類制는 조직 내의 수많은 직위를 직무의 종류와 수준에 따라 분류하여 관리하는 제도이다. 직위분류제는 계급제와 달리 직무의 특성이나 차이를 중심으로 공직구조를 형성하는 직무지향적 제도이다.[106] 이러한 직위분류제는 일과 책임의 단위인 직무를 기초로 하여 그 직위에 내포된 직무의 특성이나 차이를 기준으로 하여 유사한 직무를 수평적으로 분류하고, 직무의 곤란성 및 책임의 정도가 유사한 직무를 수직적으로 분류하여 공직을 체계화한다. 따라서 직위분류제는 신분과 직위의 관련성이 강하므로 조직의 폐지 등에 의하여 신분이 영향을 받는다.[107]

또한 직위분류제는 직위가 지니고 있는 직무를 분석하고 평가하여 거기에 적합한 지식과 기술, 능력과 경험을 가진 인재를 임용하고 근무하게 하는 제도이기 때문에 직무의 분화에 따른 전문화와 동일직무에 대한 동일보수를 지급하는 보수체계의 형평성을 확보할 수 있다. 이러한 직위분류제는 시험이나 임용, 보수, 기타 인사관리의 합리화를 위한 수단으로 활용되고 있다. 그리고 직위분류제는 외부인사의 임용이 자유로운 개방형에 속한다.

우리나라의 경우도 최하위계급인 9급 공무원뿐만 아니라, 7급과 5급 공무원의 경우도 공개경쟁시험을 통하여 공무원을 신규 채용하고 있으며, 3급 이상 고위공무원의 경우도 부분적이기는 하지만 개방형 직위제도를 채택하고 있고, 연구·기술 분야 등 특정분야에 외부인사를 계약직 공무원으로 임용하고 있다.

106) 직위분류제를 채택하고 있는 나라는 미국, 캐나다, 호주, 뉴질랜드 등이다(한영수·강인호, 『인사행정론』, 99면).

107) 채한수, 『인사행정론』, 삼영사, 2006, 101면.

Ⅲ. 인사체제의 유형

人事體制의 類型은 공무원제도의 기초가 되는 공직 분류체계의 관념적 틀을 말한다.[108] 공직 분류체계는 공무원의 신규채용이나 임용[109]과 관련하여 구별될 수 있다. 공직 분류체계는 공직구조의 모든 계층에서 신규채용이 허용되느냐에 따라 폐쇄형과 개방형으로 나누어 볼 수 있다.[110]

1. 폐쇄형

閉鎖型은 공직에의 신규채용이 최하위계층에서만 허용되며, 내

---

108) 강성철 외, 『새 인사행정론』, 166면.

109) 任用이란, 넓게는 신규채용·승진임용·전직·전보·겸임·파견·강임·휴직·직위해제·정직·강등·복직·면직·해임·파면을 의미하기도 하고(공임령 제2조 제1호, 지임령 제2조 제1호), 좁게는 신규채용·승진임용·강임·전직·전보를 의미하기도 한다(국공법 제27조, 지공법 제26조). 가장 좁게는 신규채용행위로서의 임명행위를 뜻하기도 한다(석종현, 『일반행정법(하)』, 삼영사, 2005, 222면). 반면에 任命이란, 좁게는 공무원신분의 신규설정행위를 뜻하나, 넓게는 면직을 포함하는 의미로 사용되기도 한다. 따라서 任用이란 공무원관계의 발생·변경·소멸의 원인이 되는 모든 행위를 말하며, 任命이란 공무원관계의 발생의 원인이 되는 하나의 행위를 말한다(홍정선, 『행정법원론(하)』, 277면). 국가공무원법과 지방공무원법에서 말하는 임용은 좁은 의미의 임명을 의미한다(석종현, 『일반행정법(하)』, 223면). ⅰ) 공무원관계의 發生에는 법률의 규정에 의해 당연히 성립하는 경우(예비군의 소집), 임명에 의한 경우(대통령의 공무원임면), 선거에 의한 경우(국회의원, 대통령), 계약에 의한 경우(국공법·지공법 제2조 제3항에 의한 계약직 공무원), 사무위탁에 의한 경우(조세원 천징수자) 등이 있다(홍정선, 『행정법원론(하)』, 276면). 이들 중에서 가장 일반적인 발생원인은 임명이다(김철용, 『행정법Ⅱ』, 176면). ⅱ) 공무원관계의 變更에는 공무원에게 부여된 기존의 특정의 직위를 다른 직위로 변경하는 수직적 변경(승진·강임·강등)과 수평적 변경(전직·전보·복직·겸임·파견)이 있고, 그 특정의 직위를 박탈하여 무직으로 변경하는 무보직 변경(휴직·직위해제·정직)이 있다. ⅲ) 공무원관계의 消滅에는 당연퇴직(결격사유의 발생, 임기만료, 정년, 사망 등)과 면직(의원면직, 강제면직: 징계면직·직권면직)이 있다(홍정선, 『행정법원론(하)』, 295면).

110) 공직에 있어서의 폐쇄형과 개방형(신기원·김시동, 『한국인사행정론』, 도서출판 이화, 2004, 135면).

부승진을 통하여 그들이 상위계층까지 올라갈 수 있는 인사체제이다.[111] 폐쇄형은 개방형에 비하여 내부승진의 기회가 많고 공무원의 지위향상이나 경력발전을 위한 정책적 관심을 갖는다. 또한 階級制를 토대로 하기 때문에 전문행정가보다는 일반능력자 중심의 인사체제를 이루며, 업무수행 경로가 넓고 공무원의 장기근무가 장려된다.

그리고 폐쇄형 인사체제는 직위가 없어지더라도 공무원의 배치전환을 통하여 공무원의 근무가 계속된다. 이러한 폐쇄형은 신분보장과 승진기회가 상대적으로 높아 공무원의 사기를 높이고 공무원의 장기근무를 장려하므로 행정의 안정성과 계속성을 가져오는 데 유리하다.[112]

2. 개방형

開放型은 공직의 모든 계급이나 직위에 신규채용이 허용되는 인사체제이다. 물론 신규채용자는 각 계급이나 직위가 요구하는 자격을 지니고 있어야 한다.[113] 이는 일반적으로 공직의 개방에 따라

구 분	폐쇄형	개방형
신분보장	◦ 있음	◦ 없음
공직분류	◦ 계급제	◦ 직위분류제
제도배경	◦ 직업공무원제	◦ 실적제
신규채용	◦ 하위직만	◦ 모든 계급
교육훈련	◦ 외부훈련	◦ 내부훈련
승진임용	◦ 폐쇄적	◦ 개방적
보수체계	◦ 생활급	◦ 직무급
승진기준	◦ 연공서열 중심	◦ 능력실적 중심

111) 강성철 외, 『새 인사행정론』, 167면.
112) 한영수·강인호, 『인사행정론』, 129면.

외부전문가나 경력자에게 공직의 문호를 개방하여 새로운 지식과 기술을 받아들임으로써 공직의 침체를 막고 행정의 효율성을 높이기 위함이다. 따라서 개방형 인사체제는 직위분류제를 채택하고 있는 국가에서는 그 필요성이 크다. 그러나 이러한 개방형의 인사체제는 승진의 기회가 상대적으로 많지 않고, 평생토록 공무원으로 근무할 수 있게 하는 유인도 많지 않다. 또한 직무가 없어지면 그 업무를 담당하던 공무원도 퇴직하게 되므로 신분보장이 약하다.[114]

Ⅳ. 우리나라의 공직구조와 인사체제

1. 공직분류의 경우

계급제와 직위분류제의 적합성 내지 상대적 우월성은 상황에 따라 다를 수 있으며, 이들은 상호 보완적으로 활용될 수 있다. 계급제를 채택한 국가에서는 사회분화에 따른 행정의 전문화와 기술화를 촉진시켜야 하므로 직위분류제적 요소를 도입하고, 직위분류제를 채택한 국가에서는 지나친 직무의 분화로 인한 행정의 통합성과 신축성의 결여 때문에 계급제적 요소를 도입하고 있다. 우리나라는 직위분류제적 요소가 가미되고 있으나,[115] 계급제 중심의 공직분류형을 따르고 있다.[116] 즉 우리나라는 계급제를 기초로 하여

---

113) 강성철 외, 『새 인사행정론』, 166면.

114) 한영수·강인호, 『인사행정론』, 129면.

115) 예를 들면, 고위공무원단제도(국공법 제2조의 2), 전입·전출 시의 시험제도(국공법 제28조의 2, 제28조의 3), 개방형 직위제의 채용(국공법 제28조의 4), 공모직위제의 도입(국공법 제28조의 5) 등이다(유진식, "국가공무원법과 직위분류제", 73면).

직위분류제를 가미한 절충형이라고 할 수 있다.[117)]

2. 인사체제의 경우

폐쇄형과 개방형은 각 국가의 정치적 여건이나 시대적 상황에 따라 형성된 체제이기 때문에 어느 것이 좋고 어느 것이 나쁘다고 말할 수 없다. 그리고 현재 순수한 개방형이나 폐쇄형을 고수하고 있는 국가도 없으며, 대개 양자를 절충하여 운영하고 있다. 우리나라는 폐쇄형에 가까운 인사체제를 운영하고 있다. 왜냐하면 상위직의 대부분은 내부승진에 의하여 이루어지고, 5급과 7급에서의 임용은 신규채용보다 내부승진이 더 많으며, 5급과 7급의 공개경쟁시험 합격자보다 9급의 공개경쟁시험 합격자가 훨씬 많기 때문이다. 그러나 최근 중앙행정기관(1~3급)이나 지방자치단체(1~4급)의 직위 중에 업무의 성질상 고도의 전문성이 요구되거나 효율적인 정책수립이 필요하다고 인정되는 직위를 개방형 직위로 지정하여 운영할 수 있게 하였으며(국공법 제28조 제4항, 지공법 제29조 제4항), 이들을 계약직 공무원으로 임용할 수 있도록 하였다. 따라서 우리나라의 인사체제는 폐쇄형에 개방형을 가미한 절충형이라고 볼 수 있다.[118)]

---

116) 박천오 외, 『현대인사행정론』, 112면.

117) 김중양, 『한국인사행정론』(법문사, 2004), 76면, 최병대 · 김상묵, "공직사회 경쟁력 제고를 위한 실적주의 인사행정기능의 강화", 『한국행정학보』 제33권 제4호, 한국행정학회, 1999. 10, 81면.

118) 행정안전부 기타자료, "공직분류체계 연혁 및 현황"(2009. 2. 4, http://www.korea.kr/expdoc/viewDocument.req?id = 10652&call_from = extlink 참조).

제4절 직업공무원제도의 본질적 내용

Ⅰ. 서 설

직업공무원제도의 본질적 내용은 안정적이고 전문적인 정책집행을 보장하기 위해 국가의 정책집행기능을 원칙적으로 직업공무원에게 맡기고, 공무원으로 하여금 오로지 국가와 국민을 위한 공직수행에만 전념하게 하는 것이다. 이것은 국가와 공무원 사이에 근무 및 충성관계가 성립되도록 함으로써[119] 공무원은 공직을 공평무

구 분		종적 분류			횡적 분류		
		계급 수	계급명칭		직군	직렬	직류
경력직	일반직 공무원	9	1~9급		2개	32개	95개
		2	연구관·연구사		2개	12개	42개
			지도관·지도사		1개	3개	12개
	기능직 공무원	10	기능 1급~기능 10급		11개	22개	37개
	특정직 공무원	외무공무원 14	14~1등급		3개 직군		
		경찰공무원 11	치안총감~순경		6개(경과), 19개(특기)		
		소방공무원 11	소방총감~소방사				
		교육공무원 –	교원 및 초교, 장학관·장학사, 교육연구관·연구사				
		군인 16	장교(원수~소위), 준사관(준위), 부사관(원사~하사)		19개(육), 26개(해), 17개(공)		
		군무원 9/10	1~9급(일반)/1~10급(기능)		15개	51개	
		국정원직원 9/10	1~9급(일반)/1~10급(기능)		2개	9개	
		경호공무원 9	1~9급				
		검사 4	검찰총장~검사				
특수경력직	정무직 공무원	5	대통령, 총리, 부총리, 장관, 차관(급)				
	별정직 공무원	9	1급 상당~9급 상당		몇 개의 직무분야		
	계약직 공무원	9/5	1~9호(일반)/가~마(전문)				
	고용직 공무원						

[119] 헌법 제7조 제1항의 헌법정신에 따라 공무원은 정책집행에 관한 국민의 수임자로서 그 맡은 바 사명을 완수하고 그 결과에 대해 국민에 대하여 책임을 져야 하기 때문에 우리 헌법상의 직업공무원제도도 원칙적으로 공법상의 근무 및 충성관계를 바탕으로 하고 있다. 우리의 직업공무원제가 공법상의 근무관계를 바탕으로 한다는 것은 대통령의 공무원임명권에 의해서도 단적으로 나타나며, 노동3권의 제한규정을 보아도 공

사하게 성실히 수행하는 대신 국가는 능력에 따른 공무원의 인사를 하고 공무원의 신분을 보장해 줌은 물론 공무원에 대한 생활부양을 해 줌으로써 가능해진다.[120]

따라서 직업공무원제도는 원칙적으로 직업공무원에게 국가의 정책집행기능을 맡겨서 수행하게 하는 이른바 '기능유보'(Funktionsvorbehalt)와 직업공무원을 위한 이 기능유보를 성공적으로 실현하기 위한 여러 가지 '구조적 보장'(Strukturgarantie)을 그 내용으로 한다. 이러한 기능유보의 관점에서 공법상의 근무 및 충성관계에 있는 職業公務員과 노동법상의 근로계약관계에 있는 契約職 公務擔當者로 분류되는 이른바 '공직인력의 이원화(Zweispurigkeit) 현상'을 파악하여야 하고,[121] 공직제도개혁에 관한 논의도 여기에서 그 제약성을 확인하여야 한다.[122]

Ⅱ. 기능유보

1. 기능유보의 의의

기능유보는 국가기능 가운데 어떤 부분이 직업공무원에 의해 담당되어야 할 것인지에 관한 문제이다.[123] 따라서 '기능유보'는 원칙

무원관계가 근무 및 충성관계를 전제로 하고 있다는 것을 알 수 있다(박규하, "직업공무원제도의 헌법적 의의와 기능", 65면).

120) 허영, 『헌법이론과 헌법』, 1132~1133면.

121) 국가의 임명행위에 의해서 성립되는 충성의 근무관계라는 특성은 '職業公務員'에게 가장 잘 나타나는 반면에, 근무계약에 의해서 임용된 '非公務員인 公務擔當者'(계약직 공무원)에게 그것은 약화된 형태로 나타난다(허영, 『헌법이론과 헌법』, 993면).

122) 이종수, "공무원법의 헌법적 조망", 68면 주33 참조.

적으로 직업공무원에게 국가의 정책집행을 맡겨서 사인·공무수탁 사인 또는 근무계약에 의한 공직자들에 의해 정책집행기능이 수행되는 것을 방지하려고 하는 것을 의미한다.[124] 이것은 직업공무원이 국가작용, 특히 행정작용의 수행을 담당하도록 하였을 경우에 행정의 합법률성과 정치적 중립성이 가장 잘 보장될 수 있다는 점에서 매우 큰 현실적 의미를 갖는다.

2. 기능유보의 한계

통치기관의 구성원리로서 직업공무원제도가 채택된 헌법질서 내에서 국가의 정책집행기능이 공무원 이외의 다른 사람에게 맡겨지는 것은 원칙적으로 허용되지 않는다. 그러나 직업공무원제도에 내포된 이 같은 '기능유보'의 요청에도 불구하고 현실적으로 국가의 모든 정책집행기능이 공무원만으로 해결될 수는 없고, 국가의 인사정책이나 공직인력구조에 관한 어느 정도의 예외가 인정될 수밖에 없다.

기능유보의 범위에 관해서는 ⅰ) 명령과 강제를 그 본질적인 요소로 하는 이른바 '권력작용'만이 반드시 공무원에 의해서 처리되

---

123) 장영수, 『헌법학』, 372면.

124) 직업공무원제도는 국가의 정책집행기능을 공무원에게 맡기는 것이 법치주의의 실현 및 단절 없고 일관된 정책집행에 가장 도움이 된다는 인식에서 나온 통치구조의 기본원리이기 때문에, 이 같은 단절 없는 정책집행을 위협할 수 있는 공무원의 쟁의권과는 이념적으로 조화될 수 없다. 따라서 공무원제도에서 공무원의 쟁의행위가 금지된다. 그리고 공직인력구조의 이원화 현상과 근무계약에 의한 공직담당자의 수가 증가하는 것과 관련하여 직업공무원제도에서 문제점으로 제기되는 것도 쟁의행위의 금지 때문이다. 이들은 공무원과 달라서, 근무계약에 의한 공직담당자의 근무관계는 어디까지나 사법상의 계약에 의해서 성립되기 때문에 공무원법의 적용에 일정한 한계가 있기 때문이다(허영, 『헌법이론과 헌법』, 1134면).

어야 할 핵심적인 기능유보의 영역에 속한다는 견해, ⅱ) 권력작용뿐만 아니라 공법상의 형태로 이루어지는 국가의 단순한 '관리작용'까지 기능유보에 포함시키고, '행정의 사법적 활동'만을 제외시키려는 견해, ⅲ) 국가작용의 법형식을 떠나서 공직인 국가적 과제를 목적으로 하는 모든 정책집행기능을 모두 기능유보의 내용으로 이해하려는 견해 등의 대립이 있다. 그러나 이 같은 견해의 대립에도 불구하고, 권력작용이 기능유보의 핵심적인 영역이라는 점과 단순한 보조적 성질의 행정업무, 국고작용 그리고 행정의 사법적 활동 등이 기능유보에 속하지 않는다는 점에 대해서는 대체로 의견의 일치를 보이고 있다.

쟁점이 되는 부분은 이른바 국가의 생존배려적인 급부작용을 비롯한 비권력작용인 관리작용을 기능유보의 관점에서 어떻게 평가할 것인가 하는 점이다. 이는 현대국가가 지향하는 사회국가적·문화국가적 목표를 달성하기 위한 국가작용이 이루어지는 法形式과 國家作用의 內容을 함께 고려해서 기능유보의 범위를 정하여야 할 것이다. 따라서 사인·공무수탁사인 또는 근무계약에 의한 공직자에 의해서도 충분히 그 실현이 가능한 국가작용(예컨대 체신·철도·오물수거·상하수도 관리 등)이라 할지라도 그 작용의 내용으로 보아 公共生活의 安全을 위해서 공법상의 엄격한 법률이 꼭 필요한 경우에는 이를 기능유보의 범위에 포함시키는 것이 타당하다. 결론적으로 모든 관리작용이 모두 기능유보에 포함된다고 볼 수는 없지만, 적어도 公共生活의 安全과 직접적으로 연관성이 있고 公法의 形式을 취할 수밖에 없는 管理作用은 원칙적으로 기능유보에 속한다고 보는 것이 타당하다.[125]

Ⅲ. 구조적 보장

1. 구조적 보장의 의의

직업공무원제도를 헌법상의 제도보장으로 선언하고 있는 헌법질서 내에서는 직업공무원제도가 '공법상의 근무 및 충성관계'를 바탕으로 하고 국가와 공무원 사이에 헌신적인 봉사와 특별한 보호의 상관관계가 원활하게 기능할 수 있도록 형성되어야 한다.[126] 우리 헌법은 직업공무원제도의 구조적 요소[127]에 관해서는 구체적으로 정하지 않고, 이를 입법권자의 입법형성권에 맡기는 법률유보의 규정을 두고 있다.[128] 다만 '공무원의 신분과 정치적 중립성'의 보장만은 이를 헌법(제7조 제2항)이 스스로 명시하고 있는데, 이는 직업공무원제도를 구체적으로 마련하는 입법권자에게 일정한 기속적 방향을 제시하고 있다.[129] 현대의 자유민주국가에서 공무원의 원칙적인 종신주의, 공무원에 대한 국가의 생활부양의무, 공무원의 임

---

125) 허영, 『헌법이론과 헌법』, 1135~1136면.

126) 허영, 『헌법이론과 헌법』, 1136면.

127) 구조적 요소는 공무원이 국민 전체에 대한 봉사자로서 정책집행이라는 국가적 과제를 원만히 수행함으로써 헌법이 지향하는 자유민주적인 통치목표를 성공적으로 달성하는 데 반드시 필요한 요건을 말한다(허영, 『헌법이론과 헌법』, 1136면).

128) 헌법 제7조 제2항은 "공무원의 신분과 정치적 중립성은 법률이 정하는 바에 의하여 보장된다."라고 규정하고 있는바, 이는 공무원이 정당한 이유 없이 해임되지 아니하도록 신분을 보장하여 국민 전체에 대한 봉사자로서 성실히 근무할 수 있도록 하기 위한 것임과 동시에, 공무원의 신분은 무제한 보장되는 것이 아니라 공무의 특수성을 고려하여 헌법이 정한 신분보장의 원칙 아래 법률로 그 내용을 정할 수 있도록 한 것이다(헌재결 1997. 11. 27, 95헌바14).

129) 허영, 『한국헌법론』, 785면, 헌재결 1989. 12. 18, 89헌마32·33(병합)(헌법 제7조는 직업공무원제도의 확립을 내용으로 하는 입법의 원리를 지시하고 있는 것으로서 법률로써 관계규정을 마련함에 있어서도 헌법의 위와 같은 기속적 방향제시에 따라 공무원의 신분보장이라는 본질적 내용이 침해되지 않는 범위 내라는 입법의 한계가 확정된 것이다).

명·승진 시 능력주의, 공무원의 신분보장, 공무원의 정치적 중립성, 민주적인 직무지시계통, 공무원의 직무상 불법행위에 대한 국가의 배상책임 등이 직업공무원제도의 가장 기본이 되는 구조적 요소로 간주된다.[130]

2. 입법형성의 체계조화적 요청

직업공무원제도의 여러 구조적 요소는 결코 자기 목적적이거나 공무원의 개인적 이익만을 위해서 존재하는 것이 아니라, 정책집행이라는 국가적 과제를 공평무사하게 성실히 수행하기 위한 제도적 장치에 불과하므로, 자유민주국가에서는 그 헌법이 지향하는 자유민주주의, 법치국가원리 그리고 사회국가이념 등과 조화될 수 있어야 한다. 바로 여기에 직업공무원제도를 구체적으로 형성하는 데 있어서 입법권자가 존중해야 되는 헌법적 한계가 있다. 즉 직업공무원제도에서 요구되는 공무원의 충성의무(Treuepflicht),[131] 정책집행의 효율성(Effizienz), 공무원관계의 공법적 성격, 공무원의 법적 신분보장과 경제적 생활보장 등을 구체적으로 제도화하는 데 있어서 입법권자에게 주어진 폭넓은 형성권은 모든 법적인 제도가 지켜야 되는 체계조화의 요청 내지 체계정당성의 명령에 의해 제약을 받

---

130) 바이마르 공화국 헌법 당시부터 인정되는 구조적 보장의 핵심적 내용으로는 근무·성실관계라는 것, 공무원의 종신제 임명의 원칙, 공무원의 정치적 중립성, 능력주의 원칙, 경력과 직렬의 구분 원칙, 국가의 공무원에 대한 생활보장의무의 원칙, 공무원의 쟁의금지의 원칙, 공무원신분관계의 법적 보호 등을 들 수 있다(민경식, "헌법상의 공무원제도", 『법학논문집』 제17집, 중앙대학교 법학연구소, 1992, 5면).

131) 이는 능력주의 원칙에 대해서는 한계로 기능하고 있다(이종수, "공무원법의 헌법적 조망", 76면). 독일에서는 헌법충실에의 보장을 제공하지 않는 공직지원자는 독일기본법 제33조 제2항의 공직채용상의 적성(Eignung)요건이 결여된 것으로 보아서 채용을 거부하였다(이종수, "공무원법의 헌법적 조망", 79면 주61).

을 수밖에 없다. 결국, 직업공무원제도의 기본이 되는 여러 구조적
요소를 체계조화적으로 실현하고 제도화한다는 것은 통치기관의 구
성원리를 실현한다는 의미뿐만 아니라, 공무원에게도 공무원으로서의
일정한 권리를 보장해 준다는 의미도 함께 갖게 된다.[132]

제5절 검 토

1) 직업공무원제를 채택했다고 해서 개방형 인사체제를 도입할
수 없는 것은 아니다. 하지만 계약직 공무원의 경우, 직업공무원과
는 달리 국가의 임명행위에 의해서 성립되는 충성의 근무관계라는
특성이 약화된 형태로 나타난다. 따라서 국가와 직업공무원 사이에
근무 및 충성관계가 성립됨으로써 보장되는 능력에 따른 공무원의
인사, 공무원의 신분보장 그리고 국가의 생활부양의무가 약화될 수
있기 때문에 그에 상응하는 공무원의 직무전념의무와 성실의무가
제대로 이행되지 않을 수 있다.[133] 또한 계약직 채용과 관련해서도
자칫 엽관제의 폐단, 정당이나 단체의 후견, 지도력 상실에 따른
행정의 불안정화 등과 같은 직업공무원제에 반하는 위헌적인 사태

---

132) 허영, 『헌법이론과 헌법』, 1136~1138면. 예컨대 공무원에 대한 국가의 생활부양의
무를 구체화한다는 것은 공무원에게 그 전인적 봉사에 걸맞은 소구 가능한 급료청구
권(Alimentationsgrundrecht)을 당연한 권리로 인정해 주는 것이나 다름없다.

133) 국가에 대한 공무원의 공법상의 근무 및 충성관계로부터 공무원에게는 복종과 충성
등의 특별한 직업상의 의무가, 그리고 국가에는 생활부양의무 및 각종의 보호의무가
주어진다. 특히, 공무원의 성실의무 내지 충실의무(Treuepflicht)에 대응해서 국가는
공무원의 생계를 위한 적절한 봉급과 신분을 보장할 것이 요구된다(Maunz/Dürig/Herzog/
Scholz, Grundgesetz - Kommentar(Loseblatt), Art. 33 Rn 68(이종수, "공무원법의 헌법
적 조망", 70면에서 재인용).

를 초래할 수도 있다.[134] "일부 도지사 측근인사들은 국장보다 더 막강한 권력을 남용하고 있고 업무추진비도 과도하게 집행하고 있다."[135]는 등의 기사를 보더라도 계약직 공무원 채용에도 문제가 있음을 알 수 있다.

2) 한시적 공무원제도(Zeitbeamtensystem)로서 계약직을 경력직 공무원에게까지 일반적으로 법제화하는 것은 원칙적으로 직업공무원에게 국가의 정책집행기능을 맡겨서 수행하게 하는 기능유보의 원칙을 근본적으로 수정하는 결과를 가져올 수 있다. 만약 계약직 공무원의 확대로 정규 공무원 채용의 선택가능성이 배제된다면, (시간제) 계약직[136]은 직업공무원제도에 따라 존중되어야 할 '공무원의 원칙적인 종신주의', '공무원의 직무전념의무'[137](主職業性 原則,[138] Grundsatz der Hauptberuflichkeit)와 '공무원에 대한 국가의 생활부양의무'(適切한 扶養原則, Grundsatz der amtsangemessenen Alimentation)를 저해할 수 있다.[139] 그리고 계약직을 광범위하게 채택해서[140] 상위직에 외부로부터 신규채용(특채)을 허용하면 공무

---

134) 홍준형, "신공공관리론의 공법적 문제", 105면.

135) "경기도 계약직공무원 급증에 내부 반발", 연합뉴스, 2008년 2월 27일자.

136) 시간제 계약직 공무원(국공법 제26조의 2, 지공법 제25조의 3)은 계약직 공무원 임용형태의 한 특례라고 할 수 있다(중앙인사위원회, 『공무원인사개혁백서』, 133면).

137) 직무전념의무의 내용으로서 국가공무원법과 지방공무원법에서는 직장이탈금지의무, 영리업무·겸직금지의무 등을 규정하고 있다(국공법 제58조, 제64조, 지공법 제50조, 제56조).

138) 職業公務員은 일정기한까지 임명주체에 대해 법이 정한 바에 따라 계속적으로 主職業으로서 그의 노동력을 제공하여야 하는 공무원을 말하기 때문이다(홍정선, 『행정법원론(하)』, 275면).

139) 독일 연방헌법재판소 2007. 8. 29. 선고 2BvF 3/02.

140) 신분보장을 필요로 하는 공무원의 직위와 계약직으로 보할 수 있는 공무원의 직위의 구별기준은 헌법의 구체화 규범인 법률로 규정하여야 할 사항이다. 그러나 현행 국가공무원법과 지방공무원법이나 정부조직법 어디에도 그 기준을 정하는 규정은 찾아볼

원의 승진기회가 적어져 직업공무원제가 성립되기 어렵다.[141] 따라
서 직업공무원제를 근간으로 한 정부와 공무원 간의 기존의 안정
화된 고용관계가 흔들리고 하급직 공무원들의 무력감을 초래할 수
있다.[142] 특히 현행 공무원법에서 5급 공무원의 승진의 경우, 기관
또는 단체 간 昇進幾回의 均衡維持와 유능한 공무원을 발탁하기
위하여 필요한 경우에 공개경쟁승진시험을 실시한다(국공법 제41조
제3항, 지공법 제39조의 2 제3항)는 규정을 감안하더라도, 계약직
의 확대는 내부질서의 확립에 차질을 빚을 수 있다. 결국 하급공무
원의 사기가 저하되고 이직률이 높아져 공무원이 선망받는 직업이
라는 생각을 가질 수 없게 만든다.[143]

결국, 계약직 공무원의 확대는 한시적 임용에 따른 행정의 안정
성과 계속성 저해,[144] 정실에 의한 부적격자 임용,[145] 현직 공무원

수 없다. 오직 공무원의 종류를 정하는 국가공무원법과 지방공무원법 제2조에 계약직
공무원을 특수경력직 공무원의 하나로 규정하고 그 개념만을 정하고 있을 뿐이다(오
준근, "행정조직·인사개혁의 법적 과제", 『공법연구』 제35집 제1호, 한국공법학회,
2006. 10, 14면). 그러나 이 규정도 중앙행정기관의 장이 행정안전부장관(2008. 2. 28.
개정)과 협의하여 계약직 공무원을 채용할 수 있는 최소한의 근거규정을 설정함에 머
무르고 있다. 이 규정에 따라 이루어진 포괄적인 위임에 의해 '계약직공무원규정'이
제정되어 시행되고 있다. 따라서 계약직 공무원의 범위가 대통령령에 의해 좌우될 수
있다.

141) 이는 "계약직 공무원들의 대부분이 과장(서기관)이나 계장(사무관), 6급 주사직을 차
지하는 바람에 공무원들의 인사적체가 심화되고 있다", "조직에서 융화되지 못한 채
군림하고 있다."("경기도 계약직 공무원 급증에 내부 반발", 연합뉴스, 2008년 2월 27
일자) 등의 공무원 표현을 통해서도 잘 알 수 있다.

142) 최병대·김상묵, "공직사회 경쟁력 제고를 위한 실적주의 인사행정기능의 강화", 92면.

143) 신기원·김시동, 『한국인사행정론』, 129면.

144) 개방형 직위에 임명된 외부인사들이 조직에서 리더십을 제대로 발휘할 수 있겠느냐
하는 것이 문제이다. 한국의 행정조직은 기본적으로 직무가 아니라 사람을 중심으로
작동하기 때문에 직업공무원이 차지하던 직위에 외부전문가가 기용될 경우, 이들은
하급자들을 통솔하기 쉽지 않을 것이다. 만약 외부전문가들이 기존의 직업공무원들과
의 갈등을 극복하지 못하고 중도에 탈락한다면 행정의 안정성과 계속성을 저해하게
될 것이다(최병대·김상묵, "공직사회 경쟁력 제고를 위한 실적주의 인사행정기능의
강화", 92면).

의 승진기회 감소에 따른 사기저하146) 등 여러 부작용들이 우려된다.

3) 따라서 공직제도의 개혁은 직업공무원제도의 본질적 내용을 침해하지 않는 범위 내에서의 개혁이어야 한다.147) 계속적인 계약직 공무원의 확대는 직업공무원의 지위를 잠탈하는 결과를 초래하여 직업공무원제도의 본질적 내용을 훼손시킬 수 있으므로, 노동법상의 근로계약관계에 있는 계약직 공무담당자는 전문성이 요구되는 특수전문분야에 제한적으로 허용되어야 할 것이다. 그 외의 분야에서 외부의 전문인력을 필요로 하는 경우에는 기존 공무원들의 재교육이나 연수 등을 통해서 그 인적자원의 가치를 스스로 높여야 하고, 재교육으로 인한 인력의 공백문제는 전문가와의 자문을 통해 해결하여야 할 것이다. 그렇지 않고 외부에서 전문인력을 수혈하듯이 수동적으로 받아들이다 보면 외부인력에 계속 의존할 수밖에 없게 될 뿐만 아니라, 그 영역도 계속 늘어날 수밖에 없게 되기 때문이다. 이러한 현상은 외국인의 공직자 채용 문제에서도 그대로 나타난다.

---

145) 많은 유자격자 가운데서 소수를 선발하는 과정에서 시험 등 객관적인 기준에 의존하는 현행 방식과 비교할 때 능력이나 실적 이외의 요인이 영향을 미치기 쉽다(최병대·김상묵, "공직사회 경쟁력 제고를 위한 실적주의 인사행정기능의 강화", 91면).

146) 직업공무원제를 근간으로 한 정부와 공무원 간의 기존의 안정된 고용관계가 흔들리고 하급직 공무원들의 무력감을 초래할 수도 있다(최병대·김상묵, "공직사회 경쟁력 제고를 위한 실적주의 인사행정기능의 강화", 92면).

147) 어떠한 기본권적 자유도 국가와 법질서를 해체하는 근거가 될 수 없듯이, 공직제도의 개혁도 헌법에서 규정하고 있는 틀, 즉 직업공무원제도를 형해화하는 방향으로 이루어져서는 안 될 것이다(헌재결 2004. 8. 26, 2002헌가1(병역법 제88조 제1항 제1호 위헌제청) 참조).

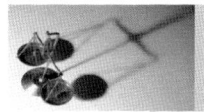

제4장 公務員의 人力減縮

제1절 서 설

새로운 정부가 등장할 때마다 공직인력은 상당한 영향을 받는다. 특히 2008년에 출범한 이명박 정부의 기본철학은 '작은 정부'와 '경쟁과 효율'이다.[148] 이에 따라 조직개편을 총괄하는 인수위원회 정부혁신규제개혁 테스크포스(TF)팀장은 기자회견에서 "1차연도 감축 공무원은 경찰·교정·교육 분야를 제외한 일반직 공무원의 5.3%에 해당하는 6,900명으로 이들 중 상당수는 출연연구기관으로 전환된다."고 밝혔다.[149] 정부는 2008년 2월 중앙정부 조직개편에서 전체 일반직 공무원의 2.6%인 3,427명을 감축하였다.[150] 또 행정안전

---

148) "CEO 305명 전부 이달 사표 받는다", 중앙일보, 2008년 4월 25일자 (http://article.joins.com/article/article.asp?total_id=3124123, 2009. 9. 20. 최종확인).

149) 공무원에서 민간인으로의 신분전환. 출연연구기관으로 전환 3,086명, 민간이양 1,002명, 지방이양 446명으로 총 4,534명, 보직변경이나 연수제도 활용. 중복기능 1,420명, 규제개혁에 따른 담당인력감축 810명, 대통령실 106명, 업무폐지 81명 등 2,417명 ("인수위의 공무원 관련 정책·방안", 고시기획, 2008년 1월 24일자 (http://www.gosiplan.com/include/index.html?view=news&file=view&article_no=5297&section_code=A&section_nick_name=public&searchNews=%EB%AA%BB%ED%95%98%EB%8A%94&page=1, 2009. 9. 20. 최종확인)).

부는 2008년 5월 1일 시·도 자치행정국장 회의를 열고 연내에 일반직 지방공무원 1만 명을 감축하겠다는 내용의 '지자체 조직개편안'을 확정하였다.[151]

그러나 공무원의 신분보장은 공무원이 정권교체의 영향을 받지 아니할 뿐만 아니라 동일한 정권하에서도 정당한 이유 없이 해임당하지 아니하는 것을 말하는데, 예산절감 등을 위한 인력감축은 공무원의 신분보장을 형해화시킬 수 있다.

이하에서는 公務員의 人力減縮에 대한 헌법적 검토를 위해, ⅰ) 인사행정의 일반원리의 내용으로서 엽관제·실적제 그리고 직업공무원제와 ⅱ) 직업공무원제도의 내용으로서 신분보장에 관하여 살펴보기로 한다.

제2절 인사행정의 일반원리

Ⅰ. 서 설

공직제도와 관련하여 인사제도는 대규모의 공무원제도가 확립되기 시작한 절대군주시대부터 체계화되기 시작하였다.[152] 인사행정

---

150) "지방 공무원 1만 명 줄인다", 한겨레, 2008년 5월 1일자
　　(http://www.hani.co.kr/arti/politics/politics_general/285257.html, 2009. 9. 20. 최종확인).

151) "지방 공무원 1만 명 연내 감축", 동양일보, 2008년 5월 1일자
　　(http://www.dynews.co.kr/news/articleView.html?idxno=114653, 2009. 9. 20. 최종확인).

152) 유럽대륙에서는 절대군주국가 시대부터 직업공무원제도가 발달하기 시작하였으며, 이에 상응하여 인사제도도 체계적으로 발달하였다고 볼 수 있다. 그러나 당시의 관료

은 행정기능의 효과적인 수행을 위한 정부의 인적자원에 대한 관리를 말한다. 모든 조직 내의 인적자원에 대한 관리를 인사관리로 규정한다면 인사행정 역시 인사관리의 개념에 포함된다.153) 그러나 인사관리는 사기업조직에만 국한된 개념이라는 점에서 인사행정과 구별된다.154)

인사행정의 대표적인 원리로는 엽관제(spoils system)와 실적제(merit system)가 있다. 獵官制는 관직임명을 전쟁에서의 전리품으로 간주하여 경쟁에서 승리한 정당 또는 후보자가 혈연·학연·지연 등을 기준으로 인사관리를 하는 것이고, 實績制는 개인의 능력·자격 등으로 인사관리의 기초를 삼는 것이다. 그리고 직업공무원제가 있는데, 職業公務員制는 정당정치에 따르는 정권교체가 있더라도 행정의 공백상태를 방지하고 행정의 안정성과 계속성을 유

는 군주에 대한 봉사자였으며, 국민에 대한 봉사자로서의 지위를 지니는 오늘날의 직업공무원과는 근본적으로 달랐다(한영수·강인호, 『인사행정론』, 36~37면). 이 시대의 관료는 군주의 절대적 지배권 행사의 수단으로서 그 대외관계에 있어 군주의 대행자로서의 지위가 확보되었기 때문에, 그들은 신민(臣民)에 대하여 특권적·우월적 지위에서 군림하는 존재이었다. 그리고 대내관계에 있어서도 군주에 대한 관료의 관계는 절대적인 충성관계이었고, 상위자와 하위자의 관계는 인격적인 지배·복종관계에서 군대식의 엄격한 규율이 지배하였다. 절대군주국가의 전형이라고 할 수 있는 프로이센(18세기 초~1871년)의 관료제도의 특징은 ⅰ) 군주와 국가의 동일시, ⅱ) 관료제의 중앙집권적 계층구조 등으로 정리할 수 있다.

153) 비록 상대적인 것이기는 하지만, 인사행정은 인사관리와 구별되는 특질을 가지고 있다. 이러한 차이는 사기업조직과 구별되는 정부조직의 특성에서 비롯된다. 사기업의 인사관리에 대조되는 정부 인사행정의 특성으로는 ⅰ) 인사행정은 공적 상황 또는 정치적 상황 속에서 적용되며, 공공의 감시와 통제를 더 많이 받는다는 것, ⅱ) 인사행정의 중요한 원리와 절차는 법률에 의하여 규정된다는 것, ⅲ) 정부업무의 규모가 방대하고 종류가 다양하기 때문에 인사행정의 활동범위도 그만큼 넓고 그 내용도 복잡하다는 것, ⅳ) 정부활동의 비시장성 때문에 인사정책의 평가에서도 경제적 기준이 결정적인 역할을 하지 못한다는 것, ⅴ) 공평성과 기회균등, 정치적 중립성, 신분보장 등이 더 강조되고 노동운동에 대한 제약이 크다는 것 등을 들 수 있다(오석홍, 『행정학』, 박영사, 2007, 512면).

154) 인사관리가 경제적 능률성을 보다 중시한다면, 인사행정은 민주적 운영과 사기진작을 더욱 강조한다. 물론 오늘날에는 정부조직과 사기업조직의 구별 없이 인적자원의 관리에는 능률성과 민주성이 동시에 고려되는 추세이다.

지하게 하는 인사제도이다.[155]

Ⅱ. 엽관제와 실적제

1. 엽관제

(1) 의의

엽관제란, 공무원의 임면을 당파적 충성이나 정실에 의하여 결정하는 정치적 관행을 말한다. 공무원의 정실임면은 절대군주제하에서도 행해졌다. 그러나 군주제에 대항하여 의회정치를 확립하는 과정에서 정당이 국왕의 관리를 의회의 봉사자로 바꾸기 위하여 대량의 엽관을 한 일에서 일반화되었다.[156] 이러한 현상은 영국[157]이나 미국[158]에서 전형적으로 나타났다. 이 관행이 대대적으로 전개된 것은 미국이었다.[159] 1828년 대통령에 당선된 A. Jackson이 '엽관제를 공직의 민중에 대한 해방과 공무원에 대한 국민통제의 역

---

155) 박천오 외, 『현대인사행정론』, 43면.

156) 따라서 엽관제는 복수정당제와 긴밀한 관계가 있다. 그리고 정권이 바뀔 때마다 공무원들도 함께 바뀌는 것을 전제한다. 엽관제는 정권이 바뀌면 새 주인을 따라 들어오는 사람들에게 재직자들은 자리를 내놓아야 한다는 이른바 '교체임용주의'(doctrine of rotation)를 내포하는 것이다(오석홍, 『행정학』, 516면).

157) 의회민주주의가 일찍이 확립된 영국에서는 관직을 임명해 온 국왕의 영향력을 차단하기 위하여 이미 1700년경부터 종신직 행정관리를 제도화하기 시작하였다. 물론 관리는 19세기 중엽까지 의원과 귀족계급에 의해 정실로 임명되었다(유민봉 · 임도빈, 『인사행정론』, 박영사, 2007, 73~74면).

158) 미국에서는 관직의 장기점유는 관료주의화를 촉진하고 행정의 민주화를 저해할 가능성이 큰 것으로 인식하여, 엽관제를 민주주의의 실천적 원리로 인식하였다(한영수 · 강인호, 『인사행정론』, 37면).

159) 영국에서는 명예혁명 이후부터 관직이 의회와 귀족 간의 정치적 정실에 따라 임명되었고, 미국에서도 건국 이래 정당이 인사행정을 지배하는 엽관제의 풍조가 생겼으며 잭슨 대통령에 와서는 완전히 제도화되었다.

할을 지닌 것'이라고 강조한 뒤로 엽관제의 관행이 확립되었다.[160]

(2) 엽관제의 폐해

그러나 19세기 후반에 정당이 독점자본과 결합하고, 정당의 세력 확대와 독점자본의 이익 증대의 수단으로 엽관제가 이용되었다. 그래서 엽관제는 특권적 관료제의 타파라는 당초의 목적을 잃고, 관직의 당파적 독점 내지 이용 등의 폐해와 정치부패가 표면화되었다. 그 폐해의 시정과 행정의 전문화와 기술화의 요청으로 실적제가 채택되고, 그 적용대상이 확대되었다.[161]

2. 실적제

(1) 의의

실적제란, 개인의 능력이나 실적(자격에 관한 중립적 기준)을 임용기준으로 삼는 인사행정 제도를 말한다. 즉 실적제는 공무원 개개인의 선발과 승진 등에 관한 결정이 각자의 상대적인 실적수준에 따라 이루어지는 인사제도이다.[162] 실적제의 주요 구성요소는 공직취임의 기회균등, 능력에 의한 임용, 공무원의 정치적 중립과 신분보장[163]을 포함한다.[164]

---

160) 오석홍, 『인사행정론』, 박영사, 2005, 25면.

161) 한영수·강인호, 『인사행정론』, 52면.

162) 오석홍, 『행정학』, 519면.

163) 실적제의 신분보장은 정년을 보장하는 것이 아니라, 정치적으로 부당하게 신분상의 권익을 침해받지 않도록 보호하는 것, 즉 공무원을 부당한 신분상의 불이익으로부터 보호하는 것을 의미한다(유민봉·임도빈, 『인사행정론』, 66면).

164) 오석홍, 『인사행정론』, 29면.

(2) 실적제의 특성

실적제는 엽관제에 의한 부패와 비능률성을 교정하기 위한 수단으로써 19세기 중엽 이래 영국[165]과 미국[166]에서 발달하였다.[167] 현재는 각국의 공무원제도에 있어 기본원칙을 이루고 있으며, 우리나라의 국가공무원법과 지방공무원법도 경력직 공무원[168]에 대하여 이 제도를 채택하고 있다.[169] 그러나 실적제는 인사행정에 있어서 정실과 정치를 배제한다는 소극적인 것으로서, 그 확립만으로는 공무원제도의 완성이라고 볼 수는 없다. 인적자원의 최대한 활용이라는 적극적인 관점에서 일련의 개혁 내지 새로운 제도의 확립이 요구된다. 이 같은 점에서 특히 직업공무원제가 요구된다.[170]

---

165) 영국에서는 공개경쟁채용시험에 의하여 공무원을 채용할 것과 시험을 관장할 독립적인 중앙인사위원회를 설치하고 시험을 정기적으로 실시하며 합격자에게는 시보기간을 설정할 것 등을 건의한 1853년의 노스코트·트레벨리안(Northcote-Trevelyan) 보고서의 발표, 그리고 1855년 제정된 1차 추밀원령(樞密院令)과 1870년의 2차 추밀원령을 거쳐 실적제 수립의 제도적 기초가 확립되었다. 1870년의 추밀원령의 주요 내용에는 ⅰ) 원칙적으로 공개경쟁시험에 의한 공무원의 임명, ⅱ) 서기직을 행정직·지도적 업무와 기계적·반복적인 업무로 구분하여 계급별 채용시험의 실시, ⅲ) 지원자의 자격과 시험을 행할 관직의 결정에 관한 동의권은 재무성에의 부여 등이 있다(박천오 외, 『현대인사행정론』, 33면).

166) 미국에서는 1883년 최초의 연방공무원법(Civil Service Act)인 펜들턴 법(Pendleton Act)의 제정을 계기로 실적제가 시행되기에 이르렀다. 엽관제의 폐단을 극복하기 위하여 1883년 실적제에 입각한 인사행정제도를 확립하게 된 펜들턴 법의 주요 내용에는 ⅰ) 공개경쟁시험제도의 채택(공직취임의 기회균등), ⅱ) 공무원임용에 있어서의 시보기간(제도)의 설정, ⅲ) 공무원의 신분보장, ⅳ) 공무원의 정치적 중립성 강조, ⅴ) 초당파적·독립적인 독립인사위원회의 설치 등이 있다(박응격, "실적주의의 본질과 과제", 『지방행정』 제40권 제458호, 대한지방행정공제회, 1991, 127면).

167) 따라서 실적제는 영국에서는 1870년의 추밀원령에 의해, 미국에서는 1883년의 공무원법에 의해 각각 제도화되었다.

168) 경력직 공무원이라 함은 실적과 자격에 의하여 임용되고 그 신분이 보장되며 평생토록 공무원으로 근무할 것이 예정되는 공무원을 말한다(국공법 제2조 제2항, 지공법 제2조 제2항).

169) 김동희, 『행정법Ⅱ』, 135면.

170) 민경식, "헌법상의 공무원제도", 3~4면.

Ⅲ. 직업공무원제

1. 서 설

(1) 의의

직업공무원제란, 공직에 종사하는 것이 공무원들의 전 생애에 걸친 직업이 될 수 있도록 조직·운영되는 인사제도를 말한다.[171) 직업공무원제는 본래 유럽 각국에서 절대군주국가의 통치체제 구축을 위한 관료제의 발달과 맞물려 태동하였으며,[172) 관료가 군주에 대하여 절대적인 충성과 복종의 의무를 지는 대신에 군주로부터 일정한 특권과 신분을 보장받는 것을 특징으로 하였다.[173) 영국에서의 직업공무원제는 오랜 군주제도에도 불구하고 실적제가 확립되기 시작한 19세기 중엽부터 발달하기 시작하였고,[174) 미국에서 직업공무원제에 대한 관심을 가지기 시작한 것은 1930년대에 한 정부보고서에서 직업공무원을 제안하면서부터이다.[175)

---

171) 강신택, "직업공무원제도의 정치적 맥락", 『행정논집』 제26권 제2호, 서울대학교 행정대학원, 1988. 12, 4면.

172) 영국이나 유럽의 절대왕조를 경험한 국가에 있어서는 의회가 발달하기 전에 이미 그 왕조 밑에서 행정관료제가 발달해 왔다. 그에 반하여 미국에서는 소위 풀뿌리민주의(grass-roots democracy)가 발달하게 되면서 19세기 말을 지나면서 관료제가 급속하게 성숙해 왔다(강신택, "직업공무원제도의 정치적 맥락", 15면).

173) 직업공무원제가 제대로 기능하려면, ⅰ) 공직의 높은 신망, ⅱ) 적절한 채용절차, ⅲ) 공정한 내부임용, ⅳ) 재직 공무원의 발전을 위한 교육훈련, ⅴ) 적정한 보수와 연금 등의 조건이 구비되어야 한다(오석홍, 『인사행정론』, 44면).

174) 여기서 중요한 것은 영국은 기존의 직업공무원제를 토대로 여기에 실적제가 가미된 형태를 취하였다는 사실이다(유민봉·임도빈, 『인사행정론』, 73~74면).

175) 1933년에 구성된 공공인사관리조사위원회는 1935년 보고서를 통하여 연방정부에 직업공무원제를 수립할 것을 주장하였다(신기원·김시동, 『한국인사행정론』, 129면).

(2) 직업공무원제의 특성

직업공무원제는 공무원의 성실한 직무수행과 장기근속을 유도하기 위한 제도와 원칙들을 토대로 수립되며, 그 대표적인 것이 계급제, 폐쇄형 임용체제, 일반능력자 중심 그리고 신분보장 등이다.[176] 공무원의 신분과 지위를 중요시하는 직업공무원제는 변화보다는 안정을 지향하는 전통적 관료제의 구성원리와 요청에 부합하는 모형이다.[177] 직업공무원제도는 직위분류제, 개방형 임용체제 그리고 전문행정가를 특색으로 하는 인사제도와 뚜렷하게 구별되는 제도라 하겠다.[178]

2. 직업공무원제와 실적제

(1) 양자의 차이점

직업공무원제와 실적제는 유사해 보이지만, 다음과 같은 이유에서 구별된다.[179]

---

176) 박천오 외, 『현대인사행정론』, 44면.

177) 관료제(Bureaucracy)는 통치구조의 일종으로서 그 개념은 학자에 따라 복잡다기한 의미로 사용되지만, 크게 두 가지로 대별하여 볼 수 있다. 첫 번째로, 관료제를 소극적으로 이해하는 입장으로서(특권적 정치권력 집단설), 이것은 관료집단이 하나의 주요한 정치세력을 형성하고 국가의 정치권력을 장악하고 있는 통치구조를 의미한다. 라스키(Laski)는 관료제란 통치구조상의 정치권력이 관료의 수중에 완전히 장악되어 있기 때문에 그 권력이 시민적 자유를 침해할 우려가 있는 정치형태라고 정의하고 있다. 두 번째로, 관료제를 능동적으로 이해하는 견해로서(계층제적 대규모 조직체설), 인간협동행위의 모형으로 보아 대규모조직의 지배·복종관계의 계층제를 의미한다. 이 견해를 취하는 대표자로서는 베버(Weber)를 들 수 있다. 그에 의하면 관료제란 구조의 특수한 성격에 착안하여 계서적 형태를 띤 통치구조로 이해하고 있다(김종희, 『신행정학』, 법론사, 2005, 105면, 이우현, "관료제의 구조원리", 『사법행정』 제5권 제1호, 한국사법행정학회, 1964, 51면.

178) 오석홍, 『행정학』, 527면.

179) 직업공무원제와 실적제의 비교(오석홍, 『인사행정론』, 29면).

첫째, 직업공무원제와 실적제는 역사적 배경을 달리한다. 즉 유럽에서의 직업공무원제는 절대군주국가 시대부터 발달하기 시작하였으나, 실적제는 19세기 후반에야 비로소 확립되었다. 반대로 미국에서의 실적제는 1880년대 후반에 확립되었으나, 직업공무원제는 1930년대 이후부터 논의되기 시작하였다.180)

둘째, 실적제는 공무원이 될 수 있는 기회의 균등, 공개경쟁시험제도의 채택, 공무원의 정치적 중립, 신분보장을 그 내용으로 하고 있으나, 전 생애에 걸친 직업이라는 개념을 내용으로 하지는 않는다.181)

셋째, 실적제는 폐쇄형 충원을 전제로 하지 않는다. 따라서 미국에서와 같이 실적제를 채택하면서 동시에 개방형 충원을 지향하는 경우에는 공무원의 승진기회가 적어져 직업공무원제가 성립되기 어렵다.182)

구 분	직업공무원제	실적제
공통점	° 공직취임의 기회균등 ° 능력에 의한 채용·승진 ° 정치적 중립성 ° 신분보장	
차이점	° 인간중심 ° 일반능력자 중심 ° 폐쇄형이 요구됨 ° 농업사회와 계급제가 역사적 발달배경 ° 영국, 독일, 프랑스, 일본 등	° 직무중심 ° 전문행정가 중심 ° 개방형이 허용됨 ° 산업사회와 직위분류제가 역사적 발달배경 ° 미국, 캐나다 등

인사행정론 관련 다수교재에서는 실적제라는 제목하에 그 내용으로 ⅰ) 공직취임의 기회균등, ⅱ) 능력에 의한 임용, ⅲ) 정치적 중립성, ⅳ) 신분보장 등을 언급하고 있다(박천오 외, 『현대인사행정론』, 38~41면, 유민봉·임도빈, 『인사행정론』, 60면, 김중양, 『한국인사행정론』, 21~31면 등). 특히, 신분보장과 관련하여 직업공무원제에서는 정년보장을, 실적제에서는 부당한 신분상 불이익으로부터 보호를 의미한다고 한다. 하지만 직업공무원제에서 말하는 신분보장도 실적제에서 말하는 부당한 신분상 불이익으로부터 보호를 당연히 전제하고 있다고 보아야 한다. 그래야만 공직의 선발과 수행에 있어서 정치적 비당파성을 의미하는 정치적 중립성과 유기적으로 해석될 수 있기 때문이다.

180) 강성철 외, 『새 인사행정론』, 42면.

181) 김중양, 『한국인사행정론』, 16면.

넷째, 실적제는 공무원의 정치적 중립성을 기본원칙으로 하지만, 직업공무원제는 반드시 그렇지는 않다. 공무원의 정치적 중립성을 보장하기 위해서는 외부의 정치적 간섭으로부터 공무원을 보호하는 조치와 공무원의 정치적 참여를 제한하는 조치가 필요하다고 할 때, 직업공무원제의 오랜 전통을 가진 영국, 독일, 프랑스와 같은 나라는 오늘날도 공무원의 정치활동에 대해 관대한 편이다.[183] 영국은 하위직 공무원에게는 완전한 정치활동이 보장되어 있으며, 독일과 프랑스는 공무원이 정당에 가입하여 활동할 수 있고, 공무원 신분으로 의원직에 출마할 수 있다.[184]

(2) 양자의 연관성

하지만 이러한 차이점에도 불구하고, 양자는 밀접한 연관성을 갖는다. 무엇보다 직업공무원제는 실적제를 토대로 할 때 인사제도로서 보다 확고하게 뿌리내릴 수 있다. 공무원이 될 수 있는 기회의 균등, 공개경쟁시험제도의 채택, 공무원의 정치적 중립, 신분보장 등 대부분이 공무원들이 일생을 공직에서 성실히 근무하게끔 유도하는 성격을 지니기 때문이다. 이렇듯 직업공무원제가 실적제를 토대로 삼게 된 것은 전통적으로 직업공무원제를 채택하고 있던 유

---

182) 개방형 충원을 채택해서 상위직에 외부로부터 신규채용(특채)을 허용하면 공무원의 승진기회가 적어지므로, 하급공무원의 사기가 저하되고 이직률이 높아져 공무원이 선망받는 직업이라는 생각을 가질 수 없게 된다(김중양, 『한국인사행정론』, 16면).

183) 공무원의 정치활동을 금지 또는 제한하는 규범의 내용은 각국의 역사적 사정에 따라 상당히 다르다. 엽관제의 폐단을 심각하게 경험하고 반엽관제적 운동을 격렬하게 벌였던 미국과 미국제도의 영향을 받은 나라에서는 공무원의 정치활동을 엄격하게 제한하는 경향을 보여 왔다. 반면, 정당정치에 결부된 엽관제적 인사행정의 폐해가 심각하지 않았던 유럽제국에서는 공무원의 정치활동에 대하여 비교적 관대한 입장을 취하고 있다(신기원·김시동, 『한국인사행정론』, 389면).

184) 박천오 외, 『현대인사행정론』, 46면.

립제국이 시대의 변천에 대응하여 직업공무원제를 수정해 온 결과라고도 할 수 있다.[185] 한편, 실적제가 먼저 수립된 미국에서는 채용·승진·전직·훈련 등의 측면에서 직업공무원제 성격을 가미하고 있어서 양자는 점차 상호 접근해 가고 있다.[186] 이처럼 양자는 동일한 것이 아니지만, 실적제는 직업공무원제의 확립을 위한 중요한 기초가 된다고 하겠다.[187]

Ⅳ. 우리나라의 인사행정

1. 엽관제적 요소

현대문명국가에서 엽관제를 총체적으로 채택하기는 어렵다. 그러나 엽관제를 완전히 배척할 수도 없다. 인사운용상의 실적제적 제약을 탈피해야 할 필요가 있을 때에는 여러 폐단과 남용의 위험에도 불구하고, 한정된 범위 내에서 엽관제의 적용을 인정한다. 우리나라에서도 일정한 職域을 한정하여 엽관제적 임용의 정당성을 법적으로 승인해 왔다.[188] 그 대표적인 영역이 장·차관 등 政務職의 任用이다. 국영기업 등 준정부적 조직의 고급관리자 임용도 대

---

185) 박천오 외, 『현대인사행정론』, 47면.

186) 신기원·김시동, 『한국인사행정론』, 130면.

187) 이원호, "직업공무원제도에 관한 고찰", 『논문집』 제10권, 인천전문대학, 1988. 8, 39면, 최병대·김상묵, "공직사회 경쟁력 제고를 위한 실적주의 인사행정기능의 강화", 77면.

188) 의회주의와 지방자치주의를 채택하고 대통령, 지방자치단체의 장 등 주요 정책결정자들을 선거로 선출하는 민주국가에서 일정한 범위의 엽관인사는 허용하지 않을 수 없다(오석홍, 『행정학』, 518면).

개 엽관제적 방법에 의한다. 앞으로 정치와 행정의 경계조정이 진행되고 이른바 '정치화'의 영역이 조금씩 넓어지면 엽관제의 적용범위도 넓어질 가능성이 있다.[189]

2. 실적제적 요소

우리나라에서는 정부수립 이후 실적제를 원칙적인 인사행정제도로 채택해 왔다.[190] 그러나 오랫동안 공식적인 인사행정 원칙과 인사행정의 실제가 크게 괴리되는 형식주의를 경험하였다. 이러한 형식주의는 과거 정실인사의 팽배에서 볼 수 있었다. 근년에는 엽관제적 임용의 합법적인 영역을 다소 넓히자는 재조정의 요청도 제기되고 있다. 특히, 정치체제의 민주화·자율화가 촉진되고, 지방자치가 실시되면서 행정체제의 '정치화'가 촉진되고 있다. 이것은 다른 여러 변화와 함께 엽관제적 요청을 확대시키고 있다.[191]

3. 직업공무원제적 요소

우리나라의 공무원제도는 직업공무원제의 전통을 이어받고 있다. 따라서 계급제적 인사운영, 폐쇄적 임용형태, 정년형 신분보장, 교육훈련 등을 통한 능력발전 기회의 부여, 일반능력자 중심의 채용원리 등의 특성을 가지고 있다.[192] 그러나 1960년대 이래 개방형,

---

189) 오석홍, 『인사행정론』, 28면. 만약 그렇게 된다면, 엽관제적 임용의 수요증대로 인해 그에 대응하는 제도개혁을 하여야 할 것이다.

190) 오석홍, 『인사행정론』, 32면.

191) 오석홍, 『행정학』, 521면.

192) 한영수·강인호, 『인사행정론』, 42면.

직위분류제,[193] 그리고 전문행정가적 임용체제의 요소들을 적지 않
게 도입하여 직업공무원제의 성격을 수정하였으며, 2000년대에 접
어들면서 직업공무원제, 특히 신분보장을 수정하려는 정책지향은
더욱 강화되고 있다.[194]

제3절 직업공무원제도의 내용으로서 신분보장

Ⅰ. 서 설

1. 신분보장의 의의

---

193) 정부수립과 함께 미군정기에는 직위분류제를 채택한 바 있으나, 이를 폐지하고 계급
제를 공식적 공직구조로 채택하였다. 그 후 1963년 11월에 전면 개정된 국가공무원
법은 직위분류법을 제정하여 1967년 직위분류제를 시행하도록 하였다. 그러나 이러
한 계획은 그 실시를 보지 못한 채 1973년 직위분류법을 폐지함으로써 무산되고 말
았다. 1973년 직위분류법은 폐지되었지만, 국가공무원법에 일반규정만 두고 구체적인
사항은 대통령령으로 정하도록 하였으며(국공법 제21조), 직위분류제는 실시 용이한
기관, 직무의 종류 및 직위부터 단계적으로 실시할 수 있게 하였다(국공법 제24조)(유
진식, "국가공무원법과 직위분류제", 69면).
그래서 정부는 일반직의 각 계급에 직군 및 직렬을 형성하는 등 꾸준히 직위분류제를
확대·적용하여 왔다. 1981년 4월 국가공무원법은 대대적인 개정이 다시 이루어졌다.
공무원의 구분을 경력직 공무원과 특수경력직 공무원으로 구분하여 경력직 공무원
중 일반직 공무원을 직군·직렬·직류별로 구분하고, 계급을 9개 계급으로 하였고,
기능직 공무원은 직군·직렬·직류별로 구분하고 그 계층을 10개 등급으로 하였으나
1999년 1월 1일 개정된 공무원임용령은 기능직 공무원의 등급을 계급으로 바꾸었다.
특수경력직 공무원은 계급구분을 하지 않았다. 1999년 5월 24일 국가공무원법을 개
정하여 중앙행정기관의 실·국장급 직위의 업무의 성질상 고도의 전문성이 요구되거
나 효율적인 정책수립이 요구되는 직위를 개방형으로 지정할 수 있도록 하고, 이들을
계약직으로 임용할 수 있도록 하였다. 우리나라의 공직구조는 이러한 과정을 거쳐 오
늘에 이르고 있다(한영수·강인호, 『인사행정론』, 119~120면).

194) 오석홍, 『행정학』, 529면.

공무원의 신분보장은 법령에 의하지 않고 본인의 의사에 반하여 신분상 불이익한 변동을 제한하는 것으로써 정치적 중립성, 능력주의(성적주의)와 더불어 직업공무원제도를 이루는 핵심적 요소이다. 따라서 공무원의 신분보장은 공무원이 정권교체의 영향을 받지 아니할 뿐만 아니라 동일한 정권하에서도 정당한 이유 없이 해임당하지 아니하는 것을 말한다.[195] 이것의 취지는 엽관제의 폐단을 방지하고, 국민 전체의 봉사자로서 공무원이 공무에 전념할 수 있게 하고 아울러 공무의 일관성과 독자성을 확보하고자 하는 데 있다.[196]

공무원의 신분보장은 종신주의가 원칙이지만, 행정의 효율성 이념과 직업공무원제도에 따른 공무원의 권익보호를 적절히 조화시키기 위해서[197] 일정한 임기제나 정년제를 인정하는 것이 신분보장제도와 모순되는 것은 아니다.[198] 헌법재판소는 "공무원정년제도는 공무원에게 정년까지 계속 근무를 보장함으로써 그 신분을 보장하는 한편 공무원에 대한 계획적인 교체를 통하여 조직의 능률을 유지·향상시킴으로써 직업공무원제를 보완하는 기능을 수행하고 있

---

195) 권영성, 『헌법학원론』, 230면.

196) 홍정선, 『행정법원론(하)』, 263면. 신분보장은 정치의 부당한 압력으로부터 공무원의 권익이 보장되어야 하는 防禦的 意味와 공직을 일생의 본업으로 하여 일할 수 있도록 신분을 보장해 주는 積極的 意味가 있다(유민봉·임도빈, 『인사행정론』, 76면).

197) 헌재결 2004. 11. 25, 2002헌바8(지방공무원법 제62조 제1항 제3호 위헌소원).

198) 공무원의 '공법상의 근무 및 충성관계'가 사기업체의 근로관계와 특징적으로 대비되는 것이 이 정년제도의 운용에 있다. 대다수의 사기업체에서도 社規上으로 이러한 정년규정이 마련되어 있긴 하지만, 그렇다고 해서 이것이 적극적으로 사기업체 임직원의 정년까지의 신분보장을 의미하는 것이 아닌 반면에, 법적·경제적인 측면에서 원칙적으로 종신고용을 통해서만 보장될 수 있는 공법상의 근무 및 충성관계로서의 공무원관계 속에서 이 정년규정은 당해 공무원에게 별다른 귀책사유가 없는 한 정년까지 그의 신분을 보장한다는 積極的인 규범질서적인 의미를 갖는다. 그러므로 공직제도상의 정년규정에 있어서 조직의 노령화를 방지하고 신진대사를 이룸으로써 행정능률과 조직의 활력을 제고한다고 하는 단순한 행정의 효율성에 근거한 관점은 다소 후퇴되어야 한다(이종수, "공무원법의 헌법적 조망", 71~72면).

는 것이므로, …… 공무원의 신분보장과 직업공무원제도를 규정한 헌법 제7조에 위반되지 아니한다."[199]라고 판시하였다. 정년의 경우에는 연령정년 외에 일부 특정직 공무원에게 적용되는 계급정년[200]과 근속정년[201]이 있다. 동일계급에서 일정기간 승진하지 못하면 자동 면직되는 계급정년은 군인·경찰·소방공무원·국가정보원직원에게 적용되며, 공직임용 후 통산 근무기간을 계급별로 정하는 근속정년은 군인에게만 적용된다.[202]

2. 신분보장의 필요성

공무원의 신분을 보장하는 이유는 공무원의 신분보장을 통하여 국민에 대한 봉사의 질을 높이고 행정의 일관성과 독자성을 향상시키려는 데 있다.

첫째, 유능한 인재를 공직에 유인하는 데 기여하게 된다. 이는 공직사회에 실적제를 확립하고 또한 공무원의 질적 수준을 향상시킴으로써 행정서비스의 질을 높일 수 있다.

둘째, 행정의 일관성과 독자성을 향상시키는 조건이 된다. 이것

---

199) 헌재결 1997. 3. 27, 96헌바86.

200) 공무원이 일정기간 동안 승진하지 못하고 동일계급에 머무를 경우 기간의 만기와 함께 자동적으로 퇴직시키는 제도이다. 헌법재판소는 "공무원의 계급정년제도를 둔 것은 직업공무원제의 요소인 공무원의 신분보장을 무한으로 관철할 때 파생되는 공직사회의 무사안일을 방지하고 인사적체를 해소하며 새로운 인재들의 공직참여 기회를 확대, 관료제의 민주화를 추구하여 직업공무원제를 합리적으로 보완·운용하기 위한 것으로서 그 목적의 정당성이 인정된다."(헌재결 1994. 4. 28, 91헌바15·19(병합))라고 보았다.

201) 공무원이 공직에 임용된 후에 일정한 근속기간이 지나면 자동적으로 퇴직시키는 제도를 말한다.

202) 김철용, 『행정법 Ⅱ』, 191면.

은 엽관제의 폐단에서 볼 수 있듯이 정치권력으로부터 공무원의 신분보장이 없으면 행정의 일관성과 독자성을 유지하기 어렵고, 따라서 정책과 자원의 관리가 비능률적일 수밖에 없기 때문이다.

셋째, 공무원의 개인적 이익을 보호하고 사기를 높이는 수단이 된다. 신분보장은 공무원에 대한 강제퇴직 등 불이익처분으로부터의 보호를 의미하며, 신분상의 직업적 보장과 인사조치상의 공정은 그들의 사기를 높이는 요인이 된다.203)

Ⅱ. 공무원 신분보장의 본질

공무원의 신분보장의 본질은 국가와 국민에 대한 성실과 충성의무를 달성하기 위함이지 신분보장 그 자체가 목적이라고 할 수는 없다.204) 따라서 헌법은 "공무원은 '국민 전체에 대한 봉사자이며', '국민에 대하여 책임을 지고', 그 신분과 정치적 중립성은 법률이 정하는 바에 의하여 보장된다."라고 명시하고 있다(헌법 제7조).205) 그에 따라 국가공무원법과 지방공무원법은, 1급 공무원을 제외한206)

---

203) 한영수·강인호, 『인사행정론』, 388면.

204) 이종영, "공무원법상 계급정년제도", 『법학논문집』 제29집 제1호, 중앙대학교 법학연구소, 2005, 178면.

205) 우리나라의 국가공무원법과 지방공무원법은 모두 공무원의 신분보장을 명시하고 있다. 이에 관한 주요 내용으로는 ⅰ) 공무원은 형의 선고·징계처분 등의 사유에 의하지 아니하고는 그 의사에 반하여 휴직·강임 또는 면직을 당하지 않는다. ⅱ) 징계사유에 해당하지 않는 한 징계처분을 받지 않는다. ⅲ) 인사상의 부당한 불이익 처분에 대해서는 불복신청을 하여 구제받을 수 있다는 것 등을 들 수 있다. 그러나 실제로는 대량숙정, 직위해제, 권고사직, 전보 등 비공식적 징계수단들이 공무원의 신분을 위협하고 있다(한영수·강인호, 『인사행정론』, 390면).

206) 일반공무원과는 달리 1급 공무원에게는 법률이 정하는 신분보장을 받지 아니하도록 규정한 것(국공법 제68조 제1항 단서, 지공법 제60조 제1항 단서)은 1급 공무원의 정

공무원은 형의 선고·징계처분 또는 법정사유에 의하지 않고는 그 의사에 반하여 휴직·강임 또는 면직을 당하지 않도록 하고(국공법 제68조, 지공법 제60조),[207] 직권에 의한 면직사유를 제한적으로 열거하여 지방자치단체의 폐치·분합, 직제와 정원의 개폐 또는 예산의 감소 등에 의하여 폐직 또는 과원이 되었을 때를 제외하고는 공무원의 귀책사유 없이 인사상 불이익을 받지 아니하며(국공법 제70조, 지공법 제62조),[208] 정년을 보장하고(국공법 제74조, 지공법 제66조), 부당한 면직으로부터 공무원을 보호하기 위하여 면직 후 일정한 기간 후임자의 보충발령을 하지 못하도록 하는 등(국공법 제76조 제2항, 지공법 제67조 제3항) 공무원의 신분보장을 구체화하고 있다.[209] 결국, 공무원의 신분을 보장하는 취지는 그들이 맡은 바 직무를 충실히 수행하여 국가와 국민에게 봉사할 수 있게 하고, 공무원의 정당한 권익을 보호하려는 것이다.[210] 하지만 공무원의 신분보장 및 권익보호는 어디까지나 모든 공무원의 사기를 높여

치적 위상을 고려한 것으로서 다른 하위직 공무원과의 형평성을 자의적으로 침해한 것으로는 볼 수 없다. 다만 우리의 행정현실에서 흔히 이루어지는 반강제적인 의원면직이나 권고사직 등은 법률이 정하는 바에 의하여 보장되는 공무원의 신분보장제도의 취지에서 어긋나는 위법적인 행정작용으로 보아야 할 것이다(김성수, 『개별행정법』, 544면). 즉 1급 공무원에 대하여 신분보장의 적용을 배제하는 것은 정무직 공무원에 준하는 신분조치를 하기 위한 것으로서, 1급 공무원에 대한 채용상 특례(국공법 제28조 제2항 제5호)와 균형을 맞춘 규정이라 하겠다. 하지만 1급 공무원의 경우라도 직위해제나 징계처분사유설명서의 교부에 따른 소청심사청구권까지 배제한 것은 아니므로, 모든 경우에 있어서 1급 공무원의 신분보장규정이 적용되지 않는 것은 아니다(김중양·김명식, 『공무원법』, 박영사, 2000, 403~404면).

207) 즉 신분보장은 2급 이하의 일반직·특정직·기능직 등의 경력직 공무원에 한하여 인정되고, 1급 이상의 경력직 공무원과 정무직·별정직·계약직·고용직 등의 특수경력직 공무원에 대해서는 인정되지 않는다(국공법 제3조·제68조, 지공법 제3조·제60조).

208) 헌재결 2004. 11. 25, 2002헌바8 참조.

209) 헌재결 2002. 11. 28, 98헌바101 참조.

210) 한영수·강인호, 『인사행정론』, 389면.

근무의욕을 고취시킴으로써 국민에 대해 보다 민주적인 봉사를 하게 하기 위한 제도적 장치이며, 단순히 공무원 개인에게 신분상의 이익을 보장하기 위한 제도가 아님은 분명하다.[211)]

제4절 검 토

1) 공무원의 신분보장은 원래 종신제 공무원(Beamte auf Lebenszeit)의 보장이었다.[212)] 국가공무원법과 지방공무원법에서 경력직 공무원을 "실적과 자격에 의하여 임용되고 그 신분이 보장되며 평생토록 공무원으로 근무할 것이 예정되는 공무원"으로 정의하고 있으며(국공법·지공법 제2조 제2항), 신분보장에 대해서는 "공무원은 형의 선고·징계처분 또는 이 법에 정하는 사유에 의하지 아니하고는 그 의사에 반하여 휴직·강임 또는 면직을 당하지 아니한다."고 규정하고 있는데(국공법 제68조, 지공법 제60조), 이것은 바로 이러한 배경에서 나오는 것으로 볼 수 있다. 다만 지방자치단체의 폐치·분합, 직제와 정원의 개폐 또는 예산의 감소 등에 의하여 폐직 또는 과원이 되었을 때 임용권자는 직권에 의하여 면직시킬 수 있다고 규정하고 있다(국공법 제70조, 지공법 제62조). 즉 공무원법에서 공무원은 형의 선고·징계처분 기타 법정사유에 의하지 아니

---

211) 유종해 외, 『행정학대사전』, 고시원, 1993, 106면.

212) 홍준형, "신공공관리론의 공법적 문제", 105면. 종신제는 공무원의 처우를 완전히 보장하고 이를 통해 정치적 중립성을 확보하려는 취지에서 비롯된 것이었다(홍준형, "신공공관리론의 공법적 문제", 104면).

하고는 '면직을 당하지 않는다.'라고 규정함으로써 강하게 신분을 보장하고 있을 뿐만 아니라, 행정조직·직제의 변경 또는 예산의 감소 등에 의한 폐직 또는 과원이 되었을 때조차도 '면직시켜야 한다.'가 아니라 '면직시킬 수 있다.'고 하여 약화된 형태로나마 신분을 보장하고 있다. 따라서 이러한 상황이 발생한 경우에도 공무원의 신분은 가능한 보장되어야 하므로, 임용권자는 당해 공무원을 바로 면직시킬 것이 아니라 공무원의 전입·전출 또는 배치전환 등의 인사이동을 통하여 공무원의 지위가 유지될 수 있도록 우선 고려하여야 할 것이다.

인사이동을 하는 경우에도 임용권자는 자의적으로 할 수 없고, 해당 공무원의 신청이나 동의를 필요로 한다. 왜냐하면 임명권자를 달리하기 때문이다. 즉 공무원을 신규 채용할 때에는 일반적으로 임명에 의한다.[213] 임명은 국가 또는 지방자치단체가 특정 자연인과의 사이에 공법상의 근무관계를 설정하는 행위이며, 특정인에게 공무원의 신분을 부여하는 신분설정행위이므로 공법상의 형성행위이다.[214] 이러한 임명행위의 법적 성격에 관하여 종래 학설상 단독행위설, 쌍방적 행정행위설, 공법상 계약설 등이 대립되었으나, 임명행위를 공무원이 되고자 하는 자의 신청이나 동의를 필요로 하는 행정행위로 보는 쌍방적 행정행위설이 오늘날 통설이다. 이 학설에 따르면 당사자의 신청이나 동의가 결여된 임명행위는 당연무효로 본다.[215] 따라서 전입·전출 또는 배치전환 등의 인사이동은

---

213) 김철용, 『행정법Ⅱ』, 176면.

214) 석종현, 『일반행정법(하)』, 223면.

215) 박균성, 『행정법론(하)』, 213면.

임명권자를 달리하므로, 반드시 해당 공무원의 신청이나 동의를 필요로 한다. 대법원은 "지방공무원법 제29조의 3은 지방자치단체의 장은 다른 지방자치단체의 장의 동의를 얻어 그 소속 공무원을 전입할 수 있다고 규정하고 있는바, 위 규정에 의하여 동의를 한 지방자치단체의 장이 소속 공무원을 전출하는 것은 임명권자를 달리하는 지방자치단체로의 이동인 점에 비추어 반드시 당해 공무원 본인의 동의를 전제한다."[216]라고 판시하고 있다.[217]

2) 공무원으로 임용된 경우에 있어서 정년까지 근무할 수 있는 권리는 헌법의 공무원 신분보장 규정에 의하여 보호되는 기득권이다. 이 기득권이 합리적 이유 없이 박탈되는 것은 헌법상의 공무원 신분보장 규정에 위배되는 것이다. 공무원이 임용 당시 공무원법상의 정년까지 근무할 수 있다는 기대와 신뢰는 행정조직·직제의 변경 또는 예산의 감소 등 강한 공익상의 정당한 근거에 의해서만 좌우된다. 따라서 국민이 공무원으로 임용된 경우에 있어서 그가 정년까지 근무할 수 있는 권리는 헌법상 공무원의 신분보장에 의하여 보장되는 기득권으로서 그 제한은 단지 신뢰보호의 원칙에 위배되지 않는 범위 내에서만 가능하다.[218]

3) 하지만 이명박 정부는 단순히 행정의 효율성을 위하여 '작은

---

216) 대판 2001. 12. 11, 99두1823, 헌재결 2002. 11. 28, 98헌바101 참조.

217) 일반 근로자의 경우와 비교하여, 사용자가 근로자를 채용할 때에는 근로자에 대하여 임금, 근로시간 외에 '취업의 장소와 종사하여야 할 업무'를 명시하여야 하므로(근로기준법 제17조, 근로기준법 시행령 제8조), 직무의 내용과 근로의 장소는 계약의 요소를 이룬다고 할 수 있고, 따라서 위와 같이 정하여진 업무의 내용과 근로의 장소를 변경함에는 원칙적으로 근로자의 동의를 받아야 하는 근로계약에 의한 제한이 따른다고 볼 수 있다(박병휴, "부당한 배치전환에 대하여 항의하면서 5일간의 작업을 거부한 것을 이유로 한 해고의 효력 – 大法院 1991. 5. 28. 선고, 90다8046 판결 –", 『사법행정』 제33권 제1호, 한국사법행정학회, 1992. 1, 103면).

218) 헌재결 1994. 04. 28, 91헌바15 · 19(병합) 참조.

정부'를 추구하고 있다. 그래서 민간인으로의 신분전환(출연연구기관으로 전환 3,086명, 민간이양 1,002명, 지방이양 446명으로 총 4,534명) 및 보직변경이나 연수제도 활용(중복기능 1,420명, 규제개혁에 따른 담당 인력감축 810명, 대통령실 106명, 업무폐지 81명 등 2,417명)을 통해서 공무원을 감축하려고 했다.[219] 그러나 공직의 인력수급계획은 국가의 재정상태·국가적 과제규모·공직의 전체 규모 등 여러 여건에 의해서 제약을 받는 비교적 경직된 성질의 것이기 때문에 국가가 그것을 예산절감·경제정책 등의 도구로 삼는 데에는 일정한 한계가 있다.[220]

또한 정부와 기업 간에는 고유한 작동원리와 원칙들이 존재한다. 각 영역의 특수성을 무시한 채 모든 영역에 똑같은 요구를 개혁의 이름으로 강요할 수는 없다. 행정은 기본적으로 공익을 우선시하기 때문에 행정에는 시장원리로 접근할 수 없고 기업에서와 같이 이익이나 효율성이 극대화될 수 없는 고유한 영역이 존재한다.[221] 이명박 정부의 행정개혁을 위한 공무원의 인력감축은 정부와 기업 간의 차이를 혼동한 개혁이라는 비판을 받는다.[222] 이와 관련해서 공무원노조는 "경제성과 효율성만 앞세워 행정의 공공성을 무시하고 있는 공무원의 강제퇴출 방침은 즉각 중단되어야 하며, 효율적인 공무원의 재배치를 통하여 국민의 복지향상과 행정서비스 향상에 힘쓰는 것이 옳다."라고 주장한다.[223]

---

219) "인수위의 공무원 관련 정책·방안", 고시기획, 2008년 1월 24일자.

220) 허영, 『한국헌법론』, 774면.

221) 김민배, "중앙인사위원회의 설치와 직업공무원제도", 36～37면.

222) 국가작용상의 법치행정원리와 공기업의 공익지향성에 근거해서 사기업에서의 수익성 원칙과는 다른 분명한 한계가 존재한다(이종수, "공무원법의 헌법적 조망", 84면).

4) 여기서 우리는 행정의 효율성이 왜 필요한가에 대해서 생각해 보아야 한다. 공무원의 감축에 의한 행정 효율성의 향상은 예산이나 운영비의 절감에 목적이 있는 것이 아니라, 궁극적으로 대국민 행정서비스의 향상에 있어야 할 것이다. 그러므로 인력감축에 의한 예산절감은 행정서비스의 질을 하락시키면서까지 고수해야 할 성질의 것은 아니라고 본다. 그렇다면 공직제도의 개혁은 공무원의 인력감축이 아니라, 공무원의 직무적합성에 맞추어져야 하며,[224] 이를 통하여 행정서비스의 질적 향상을 꾀하여야 할 것이다.

---

223) "지방 공무원 감축 현실 무시", 연합뉴스, 2008년 5월 6일자
(http://app.yonhapnews.co.kr/yna/basic/article/Search/YIBW_showSearchArticle.aspx?searc
hpart = article&searchtext = %ec%a7%80%eb%b0%a9%ea%b3%b5%eb%ac%b4%ec%9b%
90%20%ea%b0%90%ec%b6%95%20%ed%98%84%ec%8b%a4%20%eb%ac%b4%ec%
8b%9c&contents_id = AKR20080506154500064&search = 1, 2009. 9. 20. 최종확인).

224) 특히, 다수의 공직후보자 가운데 실제 공직을 담당할 사람을 선발함에 있어서는 그 직무에 적합한지의 여부가 가장 우선적으로 고려되어야 할 것이다(장영수, 『헌법학』, 362면).

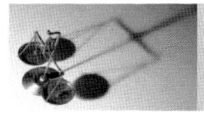

제5장 高位公務員團의 導入

제1절 서 설

고위공무원단제도[225]는 정부정책의 결정 및 집행에 핵심적 역할을 수행하는 中央行政機關의 실·국장급 공무원들을 중하위직 공무원과 분리하여 체계적이고 집중적으로 관리·육성하고자 하는 새로운 인사시스템으로서,[226] 실·국장급 공무원들을 범정부적 차

---

225) 1978년 미국 카터 행정부의 공무원개혁법(Civil Service Reform Act)에 의해 탄생된 SES(Senior Executive Service)가 이러한 제도의 시작이며, 이후 각국에 유사한 제도가 확산되었다. 호주와 뉴질랜드의 SES제도, 영국의 SCS(Senior Civil Service)제도 등이 그 예이다. 고위공무원단제도의 도입시기, 명칭, 제도운영 방식 등은 나라에 따라 차이가 있지만, 고위관리직위에 있는 공무원을 정부 전체적인 차원에서 통합 관리하고 있다는 점과 개방성·이동성·성과관리 등의 인사운영원칙을 통하여 고위공무원들의 경쟁력과 행정서비스의 질적 향상에 있다는 점은 공통적이다(안중현·박천오, "고위공무원단제도: 특징과 설계", 『사회과학논집』 제22집, 명지대학교 사회과학연구소, 2004, 52면).

226) 장관의 부처 간 임용제청권 장벽을 없애고 제도의 취지를 살리기 위해 물리적인 소속은 각 부처로 하되, 관리는 전체 고위공무원단 풀(Pool)로 하기로 하였다(중앙인사위원회, 『참여정부 공무원인사개혁백서』, 158면).
그러나 이명박 정부에서는 공직사회의 개방과 경쟁을 위해 도입된 고위공무원단제도가 개방·공모 확대 운영과정에서 각 부처 장관 인사권을 제약하며, 정실인사로 흐를 가능성이 있다고 판단하여, 고위공무원단의 역량평가와 적격심사를 제외한 관리기능은 각 부처로 이관하여 인사운영의 자율성을 확보하도록 할 계획이다(행정안전부 보

원에서 적재적소에 활용할 수 있도록 인사관리를 하고 高位職의
開放과 競爭을 확대하며 성과책임을 강화하여 역량 있는 정부를
구현하고자 하는 제도이다.227) 고위공무원단은 직무의 곤란성 및
책임의 정도가 높은 직위(이하 '고위공무원단 직위'라 한다.)에 임
용되어 재직 중이거나 파견·휴직 등으로 인사관리 되고 있는 일반
직·별정직·계약직 및 특정직 공무원(특정직 공무원의 경우 다른
법률에서 고위공무원단에 속하는 공무원으로 임용할 수 있도록 규정
하고 있는 경우에 한한다.)의 군을 말한다(국공법 제2조의 2 제2항).

고위공무원단의 대상은 中央行政機關의 실·국장급 일반직·별
정직·계약직 및 外務職 公務員으로 한다.228) 또한 지방자치단체
및 지방교육행정기관에 근무하는 國家職 고위공무원(부시장, 부지
사 및 부교육감 등)도 포함되며, 법령에 의해 교육 파견되거나 직
무 파견되는 고위공무원도 포함된다.229) 이 제도는 고위공무원단
소속 공무원에 대해서는 현행 1~3급의 계급구분(관리관, 이사관,
부이사관)을 폐지하고,230) 職務와 職位에 따라 인사를 하는 것을

도자료, "지방예산의 10%인 12조를 절감하여 경제 살리기에 투자한다."(2008. 3. 15.)).
227) 중앙인사위원회, 『공무원인사개혁백서』, 503면.
228) 고위공무원단에 어느 직위까지를 포함시킬 것인가는 정책판단의 문제이다. 미국은 국
장급 이상으로, 영국과 호주는 과장급 이상으로 고위공무원단을 구성하고 있으며, 네
덜란드는 처음에는 국장급 이상으로 했다가 과장급까지 확대했다. 우리나라에서는 고
위공무원단 포함 범위에 대한 논란은 많지 않았다. 1990년대 중반 고위공무원단이 최
초로 검토될 당시부터 3급 국장급 이상을 염두에 두었을 뿐만 아니라, 고위공무원단
제도 도입의 기반구축을 위한 직무분석도 실·국장급만 대상으로 했기 때문이다. 이
에 따라 일단은 국장급 이상으로 구성하고, 향후 과장급 확대를 검토하기로 하였다
(중앙인사위원회, 『참여정부 공무원인사개혁백서』, 153면).
229) 다만 중앙행정기관의 고위공무원들을 대상으로 하므로, 국회 등 다른 헌법기관 소속
공무원과 지방공무원 등은 대상에서 제외된다(중앙인사위원회, 『공무원인사개혁백서』,
504~505면).
230) 현재 1급 공무원에 대한 신분보장의 예외규정은 고위공무원단제도에서도 계속 유지
된다. 즉 계급이 폐지되어도 현행 1급 공무원 신분보장의 예외규정에 준하여 실장급

핵심내용으로 한다.[231] 그리고 각 부처의 고위공무원단 직위를 충원할 때에는 민간과 경쟁하는 개방형 임용(20%),[232] 타 부처와 경쟁하는 공모직위 임용(30%),[233] 자율인사직위 임용(50%)의 방식으로 한다.[234]

에 대한 신분보장 예외규정은 계속 유지된다(이상팔, "고위공무원단제도", 『입법정보』 제170호(국회도서관 입법전자정보실, 2005), 9면).

그러나 고위공무원단 도입으로 계급이 폐지되고 공개경쟁이 확대됨에 따라 1급 공무원에 대해서도 기존의 신분보장 예외규정을 없애야 한다는 의견이 정부혁신위원회 인사개혁전문위원으로부터 제기되었다. 이에 따라 고위공무원들도 종전의 계급 구분에 상관없이 고위공무원단제도의 성과평가와 적격심사의 기준에 따라 관리하기로 했다. 하지만 1급 별정직과 계약직은 현행처럼 여전히 신분보장이 되지 않는 공무원으로 남는다(중앙인사위원회, 『참여정부 공무원인사개혁백서』, 157면 참조).

231) 신분적 계급을 전면 폐지하여 직무와 직위 중심으로 인사관리를 하고, 신분적 계급 대신 직위의 직무값에 따라 부여되는 직무등급을 기준으로 인사관리를 한다. 이론적으로 볼 때 '직위분류제하에서의 직무등급'은 직무분석평가의 결과로 얻어지는 것이므로, '계급제하에서의 계급(직급)'보다 더욱 세분화되고 숫자가 많아진다(진재구, "직위분류제적 인사제도 도입의 실험", 『국제문화연구』 제25권, 청주대학교 국제협력연구원, 2007, 43면).

232) 개방형 직위제도는 공직임용의 폐쇄성에 따른 문제점을 해소하고 공직사회의 전문성을 제고하고 경쟁력을 강화하기 위해서 고도의 전문성이 요구되거나 효율적인 정책수립이 필요한 직위에 대해서 公職內外를 불문하고 공개모집에 의한 선발시험을 거쳐 직무수행요건을 갖춘 최적격자를 선발하여 임용하는 제도이다(중앙인사위원회, 『공무원인사개혁백서』, 86면). 즉 임용권자 또는 임용제청권자는 당해 기관의 직위 중 전문성이 특히 요구되거나 효율적인 정책수립을 위하여 필요하다고 판단되어 公職內部 또는 外部에서 적격자를 임용할 필요가 있는 직위에 대해서는 이를 개방형 직위로 지정하여 운영할 수 있도록 하고 있다. 이에 대한 구체적인 내용은 '개방형 직위 및 공모직위의 운영 등에 관한 규정', '지방자치단체의 개방형 직위 및 공모직위의 운영 등에 관한 규정'에서 다루고 있다.

233) 공모직위제도는 해당 직위의 직무내용과 특성 등을 반영한 임용자격요건을 설정하고 공모를 거쳐 가장 적합한 자격과 능력을 구비한 자를 선발·임용하는 제도이다(중앙인사위원회, 『공무원인사개혁백서』, 105면). 즉 임용권자 또는 임용제청권자는 당해 기관의 직위 중 효율적인 정책수립 또는 관리를 위하여 당해 機關 內部 또는 外部의 公務員 中에서 적격자를 임용할 필요가 있는 직위에 대해서는 이를 공모직위로 지정하여 운영할 수 있도록 하고 있다(국공법 제28조의 5 제1항). 개방형 직위에 대해서는 공직자 여부를 불문하고 민간인도 지원 가능하지만, 공모형 직위에 대해서는 공직자만이 가능하다는 점에서 차이가 있다.

234) 이상팔, "고위공무원단제도", 6면. 고위공무원단제도는 현재의 공직분류의 체계를 유지하면서 도입되므로, 현행 일반직·별정직·계약직 등의 직종은 고위공무원단이 되어도 없어지는 것이 아니라, 그대로 유지하면서 각 직종별 특성에 따른 인사관리를 하게 된다(이상팔, "고위공무원단제도", 9면).

이 제도의 시행으로 고위직에 대해 계급에 구애받지 않는 폭넓은 인사로 적격자를 임용할 수 있게 되었다.[235] 고위공무원에 대한 정년 및 신분보장 제도는 현행과 같이 존속하여 직업공무원제도의 근간은 유지하되,[236] 성과가 극히 부진하거나 능력이 현저히 미달되는 고위공무원에 대해서는 적격심사를 통해 직권면직할 수 있도록 하고 있다.[237] 보수는 계급과 연공서열보다는 職務의 중요도와 난이도 및 成果에 따라 차등지급 할 수 있게 된다.[238] 따라서 고위공무원단 구성원들에 대한 능력평가와 성과평가는 강화되며,[239] 그들은 소속 기관장과 직무성과계약을 체결하고 실적에 대한 평가를 매년 받게 된다.[240] 즉 성과관리를 위해서 직무성과계약제와 직무성과급제를 도입하고 성과와 보수와의 연계를 강화하고 있다.[241]

---

235) 고위공무원단 소속 공무원에 대해서는 1급 내지 9급의 계급구분이 적용되지 아니한다(국공법 제4조 제1항 단서).

236) '신분보장 완화와 관리 신축성' 측면과 관련하여 정년 및 신분보장제도는 그대로 존치하도록 했다. 이것은 여타의 선진국들의 제도설계에 비추어 볼 때 상당히 이례적인 일인데, 고위공무원단제도의 도입으로 고위직에 대한 직무등급제, 개방형 임용제, 직무성과계약제, 직무성과급제 그리고 적격성 심사 등이 도입됨으로써 공직환경에 상당한 변화가 초래되었다. 이로 인해 직업공무원들의 신분불안에 대한 인식이 증대하였고, 공직 내부의 강한 발발이 우려되었다. 결국, 이러한 이유 때문에 타 국가들과는 달리 정년 및 신분보장제도를 그대로 유지하는 방향으로 제도설계가 이루어진 것으로 보인다(김연수·김근세, "고위공무원단제도 비교분석: Huddleston 모형을 중심으로", 『한국거버넌스학회보』 제14권 제1호, 한국거버넌스학회, 2007년 4월, 57~58면).

237) 적격심사는 5년 주기로 실시하되, 2년간 연속 또는 총 3년간 근무성적이 최하위로 평가받거나 정당한 사유 없이 무보직 기간이 2년에 달한 경우에는 수시 심사를 실시한다(이상팔, "고위공무원단제도", 9면).
하지만 제도도입 당시 국장급 공무원들은 저항을 우려하여 평가를 면제한 채 자동 편입시켰다. 게다가 퇴출제도에도 문제점이 적지 않다. 현행 규정에 따르면 정기 적격심사를 5년마다 받는다. 때문에 현재 고위공무원들은 2011년에 처음 적격심사가 이루어진다. 물론, 해마다 실시하는 성과평가에서 '최하위 2년 연속' 또는 '총 3회'를 받거나, '무보직 기간 2년'에 해당하면 직권 면직될 수 있다. 그러나 현실적으로 온정주의가 만연한 공직사회에서 이 같은 요건을 충족시켜 퇴출되는 고위공무원은 전무하다고 해도 과언이 아니다("도입 3년 '고위공무원단'", 서울신문, 2008년 2월 28일자 (http://www.seoul.co.kr/news/newsView.php?id=20080228008008, 2009. 9. 20. 최종확인).

238) 고위공무원단제도 도입 전후비교(김연수·김근세, "고위공무원단제도 비교분석", 55면).

그러나 고위공무원단제도는 유능한 인물을 적재적소에 배치한다는 당초 취지와 달리, 현실에서는 과거 '연공서열식' 인사관행의 틀을 깨지 못하고,[242] '공직의 벽 허물기'에 대해서도 의문이 제기되며,[243] 정치적 오용 내지 정실개입의 문제가 지적되고 있다.[244][245]

구 분	도입 전	도입 후
인사운영 기준	° 계급제 - 보수, 정원관리, 승진, 전보 등을 계급기준에 따라 운영	° 직무등급제 - 보수, 정원관리, 승진, 전보 등을 직위 또는 직무등급 기준에 따라 운영
충원·보직이동	° 부처 내 폐쇄적 임용 - 부처 내부 공무원을 연공서열에 따라 충원 - 과장급은 별도 교육·검증 없이 국장으로 승진	° 부처 내의 개방적 임용 - 부처 내외 공무원 간 또는 공직 내외 경쟁을 통해 충원 - 과장급은 기본교육·역량평가 등을 거쳐야 승진
성과관리	° 연공서열 위주의 형식적 관리 - 목표관리제가 있으나 연공서열 위주로 형식적 운영	° 엄격한 성과관리 - 직무성과계약제에 따라 성과계약을 체계하고 평가결과에 따라 신분상 불이익도 부여
보수	° 계급제적 연봉제 - 계급에 따라 보수 차등 - 성과의 차이에 따른 연봉차이 미미	° 직무성과급제 - 직무값의 차이에 따라 보수 차등 - 성과의 차이에 따른 연봉차등 확대
교육훈련	° 획일적 교육 - 교육프로그램이 다양하지 못하고, 능력발전 기회로 미인식	° 개별적·맞춤식 교육 - 부족한 역량과 자질을 파악하여 향상시키고, 개인이 처한 상황에 따른 맞춤형 교육 실시
신분관리	° 안정적 신분보장 - 성과와 역량이 미달하여도 특별한 문제가 없으면 직위 유지	° 엄격한 인사관리 - 성과와 역량이 일정수준 계속 미달하면 신분상 불이익 부과

239) 고위공무원단 인사운영 기준의 큰 특징은 현행 1~3급(국장급) 공무원의 계급이 없어지고 각 자리별 직무등급 또는 직위가 인사운영의 기준이 된다. 이에 따라 보수도 현행 계급별로 차등하는 방식에서 직무등급별로 차등하는 방식으로 바뀌게 된다. 고위공무원단의 정원관리도 현행 계급별 관리에서 직위별 관리방식으로 전환되며, 승진은 계급별에서 직위별(국장급→실장급)로 바뀌게 된다(이상팔, "고위공무원단제도", 5면).

240) 오석홍, 『행정개혁론』, 박영사, 2006, 401면.

241) 이우권, "신공공관리론의 행정학적 적용가능성", 14면.

242) 기존 1~3급 자리를 업무의 중요도와 난이도에 따라 가~마 등급의 5단계로 재편했다. 인사패러다임을 階級에서 職務 중심으로 전환한 것이다. 그러나 고위공무원 체계가 과거 1~3급의 3단계에서 가~마급의 5단계로 바뀌면서 오히려 계급제가 더 심화되었으며, 연공서열식에 따른 관행적 순환인사 틀에서 벗어나지 못해 제도취지를 살리지 못하고 있다("도입 3년 '고위공무원단'", 서울신문, 2008년 2월 28일자).

243) 현재 국장급 중 50%는 부처자율로, 30%는 공직 내부의 공모로, 20%는 민간과 경쟁하는 개방형으로 충원해야 한다. 하지만 공모직위가 '짜고 치는 고스톱'이라는 의혹이 제기된다. 예컨대 A부처와 B부처가 공모직위를 맞바꾸는 '나눠먹기', 2명 이상이 응

특히 헌법적 차원에서 고위공무원의 정치인화가 문제점으로 지적되고 있는데,246) 고위공무원의 정치인화는 직업공무원제도의 근간을 흔들 수 있으며, 정치적 공무원과의 권력분립적 기능과 공무원의 정치적 중립을 훼손시킬 수 있다.

이하에서는 高位公務員團의 導入·運用에 대한 헌법적 검토를 위해, ⅰ) 공직자 내지 공직제도의 내용으로서 자유민주적 통치구조의 관점에서 공직제도에의 요청사항, ⅱ) 통치기구의 구성원리로

모해야 한다는 요건만 충족시키려는 '들러리 채우기' 등의 현상도 나타난다. 때문에 공모절차가 진행되기 이전에 내정설이 도는 것도 이와 무관하지 않다("도입 3년 '고위공무원단'", 서울신문, 2008년 2월 28일자).

244) "도입 3년 '고위공무원단'", 서울신문, 2008년 2월 28일자.

245) 행정안전부는 2008년 4월 25일 "지난 2006년부터 시행해 온 고위공무원단의 문제점을 개선하는 내용으로 '고위공무원단제 개선안'을 마련, 관계 부처 의견 수렴과 법령 개정 절차를 거쳐 내년부터 시행할 계획"이라고 밝혔다. 개선안에 따르면, 현재 5단계(가, 나, 다, 라, 마 등급)로 되어 있는 고위공무원 직무 등급을 2단계로 축소한다. 2단계의 명칭은 현재 '가, 나 등급'이 유력하며 '가' 등급은 실장급, '나' 등급은 국장급인 것으로 알려졌다. 행안부 관계자는 "당초 직무 등급을 도입할 땐 직무의 성격과 난이도에 따라 구분한다는 것이었으나 서열화한 계급으로 인식하면서 승진에 대한 과도한 경쟁으로 부작용이 많았다."고 말했다. 그는 "예측 가능한 인사시스템을 통해 공직 사회를 안정시키자는 취지"라고 덧붙였다. 고위공무원 인사 때 한꺼번에 2단계 이상 승진하는 경우가 생겨 공직사회의 위화감이 조성되는 것을 막기 위한 것이라는 설명이다.

그리고 고위공무원단제 개선안은 소속 부처에 관계없이 직무에 관련된 최적임자를 인선한다는 취지로 도입한 공모직위의 비율(기존 30%)을 절반으로 축소(15%)하는 내용을 담고 있다. 민간 우수인재를 지속적으로 확보하기 위해 '개방직' 임용비율은 현행 20% 수준으로 유지한다. 이에 따라 각 부처 수장이 자율적으로 인사하는 비율이 현행 50%에서 65%로 늘어났다. 행안부 측은 "새 정부가 '대부처 - 대국' 중심 조직으로 개편하면서 부처 간 정책 통합성이 높아져 공모직위제의 필요성이 낮아졌다."고 설명했다. 실제로 정부 내에서는 타 부처로 간 공모직 고위공무원이 각 부처의 이기주의 장벽 때문에 제 역할을 다하지 못한다는 목소리가 높았다("고위공직자 직무등급 5단계서 2단계로 축소", 문화일보, 2008년 4월 25일자(http://www.munhwa.com/news/view.html?no=20080425010304431360040, 2009. 9. 20. 최종확인)).

하지만 2009년 9월 현재 비율은 그대로 둔 채 등급만 2단계로 조정한 상태이다(행정안전부, 개방형직위 및 공모직위 운영 매뉴얼(임용자용)
(http://scs.csc.go.kr/brd/board_view.asp?serial=2109&boardtype=3&page=1&cond2=&cond1=Subject, 2009. 9. 20. 최종확인)).

246) 임도빈, "관료제, 민주주의, 그리고 시장주의: 정부개혁의 반성과 과제", 『한국행정학보』 제41권 제3호, 한국행정학회, 2007, 가을, 53면.

서 직업공무원제도의 기능, 그리고 iii) 직업공무원제도의 내용으로
서 정치적 중립성에 관하여 살펴보기로 한다.

제2절 공직제도와 자유민주적 통치구조

Ⅰ. 서 설

헌법상 통치구조가 기본권적 가치의 실현을 위해서 마련된 수단
적 권능구조라면, 공직자는 이 권능구조의 실현조건에 해당된다고
볼 수 있다. 따라서 한 나라의 통치질서에서 통치구조와 공직자 내
지 공직제도는 기능적으로 불가분의 연관성을 갖게 된다. 더욱이
자유민주주의를 통치질서의 기본이념으로 추구하고 있는 통치구조
에서는 공직제도 역시 자유민주주의의 이념과 조화될 수 있어야
하기 때문에 ⅰ) 민주적 공직윤리, ⅱ) 민주적 지시계통, iii) 정치
적 중립성, iv) 법치주의, ⅴ) 사회국가적 요청을 충족시킬 수 있어
야 한다.247)

Ⅱ. 자유민주적 통치구조에서의 공직제도

1. 민주적 공직윤리의 제고

자유민주적 통치구조의 공직제도에서 우선적으로 요청되는 것은
오로지 '공공복리'(Gemeinwohl)의 관점만을 직무처리지침으로 삼을

---

247) 허영, 『한국헌법론』, 768~769면.

수 있는 확고한 민주적 공직윤리의 정착이다. 모든 공직자가 투철한 '관직 내지 직책사명'을 가지고 국민의 '충직한 수임자'로서 그 맡은 바 임무를 충실히 수행해 나갈 수 있을 때 비로소 국가의 통치기능은 그 실효를 나타낼 수 있기 때문이다.[248]

2. 민주적 지시계통의 확립

자유민주적 통치구조에서는 대의민주주의에 입각한 신임 및 책임정치의 실현과 조화될 수 있는 공직제도가 마련되어야 하는데, 그러기 위해서는 민주적 정당성의 정신에 따라 그 행위의 귀책사유가 밝혀질 수 있고 책임추궁이 가능한 합리적인 지시계통을 확립하는 것이 필요하다.[249] 따라서 의회에 대해서 책임을 지는 정무직 공무원을 정점으로 말단관직에 이르기까지 민주적이고도 수직적인 직무지시계통이 확립되고, 의회에 대해서 책임을 지는 최상급 공직자에게는 직무지시권이, 하급공직자들에게는 지시기속 및 복종의무가 지워져야 한다.[250]

3. 정치적 중립성의 요청

공직자는 '한 정당의 봉사자가 아니고 국민 전체의 봉사자'라는 중립적인 입장에서 여당의 정강정책이 아니라 정부의 정책에 따라

---

248) 허영, 『헌법이론과 헌법』, 1118면.

249) 자유민주국가에서 모든 관직의 正當性은 원천적으로 주권자인 국민의 의사에 그 바탕을 두어야 하기 때문에 모든 공직자의 관권행사는 직접 또는 간접적으로 국민의 대의기관인 의회의 통제를 받고 또 의회에 대해서 책임을 질 수 있어야 한다(헌재결 1992. 4. 28, 90헌바27 참조).

250) 허영, 『헌법이론과 헌법』, 1119면.

그 맡은 바 직무를 수행해 나가고, 또 여당에 대한 충성이 아니라 정부에 대한 충성을 실천해 나감으로써 현 정부에 대한 충성이 그대로 다음 정부에 대한 충성으로 이어져 나갈 수 있을 때 정당민주국가의 통치구조는 비로소 그 목적을 달성할 수 있다. 자유민주적 정당국가의 특징은 '한시적 정권'과 '영구적 공직제도'가 서로 견제와 보완작용을 함으로써 정치적 안정을 도모하면서도 정치적 신진대사를 가능하게 한다는 데 있다.[251)]

그리고 입법기관의 의원직과 집행기관의 공직을 동시에 맡을 수 있게 하는 집행공직자의 의원겸직이 허용되어서는 안 된다. 이른바 '겸직금지'[252)]도 그것이 권력분립의 원칙에서 나오는 제도이긴 하지만,[253)] 자유민주적 정당국가의 공직제도가 필요로 하는 공직자의 정치적 중립성의 요청과도 불가분의 연관성을 갖는다.[254)] 즉 겸직

---

251) 그러나 공직자에게 요구되는 정당정치적 중립성은 어디까지나 관직행사에 국한되는 것이기 때문에 공직자의 국민으로서의 정당활동까지 금지하는 것은 아니다(허영, 『헌법이론과 헌법』, 1121면).

252) 일반적으로 입법상의 공직겸직금지제도가 마련되는 이유로는 첫째, 직무전념 내지 직무수행의 이념상 일반직 국가공무원 또는 지방공무원이 다른 직종을 겸직하는 것을 원칙적으로 금지하고 있는 경우와 둘째, 제도상 직무 상호간에 권력분립의 필요성이 있는 경우로서 국회의원과 일반직 공무원 간의 겸직금지, 지방자치단체의 장과 지방의회의원 간의 겸직금지 등이 그 예이며 셋째, 직무의 공정성과 전념성 및 정치적 중립성의 확보를 위한 목적으로 겸직금지의 규정을 두고 있는 경우가 있다(헌재결 1993. 7. 29, 91헌마69).

253) 권력분립의 원리는 인적 측면에서도 입법과 행정의 분리를 요청하고, 만일 행정공무원이 지방입법기관에서라도 입법에 참여하면 권력분립의 원칙에 배치되게 되는 것으로, 공무원의 경우는 지방의회의원의 입후보제한이나 겸직금지가 필요하다(헌재결 1991. 3. 11, 90헌마28).

254) 국회의원은 법률이 정하는 직을 겸할 수 없으며(헌법 제43조), 대통령은 국무총리·국무위원·행정각부의 장 기타 법률이 정하는 공사의 직을 겸할 수 없다(헌법 제83조). 그 밖에 ⅰ) 지방자치단체의 장과 의회의원의 경우(지방자치단체장의 임기 중 입후보제한은 위헌(헌재결 98헌마214), 지방의회의원은 국회의원을 비롯한 국가·지방공무원과 각종 조합 예컨대 농업협동조합·수산업협동조합·축산업협동조합·산림조합·엽연초생산협동조합·인삼협동조합의 '常勤'임·직원 간의 兼職禁止는 합헌, '상근직'인 농지개량조합장을 제외한 '非常勤職'인 조합장의 立候補制限과 兼職禁止

금지는 결코 권력분립의 원칙 때문만은 아니고, 공직자에게 요구되는 정치적 중립성을 지켜 나가게 하기 위한 불가피한 조치이다.[255]

4. 법치주의의 요청

자유민주국가의 공직제도는 법치주의의 이념을 실현할 수 있는 것이어야 한다. 즉 모든 공직자로 하여금 법률을 준수하고 법의 정신에 따라 직무를 수행하게 함으로써 직무지시계통 속에서 복종의 무만을 내세운 불법이 자행되는 일이 없도록 공직제도가 합리적으로 마련되어야 한다.[256]

5. 사회국가적 요청

사회국가 이념을 추구하는 현대의 자유민주국가에서 공직제도는 사회국가의 실현수단인 동시에 공직제도 그 자체가 사회국가의 대상이며 과제이다.[257] 또한 사회국가에서의 공직제도는 그 자체가 사회국가의 대상이며 과제이기 때문에 공직제도도 사회국가의 이념에 따라 운영되어야 한다.[258] 따라서 사회국가 원리에 입각한 공

는 위헌(헌재결 90헌마28), 공무원은 선거일 전 90일까지 그 직을 그만두어야 공직선 거후보자가 될 수 있다는 것 등은 합헌(헌재결 95헌마53)), ⅱ) 정부투자기관의 경우 (정부투자기관 任員에 대한 지방의회의원선거에서의 입후보제한은 합헌이나 그 職員 의 경우는 위헌, 정부투자기관 任員의 겸직금지는 합헌이고 그 職員의 경우도 합헌 (헌재결 91헌마67), 이는 국민건강보험공단의 직원의 경우에도 동일하게 적용되고 또 한 국민건강보험공단의 '常勤' 직원의 선거운동을 금지하는 것은 합헌(헌재결 95헌마 172). 다만 타인을 위한 선거운동은 계속 금지(헌재결 2002헌마467)), ⅲ) 교사의 경 우(초·중등학교 교사의 교육위원 겸직금지는 합헌(헌재결 91헌마69)) 등이 있다.

255) 허영, 『헌법이론과 헌법』, 1121면.

256) 허영, 『헌법이론과 헌법』, 1122면.

257) 헌재결 2003. 10. 30, 2002헌마684 참조.

직제도에서 개개 공무원의 공무담임권을 보장하는 것은 더욱 중요한 의미를 가진다.[259] 법치주의적 공직제도가 법률에 근거하고 법률에 합치하는 형식과 내용의 직무수행을 통해서 국민에게 안전한 생활을 보장하고 권리를 보호받도록 해 주는 것이라면, 사회국가적 공직제도는 사회의 자체적인 힘에 의해서 달성할 수 없는 사회국가적 목적을 실현하는 인적인 도구로서의 기능을 갖는다.[260]

제3절 직업공무원제도의 기능

I. 서 설

자유민주주의를 지향하는 현대 헌법국가에서 직업공무원제도는 통치기구의 구성원리로서 국가의 통치기능을 수행하는 데 매우 큰 기여를 한다.[261] 즉 국가와 '공법상의 근무 및 충성관계'에 있고, 국민 전체에 대한 봉사자이며, 국민에 대해서 책임을 지는 공무원이 국가의 정책집행을 맡아 수행한다는 것은 민주주의와 법치주의

---

258) 모든 공직자들의 보호가치 있는 이익과 권리를 인정해 주고, 공직자에게 자유의 영역이 확대될 수 있도록 공직자의 직무의무를 가능한 선까지 완화하고, 공직자들의 직무환경을 최대한으로 개선해 주고, 공직수행에 상응하는 생활부양을 해 주고, 퇴직 후나 재난·질병에 대처한 사회보장의 혜택을 마련하는 등 공직제도 내의 사회정의를 위해 노력하는 것은 궁극적으로 공직자들의 사기를 진작시키고 생활안정을 돕게 되어 민주적인 공직윤리의 정착에도 크게 기여하게 된다(허영, 『헌법이론과 헌법』, 1124면).

259) 장철준, "공무담임권의 제한과 과잉금지원칙", 『법학연구』 제14권 제1호, 연세대학교 법학연구소, 2004, 164면.

260) 허영, 『헌법이론과 헌법』, 1123면.

261) 박규하, "직업공무원제도의 헌법적 의의와 기능", 55면.

를 실현할 수 있는 확실한 담보이기 때문이다. 직업공무원제도의 기본이 되는 여러 구조적 요소를 체계조화적으로 제도화한다면, 직업공무원제도가 기능적 권력분립의 효과를 가지게 될 뿐만 아니라,262) 공무원으로서의 일정한 권리가 보장되는 것은 물론, 능력주의에 의해 공직에 취임할 수 있는 균등한 기회가 보장된다. 따라서 직업공무원제도는 민주주의와 법치주의의 이념에 따라 정책집행이 실현될 수 있는 바탕을 마련함으로써 기능적 권력분립의 메커니즘으로 기능한다.263)

Ⅱ. 직업공무원제도와 권력분립

1. 의 의

종래 직업공무원제도는 주로 공무원의 공복으로서의 책임과 그 정치적 중립성을 강조함으로써 국가적 과제를 공평무사하게 성실히 수행하고 공무원의 국가에 대한 충성의 대가로 그 신분을 보장함으로써 국가와 공무원 사이의 특별한 관계를 유지한다는 이른바 특별권력관계의 관점에서 다루어져 왔다. 그러나 오늘날에 와서는

---

262) 권력분립의 원리는 공직의 권위가 집중 혹은 일원화되어 공직이 남용되고, 이로써 국가기관의 존재이유인 국민의 자유와 권리가 보장되지 못하는 상황에 대처하기 위한 국가기관의 조직 및 기능원리이다. 권력분립의 원리는 국가 각 기관의 분리라는 조직상의 요청 이외에 겸직금지와 장기집권의 배제까지도 그 내용으로 한다(권영성, 『헌법학원론』, 740면). 따라서 권력분립의 원리는 기본적으로 소극적인 기능을 수행한다. 그러나 권력분립의 원리의 적극적인 기능이 간과되어서는 안 된다. 즉 권력분립의 원리는 국가기관 간의 협력을 통하여 국가기능이 효율적으로 실현될 수 있도록 형성되어야 한다(전광석, 『한국헌법론』, 법문사, 2007, 88면).

263) 허영, 『헌법이론과 헌법』, 1140면. 뿐만 아니라, 공무원의 지위를 보호하며, 국민의 공직취임권을 실현하기 위한 제도적 기초가 되는 등 여러 가지 중요한 기능을 가진다.

국가적 과제를 수행하기 위한 단순한 도구로서의 직업공무원제도라는 고전적 관념에서 탈피해서, 직업공무원제도가 현대 자유민주국가의 통치이념을 실현하기 위한 불가결한 통치기관의 구성원리로 평가되게 되었다.[264]

2. 직업공무원제도의 권력분립적 기능

오늘날에는 직업공무원제도는 두 가지 측면에서 권력분립적 기능을 갖는 것으로 평가된다. 즉 직업공무원과 정치적 공무원의 관계에서 권력분립적 기능과 행정조직 내부의 상하관계에서의 권력분립적 기능이 그것이다.

(1) 직업공무원과 정치적 공무원의 관계

직업공무원과 정치적 공무원은 업무를 수행하는 기반과 업무수행의 기준이 다르다.[265] 직업공무원이 헌법적 기능을 충실히 수행하기 위해서는 정치적 공무원으로부터 독립성이 보장되어야 하며, 또 이러한 독립적인 업무수행을 이유로 신분상의 불이익을 받지 않아야 한다.[266] 공직수행의 사명을 띤 직업공무원에 관해서 헌법에서 그 봉사적 기능과 책임, 그리고 정치적 중립성을 강조하는 것은 전문적이고 합법적인 공직수행을 보장함과 동시에 정치세력에 대한 조정적·통제적 기능을 해낼 수 있는 직업공무원제도의 모델

---

264) 허영, 『헌법이론과 헌법』, 934면.

265) Max Weber는 정치적인 권력투쟁의 과정과 근대 정당제도의 발전은 공직관료를 '전문공무원'(Fachbeamte)과 '정치적 공무원'(politische Beamte)의 두 유형으로 분리시키는 것을 조건 지었다고 본다(이종수, "공무원법의 헌법적 조망", 63면 주19 참조).

266) 전광석, 『한국헌법론』, 93면.

을 제시하는 것이기 때문에 기본권 실현과 기능적 권력통제의 관점에서도 매우 중요한 의미를 갖는다고 할 것이다.267) 바로 이러한 점에서 직업공무원제도는 통치구조적 의미를 가진다.

따라서 국가의 행정업무가 정권교체 또는 정당국가에서의 권력통합에 영향을 받지 않고 계속적으로 동일한 기준과 방법에 의해서 처리되는 데 필요한 공무원의 정치적 중립과 신분을 보장하는 직업공무원제도는, 정태적이고 계속적인 행정조직이 동태적이고 한시적인 政治勢力을 견제하고 통제하는 중요한 권력분립적 기능을 가진다.268)

(2) 행정조직 내부의 상하관계

직업공무원제도는 물론 위계적인 조직형태를 벗어날 수 없지만, 이 제도의 기본정신에 따라 신분보장, 합리적인 상벌제, 경력직 등이 엄격하게 지켜지는 경우에는 행정조직 내부의 '수직적 권력분립'의 효과를 기대할 수 있다. 따라서 직업공무원제도는 현대 헌법학에서 그 자체가 통치기관의 구성원리로 간주될 뿐만 아니라, 권력분립의 관점에서도 그 헌법상의 의의가 커지고 있다.269)

---

267) 허영, 『헌법이론과 헌법』, 1117면.

268) 공무원은 정치적 판단에 종속되어서는 안 되며, 이 점은 신분보장을 통해서 담보된다. 이러한 행정실현의 구조 속에서 직업공무원제도는 행정부 내에서의 권력분립의 한 축을 형성하는 의미를 갖는다(전광석, 『한국헌법론』, 462면).

269) 허영, 『헌법이론과 헌법』, 935면.

제4절 직업공무원제도의 내용으로서 정치적 중립성

Ⅰ. 서 설

1. 정치적 중립성의 의의

공무원이 국민 전체에 대한 봉사자로서 공익추구에 전념하고 행정의 전문성을 제공하여, 정권의 교체에도 불구하고 일관성 있는 공무수행의 독자성을 유지하기 위해서는 공무원의 정치적 중립성을 보장하지 않으면 안 된다.

정치적 중립성은 공직의 선발과 수행에 있어서 정치적 비당파성을 의미한다.[270] 따라서 공무원의 정치적 중립성은 정치세력이나 집권세력으로부터의 독립이 우선적인 의미를 갖는다. 즉 공무원의 정치적 중립성의 의의는 공무원의 정치적 기본권을 제한하는 것보다는 공무원에 대한 정치세력이나 집권세력의 부당한 간섭을 방지하는 데 있다.[271] 이렇게 볼 때 공무원의 정치적 중립성은 그 자체로 자기 목적적인 것이 아니라, 국가의 정치적 중립성을 확보하기 위한 수단적 성격을 지닌다.[272] 이로써 공직의 직무수행에 있어서

---

[270] 정치적 중립성은 공무원이 정치에 무관심할 것을 요구하는 것이 아니라, 부당하게 당파적 특수이익과 결탁하여 공평성을 잃거나 정쟁에 개입하지 않는 비당파성을 말한다(강성철 외, 『새 인사행정론』, 546면). 그렇기 때문에 공무원에게 요구되는 정치적 중립성은 근무에 있어서 정당정치적인 요인의 개입이 없이 행해지는 불편부당한 과업의 처리를 요청하는 것으로 이해하여야 한다(이종수, "공무원법의 헌법적 조망", 78면).

[271] 김성수, 『개별행정법』, 543면.

[272] 이종수, "공무원의 정치적 활동의 허용여부와 그 한계", 『연세법학연구』 제8권 제1호, 연세법학회, 2001. 8, 177면. 공무원은 국가정치적(staatspolitisch)으로는 결코 중립적일 수는 없지만, 정당정치적(parteipolitisch)인 중립성은 요청되고, 이는 정당국가에 대

의 공정성·전문성 등이 실현된다.

그리고 공직선발 시 정권획득의 기여도에 따른 관직배분이 배제된다.273) 이것은 정치적 활동의 금지를 의미하는데,274) 금지되는 정치적 활동의 구체적인 내용은 입법자가 형성하여야 할 사항이다. 현행 국가공무원법과 지방공무원법은 이에 관해 규정하고 있다. 즉 공무원은 정당 기타 정치단체의 결성에 관여하거나 이에 가입할 수 없고, 선거에 있어서 특정정당 또는 특정인의 지지나 반대를 위한 행위를 하여서는 아니 되고, 다른 공무원에게 위와 같은 행위를 하도록 요구하거나 또는 정치적 행위의 보상 또는 보복으로서 이익 또는 불이익을 약속하여서는 아니 되며(국공법 제65조, 지공법 제57조), 노동운동 기타 공무원 이외의 일을 위한 집단적 행위를 원칙적으로 하여서는 아니 된다(국공법 제66조, 지공법 제58조).275)

한편, 정치적 중립성을 이유로 공무원의 일반적인 정치적 자유권

한 불신에 근거하기보다는 오히려 의회민주주의의 내면적인 인정에서 바라보아야 하며, 공무원의 정당정치적 중립성은 기능적인 의회민주주의에서 필요 불가결하다(이종수, "공무원법의 헌법적 조망", 77면). 그리고 공무원의 정치적 중립성을 요구하기 위해서는 국가의 정치적 중립성을 전제로 하여야 한다. 즉 국가도 국가정치적으로는 결코 중립적일 수 없지만, 정당정치적으로 중립적이어야 한다. 왜냐하면 국가가 정당정치적 중립성을 유지하는 가운데에서만 국가의 기능성을 담보하는 것을 의무로 지니고 있는 공무원에게 정치적 중립성을 요구할 수 있고, 그 실효성을 담보할 수 있기 때문이다. 따라서 헌법이 공무원에게 요구하고 있는 정치적 중립성은 국가에 요구되는 정치적 중립성과 그 내용이 다르다. 즉 공무원의 정치적 중립성은 그 자체로 자기목적적인 것이 아니라, 국가의 정치적 중립성을 확보하기 위한 수단적 성격을 지니고 있기 때문이다. 이렇게 볼 때 정당정치와 관련해서 요청되는 중립성은 소극적인 방관, 부작위 내지 불개입을 의미하는 것이 아니라, 적극적인 개입의 여지를 포함하는 불편부당성의 의미하는 것으로 보아야 한다(이종수, "공무원의 정치적 활동의 허용여부와 그 한계", 177~180면).

273) 강경근, 『헌법』, 329면.

274) 김철수, 『헌법학(상)』, 박영사, 2008, 293면.

275) 따라서 공무원의 정치적 중립성은 두 가지 측면, 즉 ⅰ) 외부의 정치적 간섭으로부터 공무원을 보호하는 것과 ⅱ) 공무원의 정치적 참여를 제한하는 것으로 정리할 수 있다(박천오 외, 『현대인사행정론』, 458면).

(특히 정치적 표현의 자유)이 무조건 부인될 수는 없다.[276) 공무원의 근무영역 이외에서까지 공무원에게 획일적·포괄적으로 정치적 활동을 금지하는 규정은 공무원이 일반시민으로서 향유하는 기본권적인 지위에도 위배된다.[277) 그리고 공무원의 정치적 중립성은 모든 공무원에게 동일하게 요구되는 것은 아니다. 정치적 공무원은 자기의 정치적 신념에 따라 활동하는 자이므로, 정치적 중립성의 요구와 거리가 멀다.[278)

2. 정치적 중립성의 필요성

공무원은 그 직무의 성질상 국민 전체에 대한 봉사자이기 때문에[279) 그 직무집행의 중립성을 유지하기 위하여 필요한 것이라고 할 수 있다.[280)

첫째, 공무원은 공익을 옹호하고 증진해야 할 사명을 가지고 있다. 이러한 공무원의 사명은 당파적 이익이나 부당한 정치적 압력에 대하여 불편부당한 입장을 견지해야 한다는 행동규범을 당연히 요구하게 된다.

둘째, 정치적 개입에 의한 공무원의 부정부패와 낭비를 방지할

---

276) 독일의 경우는 공무원의 정치적 중립성 보장을 위하여 기본법상의 전래된 직업공무원제도의 기본원칙의 하나로서 그리고 "공무원은 정치적 행위 시에 국민 전체에 대한 자신의 신분과 자신의 직무에 대한 주의에서 생기는 절제와 자제를 지켜야 한다."고 규정한 연방공무원법 제53조에 의하여 직무의 수행과 근무질서에 영향을 미치는 모든 정치적 행위는 금지되지만, 기타 직무 외의 개인적 영역에서의 공무원의 정치적 신념과 행위의 자유는 보장된다(김선욱, "정당정치와 공무원제도", 36면).

277) 허영, 『한국헌법론』, 771면.

278) 홍정선, 『행정법원론(하)』, 264면.

279) 김철수, 『헌법학(상)』, 296면.

280) 김철용, 『행정법Ⅱ』, 170면.

수 있다. 정당적 정실이 공무원의 인사와 직무수행에 개입함으로써
야기되는 공무원의 부패와 낭비를 막기 위해서도 공무원의 정치적
중립이 필요하다. 특히 발전도상국에 있어서 공무원에 의한 정치개
입을 막지 않으면 민주정치 과정의 정당한 기초를 더욱 악화시키
고 정부관료제의 전횡을 가져올 수 있다.

셋째, 정권변경 시에 행정의 일관성과 독자성을 확보할 수 있다.
사실 정권교체에 의한 집권세력의 변동에도 불구하고 정부업무를
전문적이고 계속적으로 수행할 수 있는 중립적 세력의 존재가 필
요하다. 특히 정부업무가 복잡해지고 그 규모가 확대될수록 그리고
정부업무의 전문화와 효율화에 대한 요청이 커질수록 공무원의 정
치적 중립성을 보장해야 할 필요성은 더욱 커진다.

넷째, 공무원의 신분보장을 통해 직무수행의 안정성을 확보할 수
있다.

Ⅱ. 정치적 중립성의 확립요건

공익수호라는 관점에서 볼 때 공무원들의 정치활동은 일정수준
법으로 규제하는 것이 필요하다. 그러나 공무원의 정치적 중립성은
제도만으로 성취되기 어렵다. 따라서 정치적 중립성을 확보하기 위
해서는 법제화에 앞서 근본적인 여건이 갖추어져 있어야 한다.

1. 공무원의 사명의식

공무원의 의식개혁이 요구된다. 즉 공무원 각자가 민주적 행정과

이에 필요한 정치적 중립의 필요성을 자각하고, 이를 적극적으로 옹호하려는 마음가짐이 있어야 한다.[281]

2. 평화적인 정권교체

평화적인 정권교체와 정치발전의 여건이 마련되어야 한다. 즉 민주주의적 정치과정을 유지하기 위해서 필요한 기본적 제도가 정상적으로 운영되어야 하며, 정치인들의 민주적 정치윤리의 확립이 요구된다.

3. 공무원의 신분보장

공무원의 신분보장이 강화되어야 한다. 공무원의 신분보장이 전제되지 않으면, 공무원의 정치적 중립성은 하나의 구호에 불과할 수 있다.[282]

제5절 검 토

1) 고위공무원단제도는 공무원들을 범정부 차원에서 활용하기 위해 2006년 7월 도입되었다. 제도도입 3년째를 맞는 2008년 현재 고위공무원단 소속 공무원은 1,390개 직위에서 1,550명이 재직하고 있다.[283] 경쟁과 개방을 통해 계급 및 부처 간 벽을 허물어 능력위

---

281) 한영수·강인호,『인사행정론』, 376면.
282) 정종섭,『헌법학원론』, 764면.

주로 발탁하고, 무능 공무원은 퇴출시킨다는 것이 제도의 근본취지이다. 하지만 제도도입의 필요성에도 불구하고, 고위공무원단의 도입·운용과정에서 여러 가지 폐단들이 빚어졌고, 그중에서도 헌법적차원에서 정치적 오용 내지 정실개입의 문제가 지적되고 있다.[284]

2) 고위공무원의 정치인화는 직업공무원제도의 근간을 흔들 수있는 중요한 문제이다. 왜냐하면 공무원이 정치인화되면, 거기에는 필연적으로 엽관제적 임용이 뒤따르고 여당에 편승하게 되어 공무원에 대한 정치적 중립성 요청은 그 의미를 상실하게 되고 더 이상공무원은 임용권자로부터 자유로울 수 없어 신분보장의 확보가 어려워지기 때문이다.[285] 특히 고위공무원의 '정치인화'는 고위직이청와대를 포함한 권력기관이나 권력자의 입김에 의해 결정되는 경우가 많기 때문에 주로 발생한다. 그 예로 청와대에서의 사전승인이라고 할 수 있는 내락제도를 통하여 일반직 고위공무원과 이에상응하는 특정직·별정직 공무원의 중요 인사문제에 직접·간접적으로 개입하는 것을 들 수 있다.[286] 따라서 고위공무원들이 정권에지나치게 밀착하여 정치인화되어 가고, 이는 최근 도입한 고위공무원단제도하에서 보임 여부를 불확실하게 만들어 고위공직자들이정치와 무관하게 소신껏 업무를 수행하기 어렵게 만든다.

3) 고위공무원단에 속해 있는 고위공무원은 정치적 공무원과 그업무의 성격을 달리하며, 고위공무원도 엄연히 직업공무원으로서

---

283) "고위공직자 직무등급 5단계서 2단계로 축소", 문화일보, 2008년 4월 25일자.

284) 오석홍, 『인사행정론』, 89면.

285) 공무원의 정치적 중립성은 국가의 중립성 유지에 있어 필수 불가결하고, 정치적 중립성의 유지가 공무원의 신분보장을 담보한다는 점에서 양자는 밀접한 관계가 있다(정종섭, 『헌법학원론』, 764면).

286) 박천오 외, 『현대인사행정론』, 39면.

역할을 수행해야 하기 때문에 정치적 공무원과 권력분립적 기능을 수행하여야 한다. 만약 고위공무원단제도의 도입이 고위공무원의 정치인화를 예정하고 있다면, 정치적 중립성을 보장하기 위한 제도적 장치를 마련하여야 할 것이다. 그렇지 않으면 이 제도는 헌법에서 규정하고 있는 직업공무원제도에 위배된다고 할 것이다. 다만 위계질서로 인하여 제도의 운영상 불가피하게 고위공무원이 정치로부터 자유로울 수 없는 특정 職域이 존재한다면, 정치적 공무원으로 변질되는 것을 放棄하기보다 오히려 일정 부분을 엽관제의 職域으로 포섭할 필요기 있다고 본다.[287] 즉 고위직 중 직입공무원으로서 역할을 수행해야 하는 자는 철저히 신분보장을 받을 수 있도록 하고, 예외적으로 그렇지 않은 고위직은 정무직화하는 것이 필요하다는 것이다.[288] 구체적으로 '직업공무원으로서 역할을 수행해야 하는 자와 정치적 공무원 간의 경계를 어느 선으로 할 것인지'가 문제된다. 이들 간의 경계 문제는 특히 최고위관리계급에 대한 엽관제적 임용을 어느 정도로 허용할 것인가의 문제로 귀결된다. 분명하게 어디까지라는 하나의 답이 나올 수는 없다. 다만 지금까지 정치적 공무원의 범위가 넓었던 미국의 경우[289]에는 신분이

---

287) 근년에는 특히, 정치체제의 민주화·자율화가 촉진되고 지방자치가 실시되면서 행정체제의 '정치화'가 촉진되는 것을 감안하여 엽관제적 임용의 합법적인 영역을 다소 넓히자는 재조정의 요청도 제기되고 있다(오석홍, 『행정학』, 521면).

288) 유민봉·임도빈, 『인사행정론』, 79면.

289) 종래의 직위분류제의 임명제도에서는 기관장들이 신축적이고 탄력적인 인사관리를 하기도 어려웠다. 또한 행정의 기능이 확대되고 국가의 장기적인 계획수립과 행정의 연계성이 요청됨에 따라 전문화로 인한 세분화된 작업구조는 여러 가지 문제점을 드러냈다. 이와 같은 직위분류제의 여러 가지 현실적인 한계 때문에 미국에서는 계급제적 요소의 도입 필요성이 여러 차례 제기되었는데, 1978년 연방 공무원개혁법이 통과되면서 부분적으로 그 결실을 보게 되었으며, 그것이 바로 고위공무원단(SES: Senior Executive Service)이다.
고위공무원단을 설치한 목적은 전문성과 행정관리에 대한 폭넓은 시야를 가지고 국

보장되는 고위관리직(SES)의 신설에서도 알 수 있듯이 직업공무원
제적(계급제적)인 요소를 도입하려 하였고, 반면에 영국[290]과 같이

가 전체를 위한 행정의 통합과 프로그램의 관리를 위한, 아마추어가 아닌 관리전문가
(일반능력자)를 제도적으로 확보하고자 하는 것이었다. 고위공무원단에 포함되는 공
무원은 특정 직무의 직위에 한정되지 않고, 기관 내에서나 기관 간의 횡적 이동이 자
유롭기 때문에 기관장의 인사관리의 신축성과 탄력성을 확보하여 준다. 또한 그들의
다양한 경험과 지식의 축적은 일반능력자로서의 역할과 기능을 수행하게 한다. 그리
고 보수도 직무급 체계가 아니라 업적과 능력에 따라 지급되며, 기관장이 이를 결정
할 수 있는 재량도 있다.

하지만 이 고위공무원단은 계속해서 평가를 받아야 하며, 일정한 등급 이상의 평가를
받지 못하면 고위공무원단에서 탈락되나 경력직 공무원으로서의 신분은 유지된다.
그리고 경력직이 아닌 비경력직은 일정한 기간만 근무할 수 있게 된다. 그리하여 미
국의 공무원제는 1978년 이전에는 '고위직 보수표에 의한 공무원'과 '일반직 보수표
에 의한 공무원'의 2계층으로 구분하던 것을, 지금은 상위계층을 더욱 세분하여 '정무
직 공무원'과 '고위공무원단' 그리고 '상위직 공무원'과 '일반직 보수표에 의한 공무원'
으로 구분할 수 있다. 그러면서 각 계층의 계급제적 운영을 지양하기 위하여 개인의
능력과 성과에 따라 보수체계를 탄력적으로 운영함으로써 인사행정의 신축성과 행정
의 전문성을 동시에 확보하려 한다(강성철 외, 『새 인사행정론』, 226~230면).

290) 계급제의 전통을 가진 영국은 1870년 추밀원령에서 두 계급을 공직으로 분류할 것을
공식적으로 채택하게 된다. 제1계급은 지적인 업무를 담당하고, 제2계급은 기계적이
고 반복적인 업무를 수행하는 것이다. 이 중에서 최고위직까지의 승진은 제1계급에서
만 허용하는 것을 내용으로 하고 있다(유민봉·임도빈, 『인사행정론』, 111~114면).
그러나 1920년 왕립 '재조직 위원회'(Reorganization Committee)의 권고에 의해 영국
공무원 종류는 행정계급과 서기계급으로 구분되었으며, 1921년 다시 4개의 계급으로
세분되었다. 즉 행정·집행·서기·서기보계급이 그것이다. 이후 영국의 공무원제도
는 4대 계급을 중심으로 발전되어 왔다. 제2차 세계대전 이후 급속한 사회변화로 인
하여 행정의 전문성을 강화하기 위하여 여러 차례 공무원제도 개혁이 추진되었다(한
영수·강인호, 『인사행정론』, 108면).
1968년 풀턴(Foulton) 보고서의 건의내용이 일부 받아들여지면서 이들 계급군이 통합
되는 방향으로 분류제도의 변화가 진행되었다. 즉 풀턴보고서의 제안을 받아들여
1972년 종래 행정·집행·서기·서기보의 4대 계급을 단일의 행정직군으로 통합시켰
다. 이로 말미암아 과거 행정계급에 의하여 지배되어 오던 공직이 다양한 전문직군들
에 분산됨으로써 공무원의 전문성이 획기적으로 향상되기 시작하였다(강성철 외, 『새
인사행정론』, 232면). 그럼으로써 영국의 공직은 한층 더 직위분류제의 속성을 강하
게 띠게 되었고, 나아가 과거 행정계급 내에 포함되어 있던 최고위 3계급(사무차관,
부차관, 차관보)을 분리시켜 개방구조라는 새로운 통합계급 구조를 설치하였다. 그 뒤
개방구조는 더욱 확대되어 1986년 대처 수상은 과거 행정 계급군의 入職 계급까지
이를 확대하여 7개의 등급을 가진 개방구조를 설치하였다. 행정직을 대상으로 폐쇄적
으로 충원되던 자리가 직무의 종류에 관계없이 모든 공무원이 경쟁을 통해 개방 임용
될 수 있도록 한 것이다(유민봉·임도빈, 『인사행정론』, 113면).
더 나아가 1996년 4월 1일부터 공무원 상호간은 물론이고 정부 전체의 연계성, 통합
성 및 전문성을 향상시키기 위하여 종전의 개방구조 속에 있던 1~7급까지의 고위공
무원들 중에서 1~5급을 폐지하여 이들을 하나의 관리계층으로 하는 고위공무원단

직업공무원이 광범위하게 제도화된 상황에서는 고위계급에 대한 정치화의 범위를 넓혀 가려는 인식이 확산되고[291] 있는 추세는 우리에게 시사하는 바가 많을 것이다.

(SCS: Senior Civil Service)을 설치하였으며, 이들은 고위공무원 간의 응집력을 강화하고 실적에 바탕을 둔 공정한 경쟁과 선발의 원칙에 따라 충원된 공무원집단으로서 내각사무처가 이들을 관리하게 되었다(강성철 외, 『새 인사행정론』, 233면). SCS에 편입된 순간부터 해당 공무원은 단체교섭에 의하여 결정되는 임금체계에서 벗어나 개인별로 결정되는 보수를 지급받게 되며 문서화된 근무계약서를 수용하게 된다. 그리고 SCS에 속하지 않는 공무원은 각 개별부처 및 책임운영기관별로 별도의 분류체계를 수립하여 운용하도록 함으로써 공무원에 대한 채용권한을 각 부처에서 적기에 채용할 수 있도록 대폭 자율화하였다(김중양, 『한국인사행정론』, 75∼76면).

291) 유민봉·임도빈, 『인사행정론』, 80면.

제6장 外國人의 公職者 採用

제1절 서 설

　이명박 대통령(당선인)은 "법을 바꿔 외국인이 (국내에서) 공무원을 할 수 있도록 하겠다."며, "지금까지는 공무원법의 제한으로 제대로 역할을 할 수 있는 사람들을 공무원으로 채용할 수 없었다."면서 이같이 말했다.[292] 국가공무원법과 지방공무원법은 "국가의 공권력을 행사하거나 政策決定 그 밖에 국가보안 및 기밀에 관계되는 분야가 아닌 연구·기술·교육 등 특정한 분야의 직위에 대하여…… 기간을 정하여 필요한 최소한의 범위 안에서…… 외국인을 공무원으로 임용할 수 있다."(국공법 제26조의 3, 지공법 제25조의 2)라고 규정하고 있다. 따라서 모든 政策 分野에 외국인을 공무원으로 채용할 수 없으므로, 결국 외국인은 연구·기술·교육 분야의 원어민 교사나 국립대 교수, 연구원, 자문역 같은 자리에만

---

[292] "이 당선인 '외국인, 공무원 채용 하겠다'", 뉴시스, 2008년 1월 18일자 (http://www.newsis.com/article/view.htm?cID = article&ar_id = NISX20080118_0005979265, 2009. 9. 20. 최종확인).

진출할 수 있었다.293) 그 후 이명박 대통령은 외국인도 고위공무원으로 임용하기 위해 공무원법까지 개정하였다.294) 개정된 내용은 다음과 같다. "국가기관의 장은 국가안보 및 보안·기밀에 관계되는 분야를 제외하고…… 외국인을 공무원으로 임용할 수 있다."(전문개정 2008. 3. 28).295)

이에 더하여 국가경쟁력강화위원회296)는 대한상공회의소에서 이명박 대통령과 각 경제단체장 등이 참석한 가운데 열린 2차 회의에서 '글로벌 고급인력 유치방안'을 발표했는데(4월 30일), 외국인의 공무원 선발 범위를 2008년 10월부터 기존의 계약직에서 정무직·별정직으로 확대하겠다고 밝혔다.297)

---

293) "국가공무원법 외국인 채용 조항 뜯어고쳐라", 조선일보, 2008년 1월 21일자 (http://news.chosun.com/site/data/html_dir/2008/01/20/2008012000782.html, 2009. 9. 20. 최종확인).

294) "외국인 첫 고위공직자 실패한 이유는?", 조선일보, 2008년 4월 12일자 (http://news.chosun.com/site/data/html_dir/2008/04/12/2008041200065.html, 2009. 9. 20. 최종확인). 그러나 최초의 외국인 고위공직자 채용 실험이 6개월 만에 실패로 끝났다. 위리엄 라이백(William A. Ryback, 64) 금융감독원 특별고문(부원장급)이 임용 6개월 만에 퇴직, 중도 하차하였다.

295) 행정안전부는 최근 국가공무원법에 이어 지방자치단체에서도 외국인 채용을 대폭 완화하도록 지방공무원법을 개정하기로 했다. 개정안에 따르면 국가안보·기밀유지를 제외한 모든 분야, 모든 직급별 별정직·계약직 공무원 채용이 가능하다. 현재 외국인 공무원 수는 중앙부처 31명, 지방 18명 등 총 49명으로 미미한 실정이다("외국인 공무원 채용 논란 왜", 서울신문, 2008년 4월 24일자(http://www.seoul.co.kr/news/newsView.php?id=20080424008007&code=seoul&keyword=외국인%20공무원%20채용%20논란%20왜, 2009. 9. 20. 최종확인).

296) '국가경쟁력강화위원회 규정'은 대통령령 제20651호로 제정되었다(2008. 2. 29). 국가경쟁력강화를 위한 정책의 수립 및 효율적인 추진 등에 관하여 대통령의 자문에 응하기 위하여 대통령 소속으로 국가경쟁력강화위원회를 둔다(제1조). 국가경쟁력강화위원회는 다음 각 호의 사항에 관하여 대통령의 자문에 응한다(제2조). ⅰ) 국가경쟁력강화를 위한 국가 주요 정책에 관한 의견 수렴 및 반영에 관한 사항, ⅱ) 국가경쟁력의 제고를 위한 국가적 사업과 국가 기반시설 확충에 관한 사항, ⅲ) 전략적 투자유치에 관한 사항, ⅳ) 성장동력 발굴 및 지속 가능한 발전에 관한 사항, ⅴ) 규제개혁 및 공공부문 경영혁신에 관한 사항, ⅵ) 지역경제활성화에 관한 사항, ⅶ) 대통령이 요청하는 국가 주요 정책에 관한 사항, ⅷ) 그 밖에 위원회의 기능과 관련하여 자문에 부칠 필요가 있다고 인정하는 것으로서 위원장이 정하는 사항.

그러나 외국인의 공직자 채용은 적어도 법이론적으로는 공무원이 국민 전체에 대한 봉사자라는 점에서 국민주권의 원리 내지 민주적 정당성과 그리고 참정권이 국가내적 권리라는 점에서 외국인의 기본권 주체성과 충돌할 수 있다.

이하에서는 外國人의 公職者 採用에 대한 헌법적 검토를 위해, ⅰ) 공무원의 헌법상 지위와 ⅱ) 국민의 기본권으로서 참정권(정치적 기본권)에 관하여 살펴보기로 한다.

제2절 공무원의 헌법상 지위

대한민국의 주권은 국민에게 있고 모든 권력은 국민으로부터 나온다는 국민주권의 원리(헌법 제1조 제2항)에 따라 공무원제도의 민주화는 자유민주적 기본질서의 일환으로서 헌법상의 요청이다.[298] 따라서 헌법은 "공무원은 국민 전체에 대한 봉사자이며 국민에 대하여 책임을 진다."라고 규정하고(헌법 제7조 제1항),[299] 공무원 선거권(헌법 제24조) 및 공무담임권(헌법 제25조)을 보장함으로써 민주적 공무원제도를 확보하고 있다.[300]

---

297) "제한적 이중국적 허용 신중 검토", 한국일보, 2008년 5월 1일자(http://news.hankooki.com/lpage/politics/200805/h2008050102541474740.htm, 2009. 9. 20. 최종확인).

298) 헌법 제7조는 바로 직업공무원제도가 국민주권원리에 바탕을 둔 민주적이고 법치주의적인 공직제도임을 밝힌 것이다(헌재결 1997. 4. 24, 95헌바48).

299) 공무원은 그 임용주체가 궁극에는 주권자인 국민 또는 주민이기 때문에 국민 전체에 대하여 봉사하고 책임을 져야 하는 특별한 지위에 있고, 그가 담당한 업무가 국가의 공공적인 일이어서 특히 그 직무를 수행함에 있어서 공공성·공정성·성실성 및 중립성 등이 요구되기 때문에 일반근로자와는 달리 특별한 근무관계에 있는 사람이다(헌재결 1992. 4. 28, 90헌바27).

Ⅰ. 서 설

국가의 기능이나 작용은 국가기관이 담당하고, 국가기관의 구체적 활동은 공무원이 수행한다.[301] 하지만 공무원은 대의민주주의의 헌법원리에 근거를 두고 국민에 의하여 직접 또는 간접적으로 선출 또는 임명되어 국가와 공법상의 근무관계를 맺고 공적 업무를 실현하는 공무담당자로서, 국가기관인 동시에 국가기관구성원이다.[302] '국가기관구성원'으로서의 공무원은 국가에 대한 직무상 권한과 책무를 지면서 고용계약에 의한 노무의 대가로 생활하며 선량한 주의의무를 지는 근로자이며, '국가기관'인 공무원은 그 궁극적인 임용주체가 되는 주권자로서의 국민 전체를 위하여 직무수행상의 공익성 등을 요구받는 공법상의 근무관계에 있는 자이다.[303]

Ⅱ. 국민 전체의 봉사자

1. 의 의

공무원은 국민 전체의 봉사자이다(헌법 제7조 제1항). 공무원이 국민 전체의 봉사자라는 규정은 제헌헌법 이래 한결같이 규정되어 오고 있다. 그것은 대한민국이 국민주권의 원리에 입각한 민주공화

---

300) 석종현, 『일반행정법(하)』, 217면.
301) 이준일, 『헌법학강의』, 275면.
302) 헌재결 1992. 4. 28, 90헌바27 참조.
303) 강경근, 『헌법』, 320면. 따라서 공무원제도는 공직행사에 있어서 民主的 正當性을 명확히 하려는 의미가 있다(전광석, 『한국헌법론』, 460면).

국인 까닭이다.304) 공무원이 국민 전체에 대한 봉사자라는 헌법의 정신은 공무원에 관한 기본법인 국가공무원법과 지방공무원법의 여러 규정에서 나타나고 있다(국공법 제1조·제55조·제59조, 지공법 제1조·제47조·제51조). 공무원이 국민 전체의 봉사자라는 것은 공무원의 근무관계가 불편부당한 직무수행의 원칙에 따라 정해져야 한다는 것을 의미한다.305)

2. 국민과 공무원의 관계

공무원과 국민의 관계에 대해서는 政治的·倫理的 代表說과 法的 代表說이 대립하고 있다.

ⅰ) 政治的·倫理的 代表說에 의하면, 공무원은 이념상 국민 전체의 수임자로서 국민에 대하여 충성·성실 등을 내용으로 하는 정치적·윤리적 봉사관계에 있다고 본다.306)

ⅱ) 法的 代表說은 공무원을 헌법적 책임을 지고 있는 법적 대표로 본다.307)

생각건대, "공무원은 국민 전체에 대한 봉사자이다."라고 할 때의 공무원과 국민의 관계는 정치적 의미에서의 대표관계라고 할 수 있고, 이는 충성·성실 등을 내용으로 하는 公僕的 奉仕關係를 의미한다고 본다.

---

304) 공직체계에 속한 공직자는 한편으로는 시민으로서의 지위를 여전히 보유하므로 원칙적으로 시민으로서 가지는 대부분의 기본권들을 행사할 수 있지만, 다른 한편으로는 공권력 행사자이자 국민 전체 봉사자로서의 역할을 수행한다(윤영미, "공무담임권에 관한 소고", 『법학논집』 제23집 제2호, 한양대학교출판부, 2006. 12, 144면).

305) 홍정선, 『행정법원론(하)』, 260~261면.

306) 홍성방, 『헌법학』, 721면.

307) 김철수, 『헌법학(상)』, 286면 주2.

3. 공무원의 직무전념의무와 성실의무

공무원의 복무에 관한 규정을 보면, 공무원은 국민에 대한 봉사자로서 직무전념의무와 성실의무를 부담하고 있다(국공법 제56조·제58조·제64조, 지공법 제48조·제50조·제56조 참조).[308]

(1) 직무전념의무

공무원은 국민에 대한 봉사자로서 직무에 전념할 의무를 진다. 공무원의 직무전념의무로부터 직장이탈금지의무, 영리업무·겸직금지의무, 정치운동금지의무, 집단행위금지의무 등의 일련의 의무가 발생한다.[309]

① 직장이탈금지의무

공무원은 직무에 전념하여야 하므로, 일정한 사유 없이 직장을 이탈할 수 없다. 이에 따라 공무원은 소속 상관의 허가 또는 정당한 이유 없이 직장을 이탈하지 못한다(국공법 제58조 제1항, 지공법 제50조 제1항). 수사기관이 공무원을 구속하고자 할 때에는 사

---

308) 헌재결 2004. 12. 16, 2002헌마333. 그 밖의 공무원 의무로, 법령을 준수하고(법령준수의무) 소속 상관의 직무상 명령에 복종하여야 할 뿐 아니라(복종의무) 나아가 전인격과 양심을 바쳐 공공의 이익을 도모하기 위하여 성실히 근무하는 등의(성실의무) 職務上 義務를 다하여야 함은 물론이고(국가공무원법 제56조, 제57조, 지방공무원법 제48조, 제49조), 공익실현이라는 국가작용의 궁극적 목표를 효과적으로 달성하기 위하여 공무원 개개인에 대한 국민의 신뢰가 그 바탕이 되어야 하기 때문에 공무원은 직무수행능력뿐 아니라 직무의 내외를 불문하고 품위를 손상하는 행위를 하여서는 아니 되고(품위유지의무, 국가공무원법 제63조, 지방공무원법 제55조), 국민 전체의 봉사자로서 친절 공정히 집무하여야 하며(친절·공정의 의무, 국가공무원법 제59조, 지방공무원법 제51조) 직무와 관련하여 직접 또는 간접을 불문하고 사례나 향응 등을 수수하여서는 아니 되는 등(청렴의무, 국가공무원법 제61조, 지방공무원법 제53조) 職務의 公共性에 상응하는 고도의 倫理性까지 갖추어야 한다(헌재결 1997. 11. 27, 95헌바14).

309) 정하중, 『행정법개론』, 법문사, 2008, 1084~1086면.

전에 그 소속기관의 장에게 통보하여야 한다. 다만 현행범인 경우에는 그러하지 아니하다(동 조 제2항). 공무원이 직장이탈의무에 위반한 경우 징계사유가 된다.[310]

② 영리업무·겸직금지의무

공무원은 공무 이외의 영리를 목적으로 하는 업무에 종사하지 못하며, 소속기관의 장의 허가 없이 다른 직무를 겸할 수 없다. 영리를 목적으로 하는 업무의 한계는 대통령령 등으로 정한다(국공법 제64조, 지공법 제56조). 이에 따라 공무원이 스스로 영리적인 업무를 경영하는 것 혹은 사기업의 임원이 되는 것 등이 제한된다.[311]

③ 정치운동금지의무

공무원의 정치적 중립성 보장은 정치로부터 행정을 완전히 단절시키려는 것이 아니라, 공무원을 정당·압력단체 등 정치세력의 부당한 영향과 간섭·침해로부터 보호하여 행정의 안정성과 계속성을 유지함으로써 공익을 증진시키는 데 근본목적이 있다.[312] 따라서 공무원은 정당 기타 정치단체의 결성에 관여하거나 이에 가입할 수 없으며, ⅰ) 투표를 하거나 하지 아니하도록 권유하는 것, ⅱ) 서명운동을 기도·주재하거나 권유하는 것, ⅲ) 문서 또는 도서를 공공시설 등에 게시하거나 게시하게 하는 것, ⅳ) 기부금을 모집 또는 모집하게 하거나 공공자금을 이용 또는 이용하게 하는 것, ⅴ) 타인으로 하여금 정당 기타 정치단체에 가입하게 하거나 또는

---

310) 김성수, 『개별행정법』, 582면.
311) 김남진·김연태, 『행정법Ⅱ』, 226면.
312) 김철용, 『행정법Ⅱ』, 212면.

가입하지 아니하도록 권유하는 것 등의 행위를 하여서는 아니 된다(국공법 제65조 제1항·제2항, 지공법 제57조 제1항·제2항). 다만 「국가공무원법 제3조 제3항의 공무원의 범위에 관한 규정」에서 정하는 공무원(예: 대통령, 국무총리, 국무위원, 국회의원, 처의 장, 각원·부·처의 차관, 정무차관 등)과 지방공무원복무규정 제8조에서 정하는 공무원(지방자치단체의 장, 지방의회의원)에 대해서는 정치운동의 금지에 관한 공무원법의 규정이 적용되지 아니한다(국공법 제3조 제3항, 지공법 제3조 제3항).[313]

④ 집단행위금지의무

국민 전체의 봉사자로서 공무원은 노동운동 기타 공무 이외의 일을 위한 집단적 행위를 하여서는 아니 된다. 다만 국가공무원의

---

313) 국가공무원법 및 지방공무원법과 개별법에서 공무원의 정치활동의 범위와 관련하여 규정하고 있는 것을 정리해 보면 다음과 같다(김중양·김명식, 『공무원법』, 346면).

구 분		정치운동이 허용되는 공무원(국공법 및 지공법)	정당원이 될 수 있는 공무원(정당법 제22조)	선거운동을 할 수 있는 공무원(공선법 제60조)
행정부	대통령·국무총리·국무위원	○	○	×
	처의 장, 부·처의 차관	○	×	×
	상기공무원의 비서실장, 비서관, 전직대통령 비서관	○	×	×
입법부	국회의원, 그의 보좌관, 비서관, 비서	○	○	○
	교섭단체의 정책연구위원	○	○	○
지자체	지방자치단체의 장	○	○	×
	지방의회의원	○	○	○
기타	총장, 부총장, 학장, 부학장, 교수, 부교수, 조교수, 전임강사	×	○	○
	후보자의 배우자	×	×	○

경우 대통령령, 지방공무원의 경우 조례로 정하는 사실상 노무에
종사하는 공무원[314](국공법 제66조 제1항, 지공법 제58조 제1항)[315]

314) 과거 우리 헌법재판소는 사실상 노무에 종사하는 공무원까지도 쟁의행위를 할 수 없
도록 한 것은 헌법에 합치하지 않는다고 하면서 당시 노동쟁의조정법 제12조 제2항
중 국가·지방자치단체에 종사하는 노동자에 관한 부분에 대해 입법촉구결정을 한
바 있다(헌재결 1993. 3. 11, 88헌마5).

315) '사실상 노무'라는 개념이 어느 정도 명확성을 구비하고 있는지에 대하여 법률의 단계
에서 해명해야 한다. 하지만 국가공무원법 제66조와 지방공무원법 제58조에서 말하
는 사실상 노무가 무엇을 의미하는지에 대하여 법률의 단계에서 전혀 언급하고 있지
않다. 일반적으로 이들은 단순집행업무를 행하고 직급이 낮아서 쟁의행위가 있더라도
국가기능의 계속성을 심각하게 저해하는 효과를 가지지 않을 것이라는 것으로 해석
할 수 있다. 근로자에게 중요한 기본권인 노동3권의 행사 여부가 법률이 아닌 그 하
위규범에 가서야 식별될 수 있다는 것은 입법체계 면에서도 정당하지 못하다. 그리고
'사실상 노무'의 개념은 그야말로 종잡을 수 없는 용어이면서 그에 대한 입직 명확성
에 대한 시비를 이제까지의 관행과 공무원복무규정에 근거하여 정당화하려는 오류를
범하고 있다(김진곤, "헌법상 노동3권의 보호와 제한에 관한 연구 ─ 공공서비스를 제
공하는 근로자를 중심으로─", 박사학위논문, 연세대학교, 2007. 2, 158~159면).
최근 국가공무원법 제66조 제1항 등 위헌소원 사건(헌재결 2007. 8. 30, 2003헌바5
1·2005헌가5)에서 재판관 김종대의 반대의견은 다음과 같다. "이 사건 금지조항은
노동3권이 인정되는 공무원의 범위를 정하면서, '사실상 노무에 종사하는 공무원에
대해서는 노동3권을 인정한다.'고 하는, 헌법해석상 당연히 도출되는 추상적인 입법기
준만을 확인하고 어떠한 공무원이 사실상 노무에 종사하는 공무원인지에 관한 구체
적인 입법은 전혀 하지 않은 채, 대통령령과 국회규칙이라는 하위법령에 그 구체적
내용을 다시 위임하고 있다. 이는 헌법 제33조 제2항이 명한 입법의무를 다한 것이라
볼 수 없다. 처벌법규에 있어 법률이 하위법령에 구체적인 입법을 위임하는 경우에는
그 위임의 요건과 범위가 엄격하게 제한되어야 하고, 특히 범죄의 구성요건을 정함에
있어서는 처벌의 대상이 되는 행위가 어떠한 것인지 그 핵심적 내용이 법률에 의해
구체적으로 규정되어야 한다. 이 사건 처벌조항은 사실상 노무에 종사하는 공무원 이
외의 공무원이 집단행위를 하는 것을 처벌하고 있으므로 사실상 노무에 종사하는 경
우에 해당하지 않는 모든 공무원의 집단행위는 금지되고 그 금지에 위반하면 형사처
벌이 가해진다. 따라서 '사실상 노무에 종사하는 공무원'은 이 사건 처벌조항에 있어
핵심적인 구성요건을 이루는 것이라 할 수 있다. 그런데 '사실상 노무에 종사하는 공
무원'은 노동3권을 보장하여야 할 공무원의 범위를 정하는 입법을 함에 있어 헌법해
석상 도출되는 입법방향에 불과하여 그 의미가 추상적이어서 사실상 노무에 종사하
는 공무원의 범위를 보다 구체적으로 규정하고 있는 하위법령을 살펴보지 않는 한 과
연 어떠한 직무에 종사하는 공무원이 사실상 노무에 종사하는 공무원에 해당한다고
볼 것인지를 판단하기가 어렵다. 따라서 이 사건 처벌조항만으로는 어떠한 직무를 수
행하는 공무원의 집단행위가 처벌되는지에 대해 예측하기가 매우 어렵다." 또한 지방
공무원(지공법 제58조 제2항)의 경우 조례에 따라 '사실상 노무에 종사하는 자'가 정
해진다면, 각 지방자치단체별로 처벌범위가 제각각 달라질 수 있는 관계로 헌법상 평
등원리에도 어긋나는 상황이 전개될 수도 있다(김진곤, "2007년도 헌법재판의 동향",
『헌법판례연구』제9권, 박영사, 2008, 73면 이하 참조.
현행 국가공무원복무규정에서는 사실상 '노무에 종사하는 공무원'이라 함은 정보통신

과 대통령령으로 정하는 특수경력직 공무원(국공법 제3조 제3항, 지공법 제3조 제3항)은 예외로 한다.[316]

「공무원의 노동조합 설립 및 운영 등에 관한 법률」에 의한 공무원의 노동조합의 조직 및 가입과 노동조합과 관련된 정당한 활동에 대해서는 국가공무원법 제66조 제1항 본문 및 지방공무원법 제58조 제1항의 본문의 규정을 적용하지 아니한다고 규정하여(공노법 제3조 제1항) 공무원노동조합의 활동을 보장하고 있으나, 파업·태업 등 업무의 정상적인 운영을 저해하는 일체의 쟁의행위는 금지하고 있다(동법 제3조, 제11조 참조).

「교원의 노동조합 설립 및 운영에 관한 법률」은 교원의 경우 시·도 단위 또는 전국 단위에 한하여 노동조합의 설립을 인정하였다(교노법 제2조, 제4조). 여기서 교원은 초·중등교육법 제19조 제1항에서 규정하고 있는 교원을 말하며, 이는 초등학교·중학교·고등학교 및 이에 준하는 각종학교의 교원이다. 다만 교원의 노동조합과 그 조합원은 파업·태업 기타 업무의 정상적인 운영을 저해하는 일체의 쟁의행위를 하여서는 아니 되며, 또한 정치운동을 하여서는 아니 된다(교노법 제8조, 제3조).

(2) 성실의무

공무원은 성실히 직무를 수행하여야 한다(국공법 제56조, 지공법

부 소속의 현업기관과 국립의료원의 작업현장에서 노무에 종사하는 기능직 공무원(기능직 공무원의 정원을 대체하여 채용된 일반계약직 공무원 및 시간제 일반계약직 공무원을 포함한다) 및 고용직 공무원으로서 ⅰ) 서무·인사 및 기밀업무에 종사하는 자, ⅱ) 경리 및 물품출납사무에 종사하는 자, ⅲ) 노무자의 감독사무에 종사하는 자, ⅳ) 보안업무규정에 의한 보안목표시설의 경비업무에 종사하는 자, ⅴ) 승용자동차의 운전에 종사하는 자 등에 해당하지 않는 자에 한한다고 규정하고 있다(제28조).

316) 정하중, 『행정법개론』, 1086면.

제48조). 이 의무는 그 내용에 있어서 윤리적 성격이 강하기는 하나, 성실의무는 공무원에게 부과된 가장 기본적인 중요한 의무로서 최대한으로 공공의 이익을 도모하고 그 불이익을 방지하기 위하여 전인격과 양심을 바쳐서 성실히 직무를 수행하여야 하는 것을 의미한다.[317) 민주국가에 있어서 성실의무는 국가에의 신복적 예속을 의미하는 무정량의 충성의무가 아니고, 원칙적으로 주어진 일정한 직무에 관하여 국민 전체의 이익을 도모하는 법적 의무라고 할 것이다. 따라서 이는 단순한 윤리적 의무가 아니므로, 성실의무를 위반하면 징계사유가 된다. 그러나 현실적으로 '성실한 행위'의 기준이 불명확하기에 어느 정도의 행위가 이러한 성실의무의 위반에 해당하는가는 그 판단이 용이하지 않다. 판례는 이 의무의 위반을 좀 더 구체적인 의무위반(예: 청렴의무 등)과 연계하여 인정하고 있다.[318)

Ⅲ. 국민에 대한 책임

국민의 수임자로서, 국민 전체의 봉사자로서 공무원이 자기에게 주어진 책무를 수행함에 있어 문제를 야기한 경우, 당해 공무원에 대하여 책임을 묻는 것은 민주적 공무원제도의 매우 중요한 내용이 된다. 공무원의 책임을 추궁하는 방식은 공무원의 지위에 따라 다양할 것이다. 국회의원의 경우는 선거에 의해서(政治的 追窮), 대통령·국무총리·국무위원 등은 탄핵심판에 의해서(法的 追窮)

---

317) 대판 1989. 5. 23, 88누3161.
318) 대판 1990. 3. 13, 89누5034.

책임을 물을 수 있음을 헌법은 예정하고 있다. 이에 비하여 일반 직업공무원에 대한 책임추궁 방식의 구체적인 것은 입법자가 정할 것이지만, 현행법제상으로는 懲戒責任 · 辨償責任 · 刑事責任 등이 규정되어 있다.[319]

1. 책임의 성격

공무원의 국민에 대한 책임의 성격에 대해서 政治的 · 倫理的 責任說과 法的 責任說이 대립하고 있다.

ⅰ) 政治的 · 倫理的 責任說은 공무원이 국민의 수임자라고는 하지만, 국민과 공무원 간에 엄격한 법상의 위임관계가 존재하지 않고 국민이 공무원을 파면할 수 없기 때문에 공무원은 엄격한 법적 의미에서의 국민의 수임자는 아니며, 따라서 공무원의 책임이란 정치적 · 윤리적 책임으로서는 인정되나 엄격한 의미에서의 책임은 성립할 수 없다고 한다.[320]

ⅱ) 法的 責任說은 공무원의 책임은 주권자인 국민에 대하여 지는 책임이고, 공무에 대하여 지는 책임이며, 그 직무의 수행에 관하여 비판과 제재를 받을 책임이므로, 공무원의 책임은 국민에 대한 그리고 공무에 관한 법적 책임이라고 한다. 더 나아가서 법적 책임설은 헌법이 "공무원은 국민에 대하여 책임을 진다."라고 규정하고 있는 이상 공무원의 국민에 대한 책임은 법적 책임으로 보아야 한다고 주장한다.[321]

---

319) 홍정선, 『행정법원론(하)』, 329면.

320) 권영성, 『헌법학원론』, 227면.

321) 김철수, 『헌법학(상)』, 287면.

생각건대, 이러한 공무원의 국민에 대한 '책임의 성격'에 관한 논란은 불필요하다고 본다. 왜냐하면 직업공무원제도하에서 공무원의 국민에 대한 책임은 1차적으로는 법적인 賠償責任과 刑事責任을 뜻하고, 2차적으로는 민주적 직무지시계통을 통한 代議的·政治的 責任을 뜻하기 때문이다.322)

2. 책임의 유형

국민에 대한 책임의 유형에 대해서는 政治的 責任과 法的 責任이 있다.

ⅰ) 政治的 責任으로는 선거, 국무총리·국무위원에 대한 국회의 해임건의(헌법 제63조), 불법행위를 한 공무원에 대한 처벌청원(헌법 제26조) 등이 있다.

ⅱ) 法的 責任으로는 대통령·국무총리·국무위원·행정각부의 장·헌법재판소재판관·법관·중앙선거관리위원회위원·감사원장·감사위원 기타 법률이 정한 공무원이 그 직무집행에 있어서 헌법이나 법률을 위배한 때 국회는 탄핵소추를 할 수 있고, 헌법재판소의 탄핵심판에 의하여 파면될 수 있다. 일반 직업공무원의 경우에는 懲戒責任·辨償責任·刑事責任 등이 있다.

---

322) 우리 헌법이 국가의 배상책임 이외에 따로 공무원의 책임을 명시하고 있는 것은(제29조 제1항 단서) 제1차적으로는 '國家內部에서의 公務員의 責任'(기관 내부에서의 변상책임·공무원법상의 책임 등)을 명시하는 것이지만, 제2차적으로는 '公務員의 國民에 대한 責任'(제7조 제1항), 즉 국민에 대한 형사책임 및 정치적 책임을 밝히는 것이라고 보아야 한다. 따라서 공무원의 직무상 불법행위로 인한 공무원 개인의 책임(제29조 제1항 단서)과 공무원의 국민에 대한 책임(제7조 제1항)을 별개의 것으로 이해하는 것은 우리 헌법이 지향하는 직업공무원제도의 정신과 조화되기 어렵다(허영, 『한국헌법론』, 784면).

3. 일반공무원의 책임

공무원의 책임이란 널리 공무원이 공무원으로서 부담하는 의무에 위반하여 위헌·위법의 행위를 하거나 부당한 행위를 한 경우, 그에 대하여 불이익한 법적 제재를 받게 되는 지위를 말한다. 이하에서는 일반공무원의 책임으로서 懲戒責任, 辨償責任, 刑事責任, 그리고 民事責任을 살펴보기로 한다.323)

(1) 징계책임

징계는 공무원의 의무위반에 대하여 국가 또는 지방자치단체가 공무원관계의 질서를 유지하기 위하여 사용자로서의 지위에서 과하는 제재를 말한다.324) 징계는 경력직 공무원에게만 해당되는 것이 원칙이므로, 정무직 공무원이나 계약직 공무원에게는 임명권자에 의하여 해임되거나 계약이 해지됨으로써 신분관계가 종료될 뿐 징계책임은 없다.325) 다만 특수경력직 공무원에 대해서도 경력직 공무원에 준하여 징계절차에 의하여 징계처분을 행할 수 있다(국공법 제83조의 3, 지공법 제73조의 3).

징계의 사유는 ⅰ) 공무원법 및 공무원법에 의한 명령에 위반하였을 때, ⅱ) 직무상의 의무(다른 법령에서 공무원의 신분으로 인하여 부과된 의무를 포함한다)에 위반하거나 직무를 태만한 때, ⅲ) 직무의 내외를 불문하고 그 체면 또는 위신을 손상하는 행위를 한 때 등이다(국공법 제78조 제1항, 지공법 제69조 제1항). 징계사유는

---

323) 정하중, 『행정법개론』, 1090~1091면.

324) 석종현, 『일반행정법(하)』, 253~254면.

325) 김철용, 『행정법Ⅱ』, 228면.

고의·과실의 유무와 관계없이 성립한다.326)

징계의 종류는 법률에 따라 상이하나, 국가공무원법과 지방공무원
법은 일반직 공무원에 대한 징계로 파면327)·해임328)·강등329)·정
직330)·감봉331)·견책332)의 6종을 규정하고 있다(국공법 제79조,
지공법 제70조). ⅰ) 공무원관계의 소멸여부를 기준으로 배제징계
와 교정징계로 나뉜다. 排除懲戒에는 파면·해임이 있으며, 矯正
懲戒에는 강등·정직·감봉·견책이 있다. ⅱ) 징계의 정도를 기
준으로 중징계와 경징계로 나뉜다. 일반공무원의 경우 重懲戒로는

---

326) 대판 1979. 11. 13, 79누245.

327) 罷免은 공무원관계를 해제하는 배제징계로 가장 중한 징계벌이다. 파면을 당한 자는
퇴직금을 2분의 1밖에 받지 못하며(공무원연금법 제64조), 5년간 공무원으로 임용될
수 없다(국공법 제33조 제7호, 지공법 제31조 제7호)는 점에서 단순한 직권면직이나
해임과 구별된다.

328) 解任은 공무원관계를 해제하는 배제징계로 파면 다음으로 중한 징계벌이다. 해임을
당한 자는 퇴직금을 모두 받지만, 3년간 공무원으로 임용될 수 없다(국공법 제33조
제8호, 지공법 제31조 제8호)는 점에서 파면 등과 구별된다.

329) 降等은 2008년에 신설된 징계로서 1계급 아래로 직급을 내리는(고위공무원단에 속하
는 공무원은 3급으로 임용하고, 연구관 및 지도관은 연구사 및 지도사로 한다.) 징계
처분이다. 공무원신분은 보유하나 3개월간 직무에 종사하지 못하며 그 기간 중 보수
의 3분의 2를 감한다(국공법 제80조 제1항, 지공법 제71조 제1항). 그리고 그 기간 중
에는 보수에 있어 승급이 제한된다(국공법 제80조 제6항, 공보규 제14조 제1항, 지공
법 제71조 제5항, 지보규 제13조 제1항). 다만 '고등교육법' 제14조에 해당하는 교원
및 조교에 대해서는 강등을 적용하지 아니한다(지공법 제71조 제1항 단서).

330) 停職은 교정징계로 해임 다음으로 중한 징계벌이다. 정직은 1개월 이상 3개월 이내의
기간으로 하고, 정직처분을 받은 자는 그 기간 중 공무원의 신분은 보유하나 직무에
종사하지 못하고, 보수의 3분의 2가 감액되며(국공법 제80조 제3항, 지공법 제71조
제2항), 18개월 동안 승진·승급이 제한된다(국공법 제80조 제5항, 지공법 제71조 제
5항, 공임령 제32조, 지임령 제34조).

331) 減俸은 교정징계로 경한 징계벌이다. 감봉은 1개월 이상 3개월 이내의 기간으로 하
고, 직무에는 종사하나, 보수의 3분의 1이 감액되며(국공법 제80조 제4항, 지공법 제
71조 제3항), 12개월 동안 승진·승급이 제한된다(공무원임용령 제32조, 지방공무원
임용령 제34조).

332) 譴責은 교정징계로 전과(前過)에 대하여 훈계하고 회개하게 함과 동시에 6개월 동안
승진·승급이 제한되는 가장 경한 징계벌이다(국공법 제80조 제5항, 지공법 제71조
제4항, 공임령 제32조, 지임령 제34조).

파면・해임・강등・정직이 있으며, 經懲戒로는 감봉・견책이 있다(공무원징계령 제1조의 2, 지방공무원징계및소청규정 제1조의 2).[333]

(2) 변상책임

변상책임이란, 공무원이 국가 또는 지방자치단체에 대하여 직무상 손해를 발생하게 한 경우 그 손해에 대하여 지는 공무원의 국가 또는 지방자치단체에 대한 배상책임을 말한다.[334] 여기에는 국가배상법상의 변상책임과 회계관계직원 등의 변상책임이 있다.[335]

① 국가배상법에 의한 배상책임

공무원은 국가배상법이 정하는 바에 따라 다음의 경우에는 국가 또는 지방자치단체에 대하여 변상책임을 진다. ⅰ) 공무원이 그 직무를 집행함에 당하여 고의 또는 과실로 법령에 위반하여 타인에게 손해를 가함에 따라 국가 또는 지방자치단체가 그 손해를 배상한 경우, 공무원에게 고의 또는 중과실이 있을 때에는 국가 등은 공무원에게 구상할 수 있다(국배법 제2조 제2항).[336] ⅱ) 영조물의

---

333) 공무원징계령과 지방공무원징계및소청규정에서는 중징계와 경징계로 구분하고 있다.

334) 공무원의 구상책임을 직무상 손해의 발생에 대한 내부적 책임이라고 본다면, 공무원의 구상책임도 공무원의 변상책임에 포함시킬 수 있지만, 통상 변상책임이라 하면 공무원이 국가 등에 직접 손해를 발생시킨 경우를 말하며, 이 점에서 공무원이 불법행위로 국민에게 가한 손해를 국가가 배상한 후에 구상하는 공무원의 구상책임과 구별된다는 견해가 있다(박균성,『행정법론(하)』, 292면).

335) 변상책임의 성질에 관하여는 공법상 책임설과 사법상 책임설이 대립되고 있고, 사법상 책임설에는 계약책임설과 불법행위책임설이 대립하고 있다. 하지만 변상책임은 법률에 의하여 특별히 인정되는 책임이며, 책임의 유무 및 배상액이 감사원의 판정에 의해 확정되고 기한 내에 이행하지 않은 경우에는 국세징수법상의 체납처분에 의해 강제 집행하도록 규정되어 있는 점에 비추어 공법상의 책임이라고 보는 것이 타당하다. 이것이 통설・판례(대판 1975. 12. 9, 75다385)이다(박균성,『행정법론(하)』, 293면).

336) 배상책임자로 헌법은 '국가 또는 공공단체'로 규정하고 있으나, 국가배상법은 '국가 또는 지방자치단체'로 한정하고, 지방자치단체 외의 공공단체(공공조합・영조물법인)의 배상책임은 민법에 맡기고 있다(김동희,『행정법 Ⅰ』, 박영사, 2008, 522~523면).

설치·관리상의 하자로 인하여 타인에게 발생한 손해를 국가 또는 지방자치단체가 배상한 경우, 공무원에게 그 손해의 원인에 대한 책임이 있을 때에는 국가 등은 공무원에게 구상할 수 있다(국배법 제5조 제2항). iii) 공무원이 직무행위로서 사경제적 작용을 행함에 당하여 고의 또는 과실로 타인에게 손해를 가한 때에는 국가 또는 지방자치단체가 사용자로서 민법에 의한 배상을 한 경우(국배법 제8조, 민법 제756조 제1항), 국가 등은 공무원에게 손해의 원인에 대하여 책임이 있을 때에는 그에게 구상할 수 있다(민법 제756조 제3항).

② 회계관계직원 등의 변상책임

회계직원책임법에 의하면 회계관계직원[337]이 고의 또는 중과실로 그 의무에 위반한 행위를 함으로써 국가 등의 재산에 손해를 끼친 때에는 변상책임이 있고(동법 제4조 제1항), 현금 또는 물품을 출납·보관하는 자가 그 보관에 속하는 현금 또는 물품을 망실·훼손하였을 경우에 선량한 관리자의 주의를 태만히 하지 않았다는 증명을 하지 못하게 되면 변상책임이 있다(동법 제4조 제2항, 물품관리법 제45조).[338]

---

337) 국가재정법·국가회계법·국고금관리법 또는 지방재정법 등 국가 또는 지방자치단체의 예산 및 회계에 관계되는 사항을 정한 법령의 규정에 의하여 국가 또는 지방자치단체의 회계사무를 집행하는 자, 감사원법에 따라 감사원의 감사를 받는 단체 등의 회계사무를 집행하는 자 중 법정해당자 및 이들의 보조자로서 그 회계사무의 일부를 처리하는 자를 말한다(회계직원책임법 제2조).

338) 변상책임의 유무 및 변상액은 감사원이 판정하나(감사원법 제31조), 소속 장관 또는 감독기관의 장은 회계관계직원 등이 책임이 있다고 인정하면, 감사원의 판정 전에도 관계직원에게 변상을 명할 수 있다(회계직원책임법 제6조 제1항). 변상명령이 내려진 사건에 대하여 감사원이 다시 판정하지 않으면 변상책임은 변상명령에 의하여 확정되나, 감사원이 다시 판정을 하면 그 판정에 의하여 비로소 확정된다. 그에 따라 변상명령이 내려진 사건에 대하여 감사원이 변상책임이 없다고 판정한 때에는 기납의 변상금은 즉시 환부하여야 한다(동법 제4항).

(3) 형사책임

형사책임이라고 함은 공무원이 법을 어긴 경우 형법에 정해진 刑에 의하여 처벌받게 되는 경우를 총칭한다. 이것은 다시 협의의 형사책임과 행정형벌책임으로 나뉜다. 어느 경우에나 형사소송법이 정한 바에 따라 처벌을 받게 된다.[339]

① 협의의 형사책임

공무원의 형사책임은 공무원의 의무위반행위가 동시에 형법 등의 형사법에 위반되는 범죄행위에 해당되는 경우 이에 대하여 부담하는 책임을 말한다. 형법이 정하는 공무원의 범죄는 ⅰ) 직권을 남용하는 등 직무집행행위 그 자체에 의하여 법익을 침해하는 職務犯罪[340]와 ⅱ) 뇌물을 수수하는 등 직무와 관련 있는 행위로 법익을 침해하는 準職務犯罪[341]로 구분된다.[342]

② 행정형벌책임

행정형벌책임은 공무원이 행정법규를 위반한 경우 형법이 정한 刑을 받게 되는 것을 말한다. 공무원의 시험 또는 임용의 방해행위의 금지(국공법 제44조, 지공법 제42조), 인사에 관한 부정행위의 금지(국공법 제45조, 지공법 제43조), 정치운동의 금지(국공법 제65조, 지공법 제57조), 집단행위의 금지(국공법 제66조, 지공법 제58

---

339) 김남진·김연태, 『행정법Ⅱ』, 241면.

340) 직무유기죄(형법 제122조), 직권남용죄(형법 제123조), 불법체포·불법감금죄(형법 제124조), 폭행·가혹행위죄(형법 제125조), 피의사실공표죄(형법 제126조), 공무상비밀누설죄(형법 제127조) 및 선거방해죄(형법 제128조).

341) 수뢰·사전수뢰죄(형법 제129조), 제3자뇌물제공죄(형법 130조), 수뢰후부정처사·사후수뢰죄(형법 제131조), 알선수뢰죄(형법 제132조) 및 뇌물공여등죄(형법 제133조).

342) 김철용, 『행정법Ⅱ』, 237면.

조)를 위반함으로써 1년 이하의 징역 또는 300만 원 이하의 벌금에 처하는 경우(국공법 제84조, 지공법 제82조) 등이 그에 해당한다.[343]

(4) 민사책임

공무원의 위법행위로 인하여 타인에게 손해를 입힌 경우 직접 상대방에 대하여 민법상 불법행위책임을 지는 것을 말한다. 공무원이 직무와 관련 없는 순수한 개인적 행위로 인하여 타인에게 손해를 가한 경우, 피해자에게 민사법상의 손해배상책임을 부담한다는 것은 이론의 여지가 없다. 그러나 공무원이 직무상 불법행위를 한 경우, 일반적으로 국가 또는 지방자치단체가 피해자에게 배상책임을 지는 것 이외에 公務員 자신도 直接 배상책임을 부담하는지 여부가 문제된다. 이것은 피해자가 국가나 지방자치단체 이외에 공무원 개인에게도 이른바 選擇的 請求를 할 수 있을 것인가의 문제로 귀착된다.[344] 이에 대해서는 대위책임설,[345] 자기책임설,[346] 절충

---

343) 김남진·김연태, 『행정법Ⅱ』, 241면.

344) 김성수, 『개별행정법』, 598면. 종래 우리나라에서는 국가배상청구권의 법적 성격에 따라 선택적 청구의 가능성 여부를 가리는 것이 일반적이었다. 그러나 최근에 이르러서는 공무원 개인책임의 인정 및 선택적 청구의 가능성 여부는 대위책임·자기책임 간의 논쟁과는 논리필연적인 관계는 없다는 견해가 우세해지고 있다(허영, 『한국헌법론』, 581면). 사실상 대위책임의 경우에는 선택적 청구가 부인되고, 자기책임의 경우에는 선택적 청구가 인정된다는 논리는 이해하기 어려운 측면이 있다. 왜냐하면 대위책임의 입장에서는 가능한 한 공무원의 개인적인 배상책임을 면제하려 하지 않기 때문에 공무원은 피해자에게 외부적으로도 배상책임을 부담하는 것이 더 논리적이고, 자기책임의 입장에서는 국가의 배상책임은 배타적·직접적·원초적 책임이므로 가해공무원의 개인적인 배상책임은 문제되지 아니하며, 공무원의 책임은 국가와 공무원 간의 내부적인 문제에 불과하기 때문이다(김성수, 『일반행정법』, 법문사, 2008, 684~685면, 박윤흔, 『행정법강의(상)』, 박영사, 2004, 721면 주1, 박균성, 『행정법론(상)』, 박영사, 2008, 668면 참조).

345) 대위책임설은 이론상으로 私法상의 법인이론에서의 법인의제설을 배경으로 한 것이며, 입법례로는 과거 독일의 책임법의 영향을 받은 것이라 하겠다(박윤흔, 『행정법강의(상)』, 698면). 이 견해는 행정법학자의 통설적 견해로서 공무원의 위법한 행위는 국가 또는 지방자치단체의 행위로 볼 수 없고, 따라서 배상책임은 공무원 자신이 부

설347)348) 등의 견해 대립이 있다.

담해야 할 것이나 피해자의 보호 등을 위해 국가가 공무원에 대신하여 부담하는 책임이 바로 국가배상책임이라는 입장이다(박윤흔, 『행정법강의(상)』, 704면, 홍정선, 『행정법원론(상)』, 박영사, 2008, 658면). 따라서 공무원의 위법행위로 인한 손해배상책임은 원래 가해공무원이 부담하여야 할 책임의 것이나, 국가 또는 지방자치단체가 이를 대신하여 지는 것이며, 이것은 국가 등이 가해공무원에 대한 선임·감독의 주의의무를 다한 경우도 책임을 진다는 점에서 선임·감독자의 책임으로 이해되고 있는 민법 제756조의 사용자책임과는 다른 것으로 본다(한견우, 『현대 행정법강의』, 신영사, 2007, 802면, 석종현, 『일반행정법(상)』, 삼영사, 2005, 626면.

346) 자기책임설은 이론상으로 私法상의 법인이론에서의 법인실재설을 배경으로 한 것이며, 입법례로는 프랑스의 책임법의 영향을 받은 것이라 하겠다(박윤흔, 『행정법강의(상)』, 699면). 이 견해는 헌법학자의 통설적 견해로서 위법·적법을 불문하고 공무원의 행위의 효과는 바로 국가 또는 지방자치단체의 행위로 귀속되는 까닭에 국가 또는 지방자치단체가 부담하는 배상책임은 바로 그들 자신의 책임이라는 입장이다(권영성, 『헌법학원론』, 619면, 허영, 『한국헌법론』, 579면, 석종현, 『일반행정법(상)』, 626면). 자기책임설도 機關理論에 입각한 自己責任說과 危險責任說的 自己責任說로 구분된다. 前者는 공무원의 직무상 불법행위는 국가기관의 불법행위이므로 국가가 책임진다는 이론이다. 後者는 국가는 위법행사의 가능성이 있는 행정권을 공무원에게 부여하였으므로 그 위법행사에 대한 책임까지 부담하여야 한다는 이론이다(홍정선, 『행정법원론(상)』, 657~658면). 즉 자기책임설은 국가 또는 지방자치단체의 손해배상책임은 공무원의 책임을 대신하여 지는 것이 아니고 국가의 기관에 해당하는 공무원에 대한 일종의 위험부담으로서의 자기책임을 지는 것이며, 민법 제35조에서 규정한 법인의 불법행위책임에 해당한다고 보는 견해이다(석종현, 『일반행정법(상)』, 627면).

347) 절충설은 공무원이 직무수행 중 불법행위로 타인에게 손해를 입힌 경우에 있어, 공무원에게 경과실만이 인정되는 경우에는 국가 또는 지방자치단체가 그 손해배상책임을 부담하나(자기책임), 고의·중과실이 있는 경우에는 국가 또는 지방자치단체가 배상책임을 부담하는 외에, 공무원 개인도 또한 배상책임을 진다(중첩책임)(김동희, 『행정법 I 』, 519면).

348) 절충설과 비교하여 중간설은 국가의 배상책임을 공무원의 위법행위가 경과실에 기한 것인 때에는 자기책임으로, 고의·중과실에 기한 것인 때에는 대위책임으로 본다(박윤흔, 『행정법강의(상)』, 699면, 한견우, 『현대 행정법강의』, 803면). 구상권에 관하여서는, 경과실의 경우 배상책임이 국가의 자기책임이므로 공무원에 대한 국가의 구상권은 인정되지 않는 것으로 보나, 고의·중과실의 경우 국가는 공무원을 대신하여 책임을 지는 것이므로 공무원에 대하여 당연히 구상할 수 있다고 본다(김동희, 『행정법 I 』, 517면). 이 견해에 따르면, 경과실의 경우(자기책임)에는 국가 또는 지방자치단체 대해서만, 고의·중과실의 경우(대위책임)에는 선택적으로 배상을 청구할 수 있다는 입장이다(박윤흔, 『행정법강의(상)』, 718면, 홍정선, 『행정법원론(상)』, 658면). 한편 중간설의 입장에 서면서 선택적 청구를 부인하는 견해도 있다(이상규, 『신행정법론(상)』, 법문사, 1994), 611면).
하지만 대위책임설에서 선택적 청구권을 인정하고 자기책임설에서 선택적 청구권을 부정하면서, 중간설에서 고의·중과실의 경우(대위책임)에서만 선택적 청구권을 인정한다면, 절충설에서의 고의·중과실의 경우 중첩책임과 중간설에서의 고의·중과실의 경우 대위책임은 그 내용에 있어서 차이가 없어진다. 따라서 대부분의 행정법 교이와 관련하여 헌법은 국가 등이 배상책임을 지는 경우, 공무원 자신의 책임은 면제되지 아니한다고 규정하고 있다(제29조 제1항 단서). 여기서 말하는 면제되지 아니하는 공무원의 개인책임에는 형사책임·민사책임 및 징계책임이 모두 포함된다.[349] 판례는 공무원의 대외적 책임에 대하여 공무원에게 고의 또는 중과실이 있는 때에만 공무원 개인도 피해자에 대하여 민사상 손해배상책임을 지고(따라서 피해자는 공무원 개인에게도 선택적으로 배상청구가 가능하다), 경과실이 있는 때에는 책임을 지지 않는다는 입장이다.[350]

그리고 공무원의 내부적 책임에 대하여 국가 또는 지방자치단체가 배상을 하였을 경우, 공무원에게 고의 또는 중과실이 있는 때에는 국가 등은 그 공무원에게 구상할 수 있다고 본다.[351] 하지만 공무원에게 경과실이 있는 때에는 국가 등은 공무원에게 구상권을

과서들이 중간설과 절충설을 동일한 학설로 서술하는 이유가 여기에 있다(김남진·김연태, 『행정법Ⅰ』, 법문사, 2008, 524면, 김철용, 『행정법Ⅰ』, 박영사, 2008, 497면, 류지태, 『행정법신론』, 신영사, 2007, 389면, 석종현, 『일반행정법(상)』, 627면)고 생각된다.

349) 대판 1996. 2. 15, 95다38677(전합).

350) 공무원의 직무상 위법행위로 타인에게 손해를 끼친 경우에는 변제자력이 충분한 국가 등에 선임감독상 과실 여부에 불구하고 손해배상책임을 부담시켜 국민의 재산권을 보장하되, 공무원이 직무를 수행함에 있어 경과실로 타인에게 손해를 입힌 경우에는 그 직무수행상 통상 예기할 수 있는 흠이 있는 것에 불과하므로 이러한 공무원의 행위는 여전히 국가 등의 기관의 행위로 보아 그로 인하여 발생한 손해에 대한 배상책임도 전적으로 국가 등에만 귀속시키고 공무원 개인에게는 그로 인한 책임을 부담시키지 아니하여 공무원의 공무집행의 안정성을 확보하고, 반면에 공무원의 위법행위가 고의·중과실에 기한 경우에는 비록 그 행위가 그의 직무와 관련된 것이라고 하더라도 위와 같은 행위는 그 본질에 있어서 기관행위로서의 품격을 상실하여 국가 등에 그 책임을 귀속시킬 수 없으므로 공무원 개인에게 불법행위로 인한 손해배상책임을 부담시키되, 다만 이러한 경우에도 그 행위의 외관을 객관적으로 관찰하여 공무원의 직무집행으로 보일 때에는 피해자인 국민을 두텁게 보호하기 위하여 국가 등이 공무원 개인과 중첩적으로 배상책임을 부담하되 국가 등이 배상책임을 지는 경우에는 공무원 개인에게 구상할 수 있도록 함으로써 궁극적으로 그 책임이 공무원 개인에게 귀속되도록 하려는 것이라고 봄이 합당할 것이다(대판 1996. 2. 15, 95다38677(전합)).

351) 홍정선, 『행정법원론(상)』, 662면.

행사할 수 없으므로, 피해자는 오로지 국가 등을 상대로만 배상청
구를 할 수 있을 뿐이다. 따라서 이 경우 공무원의 민사책임은 성
립하지 않는다.[352]

Ⅳ. 공무원의 기본권 제한

1. 의 의

공무원은 원칙적으로 일반국민과 마찬가지로 모든 기본권의 주
체가 될 수 있지만,[353] 공무원의 근무관계의 특수성으로 인하여 기
본권이 법률로 제한될 수 있을 뿐이다(공무원의 이중적 지위[354]).[355]

그러나 공무원의 기본권을 제한하는 법률은 헌법의 최고법규성,
법률의 헌법적합성[356] 내지 체계정당성(Systemgerechtigkeit)[357] 등

---

352) 김성수, 『개별행정법』, 598면.

353) 김남진·김연태, 『행정법 Ⅱ』, 213면.

354) 직업공무원제도하의 공무원은 정책집행자(Amtswalter)로서의 지위와 기본권 주체로서
의 지위라는 이중적 지위를 가진다(박규하, "직업공무원제도의 헌법적 의의와 기능",
63면).

355) 공무원은 법적으로는 국가기관구성원으로서 그리고 이념적으로는 주권자인 국민의
수임자로서 특별한 법적 지위가 인정되고 있다. 따라서 국가기관구성원인 공무원은
국가에 대하여 공법상 특별권력관계를 맺고 있으므로, 공무원의 신분관계는 공법적
인 것임을 특색으로 한다.

356) 법률의 헌법적합성의 원칙이라 함은 모든 법률은 실질적인 헌법규범에 그 내용이 일
치해야 한다는 원칙을 말한다(홍정선, "법률의 헌법적합성의 원칙", 『고시계』 1986년
6월호, 고시계사, 1986. 5, 81면).

357) 체계정당성의 원리란, 법규범 상호간에는 규범구조나 규범내용 면에서 서로 상치 내
지 모순되어서는 아니 된다는 것이다(허영, 『한국헌법론』, 890면). 즉 체계정당성의
원리는 입법자가 가지는 형성의 자유에 대한 한계인데, 이에 따르면 입법자는 일관된
기준과 원칙에 따라서 입법권을 행사하여야 하고 아무런 합리적 근거가 없이 체계정당
성의 원리에 위배되는 입법을 하는 경우에는 '입법자의 자기구속의 법리'(Selbstbindung
des Gesetzgebers)를 위반하는 것으로 위헌일 가능성이 있다고 하는 것이다. 입법자의

과 관련하여 다음의 사항을 준수하여야 한다. 즉 ⅰ) 그 제한의 근거는 헌법에서 찾아야 하며, ⅱ) 공무원의 기본권 제한은 공무원관계의 성질상 불가피한 것이어야 하고, ⅲ) 제한의 범위는 공무원의 기본권과 그 기본권 제한을 요구하는 헌법적 법익 사이의 관계가 비례적일 것을 요구한다.[358] 따라서 공무원의 기본권을 제한하는 것은 직업공무원제도가 요구하는 공무원의 정상적인 근무관계를 유지하고 헌법의 규범조화적인 실현을 위해서 기본권 제한의 입법 한계를 일탈하지 않는 최소한의 범위 내에서만 가능하다.[359]

2. 기본권 제한의 근거

공무원에 대한 기본권 제한의 근거에 대해서는 ⅰ) 공무원은 국가와 특별권력관계에 있다는 特別權力關係說,[360] ⅱ) 직무의 성질에 의해 인정된다는 것이라는 職務性質說, ⅲ) 공무원의 지위가 국민 전체에 대한 봉사자에 해당하기 때문이라는 國民全體奉仕者說이 제시되고 있다. 일반사인과 비교하여 공무원에 대하여 기본권의 제한이 가중되는 것은 공무수행자라는 지위와 국민 전체에 대

자기구속의 법리는 입법을 함에 있어서 헌법상 보장되는 평등권, 신뢰보호의 원칙 및 예측가능성을 요구하는 법치주의원리 등에 토대를 둔 것으로 이해되고 있다(홍완식, "체계정당성의 원리에 관한 연구", 『토지공법연구』 제29집, 한국토지공법학회, 2005. 12, 468면). 체계정당성의 원리에 관한 더 자세한 내용은 헌재결 2004. 11. 25, 2002 헌바66 참조.

358) 홍정선, 『행정법원론(하)』, 266면.

359) 허영, 『한국헌법론』, 781면.

360) 전통적인 특별권력관계에 의하면, 기본권 제한은 법률의 근거 없이도 가능하다고 보았다. 그러나 오늘날 특별권력관계에 의하면, 법률의 근거하에서만 기본권 제한은 가능하다고 본다(한견우, 『현대 행정법강의』, 105면). 이는 특별권력관계의 구성원은 다른 측면에서 국민의 지위에서 기본권의 주체이기 때문이다.

한 봉사자라는 지위에 근거를 두고 있다고 보아야 한다.361)

3. 기본권 제한의 한계

공무원의 기본권 제한에 대해서는 헌법상 그 제한을 허용하는 규정을 두고 있고, 공무원제도의 실효성을 보장하기 위한 제한이라는 점에서 일반국민의 기본권 제한보다 강한 제한이 허용된다.362) 그러나 공무수행자로서 기본권을 제한하는 경우에도 평등원칙, 과잉금지원칙 등은 적용된다.363) 그리고 공무원이 공무수행자가 아닌 개인으로서 누리는 기본권은 일반사인과 동일하게 보장되어야 한다.

---

361) 정종섭, 『헌법학원론』, 763면.

362) 憲法에 의한 制限으로, ⅰ) 공무원인 근로자는 법률이 정하는 자에 한하여 단결권·단체교섭권 및 단체행동권을 가지며(제33조 제2항), ⅱ) 군인·군무원·경찰경공무원 등에 대해서는 국가배상청구권을 제한하며(제29조 제2항), ⅲ) 군인·군무원은 군사법원의 재판을 받는 것을 원칙으로 하며(제27조 제2항), ⅳ) 비상계엄하의 군사재판은 군인·군무원의 일정한 범죄에 대하여 사형선고의 경우를 제외하고는 단심으로 할 수 있다(제110조 제4항).
法律에 의한 制限으로, ⅰ) 정당법·국가공무원법·지방공무원법 등은 공무원의 정당가입과 정치적 활동을 제한하고 있으며(정당법 제6조·제17조·제22조, 국공법 제65조, 지공법 제57조), ⅱ) 공무원은 대통령이나 국회의원에 입후보하기 위해서는 일정기간 이전에 사임하여야 하고(공선법 제53조), ⅲ) 수형자·국공립병원에 입원 중인 전염병환자·국공립학교의 학생 등에 대해서도 각각 행형법·전염병예방법·교육기본법 등에서 그 기본권 제한에 관한 특례를 규정하고 있으며, ⅳ) 법률에 의한 군인·군무원 등의 거주·이전의 자유의 제한, 표현의 자유의 제한, 제복의 착용 등이 있다.

363) 정종섭, 『헌법학원론』, 764면.

제3절 국민의 기본권으로서 참정권

Ⅰ. 서 설

1. 참정권의 의의

참정권364)은 주권자인 국민이 국가기관의 구성과 국가의 정치적 의사형성에 참여할 수 있는 권리이다. 이러한 참정권은 피치자인 국민이 치자의 입장에서 공무원을 선거하고 공무를 담임할 수 있는 권리를 포함한다.365) 즉 참정권에는 국민이 국가기관을 구성하거나 국정에 참여할 수 있는 권리로서 선거권과 공무담임권 등이 있다.366) 특히 선거권과 공무담임권 등 참정권은 선거를 통하여 통치기관을 구성하고 그에 정당성을 부여하는 한편, 국민 스스로 정치적 의사형성에 참여하여 국민주권 및 대의민주주의를 실현하는 핵심적인 수단이라는 점에서 매우 중요한 기본권들 중의 하나라고 할 것이다.367) 이러한 참정권의 행사를 통해 국민은 대표에게 민주적 정당성을 부여하고, 또한 정치적 책임을 물을 수도 있으므로,368)

---

364) 여기서 참정권은 좁은 의미에서의 정치적 기본권을 의미한다. 참정권은 국민이 국가기관의 구성과 국가의 정치적 의사형성에 직접 또는 간접으로 국정에 참여할 수 있는 권리를 의미한다. 그러나 넓은 의미에서의 정치적 기본권은 참정권 이외에 국민이 정치적 의견을 자유로이 표명하거나(정치적 의견표명의 자유), 그 밖의 방법으로 국정에 참여할 수 있는 일련의 정치적 활동권(정당설립 및 활동의 자유)을 포함한다(권영성, 『헌법학원론』, 585면).

365) 홍성방, 『헌법학』, 606면.

366) 권영성, 『헌법학원론』, 586면.

367) 헌재결 1995. 5. 25, 91헌마67(구지방의회의원선거법 제35조 등에 대한 헌법소원).

368) 장영수, 『헌법학』, 733면.

참정권은 객관적 가치질서로서의 성격도 함께 가진다.[369]

2. 참정권의 법적 성격

참정권은 인간으로서의 권리가 아니라, 國民으로서의 權利이므로 국가내적 권리이다. 그러나 참정권이 권리만을 내용으로 하느냐 또는 권리와 동시에 의무를 포함하느냐에 대해서 權利說과 權利·義務並存說이 대립되어 있다. ⅰ) 權利說은 다시 판단주의적 입장과 종합주의적 입장으로 나뉜다. 판단주의적 입장은 참정권을 일종의 제한적이고 상대적인 권리에 불과하고 천부적 성질은 없으며 국가기관으로서의 국민을 의제하고 이 국가기관에 참가할 수 있는 권리로 본다. 종합주의적 입장은 참정권이 국가권력을 창설하고 국가권력에 정당성을 부여하는 민주시민의 정치적인 기본권으로서 국가를 향한 권리로서의 성격을 지닌다고 본다. 그에 반하여 ⅱ) 權利·義務並存說은 참정권이 개개의 국민이 국가에 대하여 능동적 발언권을 가지는 것을 내용으로 한다는 점에서는 국민 각자의 권리로서의 성격을 갖지만, 참정권에는 국가의 이익을 위해 이를 적절하게 행사할 道義的·倫理的 義務가 수반된다고 본다.[370]

생각건대, 참정권은 헌법에서 기본권의 하나로 규정되어 있고, 선거권의 행사·불행사가 법적으로는 자유이며, 그 불행사에 대하여 실정법상 제재규정이 없으므로, 권리로서의 성질만을 가질 뿐 법적 의미에서 의무성을 가지는 것은 아니라 할 것이다. 그러나 참

---

369) 허영, 『한국헌법론』, 527면.
370) 홍성방, 『헌법학』, 607면. 다수설은 참정권을 권리이자 도의적·윤리적 의무로 본다.

정권이 법적 의무를 포함하지 않다는 것은 그 권리 불행사자에 대하여 제재를 가하는 것을 금지하는 것일 뿐, 국가의 이익을 위하여 참정권을 적절하게 행사하여야 할 도의적·윤리적 의무까지 부인하는 것은 아니라 할 것이므로, 권리·의무병존설이 타당하다고 본다.

3. 참정권의 주체

참정권에 속하는 기본권들은 국가의사결정의 중요한 구성요소가 되기 때문에 외국인들에게는 인정되기 곤란하다는 공통점을 갖는다. 참정권은 이른바 국민의 권리로 인정되는 기본권들에 속하는 것이다.[371] 여기서 국민은 국가의 인적 구성요소로서 자연인을 말한다. 따라서 외국인이 '국민의 기본권'인 참정권을 행사하기 위해서는 국민이 되는 자격, 즉 국적을 보유하여야 한다. 현행 국적법이 단일국적주의를 원칙으로 채택하고 있는 상황에서 외국인의 국적취득의 방법으로는 일반적으로 귀화의 방법을 취하게 될 것이다. 귀화에는 일반귀화(제5조)·간이귀화(제6조)·특별귀화(제7조) 등이 있다. 특히, 일반귀화·간이귀화의 경우에는 일정기간 이상의 주소가 있을 것을 요구하고 있다.

그러나 근래 외국인에 대해서도 일정한 범위 내에서 참정권을 부여하려는 경향이 있다.[372] 예컨대, 공직선거법에서는 일정한 요건을 구비한 외국인에게 지방선거의 선거권을 인정하고 있으며(공선법 제15조 제2항), 주민투표법과 주민소환법에서도 일정한 자격을 갖

---

371) 장영수, 『헌법학』, 732면.
372) 성낙인, 『헌법학』, 649면.

춘 외국인에게 투표권을 부여하고 있다(주민투표법 제5조 제1항, 주민소환에 관한 법률 제3조 제1항). 다만 이 경우에도 영주의 체류자격 취득일 후 일정기간 이상의 거주를 요구하고 있으며, 국가의 차원이 아닌 지방자치단체의 차원에서 선거권·주민투표권·주민소환투표권을 인정하고 있다.

4. 참정권의 내용

일반적으로 참정권은 국민이 국가기관의 형성에 간접적으로 참여하거나 국가기관의 구성원으로 선임될 수 있는 권리인 간접적인 참정권과 국민이 국가의 의사형성에 직접 참여하는 직접적인 참정권으로 나눌 수 있다.[373] 이에 따라 우리 헌법은 참정권에 관하여 간접적인 참정권으로 공무원 선거권(헌법 제24조), 공무담임권(헌법 제25조)을, 직접적인 참정권으로 국민투표권(헌법 제72조, 제130조)을 규정하고 있다. 이하에서는 간접적인 참정권으로서 선거권과 공무담임권에 관하여 살펴보기로 한다.

II. 선거권

1. 서 설

(1) 선거권의 의의

헌법 제24조 "모든 국민은 법률이 정하는 바에 의하여 선거권을

---

373) 헌재 2001.6.28, 2000헌마735(입법부작위위헌확인).

가진다."라고 하여 선거권을 보장하고 있다. 선거권은 국민이 그들의 대표자를 선출하는 과정에 참여할 수 있는 권리, 즉 선거에 참여할 수 있는 권리를 의미한다.374) 대의제하에서는 공무원 선거권이 참정권 중에서 가장 기본적인 것이라고 할 수 있다.375) 여기서 말하는 공무원은 최광의의 공무원으로서 선거에 의해 취임하는 정무직 공무원을 의미한다. 그리고 국민이 통치권(국정)의 담당자를 직접 정하게 함으로써 통치권의 행사를 국민의 의사에 귀착시킬 수 있도록 하는 하나의 방법으로 주권자인 국민에게 선거권을 부여하고 있다. 따라서 선거권은 국민주권의 이념과 불기분의 관계에 있을 뿐만 아니라, 국민주권을 그 필수불가결의 요소로 하는 민주주의의 실현을 위한 객관적 가치질서로서의 성격도 갖는다.376)

(2) 선거권의 법적 성격

선거권의 법적 성격과 관련해서 ⅰ) 선거권을 천부의 권리로서 불가양·불가침의 자연권이라고 보는 自然權說(Locke, Montesquieu 등 근대자연법론자), ⅱ) 선거권의 행사는 국가가 국가기관의 선출이라는 국가목적을 위하여 국민에게 부여한 공무라고 보아, 선거권을 선거기관으로서의 국민의 기능이라고 보는 機能說(공무설, 법실증주의자), ⅲ) 선거권을 개인의 권한이 아니라 국가기관의 선임행위인 선거에 참가하는 선거인단의 권한으로 보는 權限說(자격설,

---

374) 장영수, 『헌법학』, 734면.

375) 오늘날 민주국가에서는 대의제에 의한 통치가 불가피한 것으로서 선거야말로 국민의 의사를 체계적으로 결집하고 수렴하고 구체화하는 방법으로 국민의 정치적 의사를 형성하는 가장 합리적인 절차이며, 따라서 국민의 의사가 얼마나 굴절 없이 정당하게 반영되었느냐의 여부가 통치권의 정통성과 정당성을 담보하는 핵심이고 생명이라고 할 수 있는 것이다(헌재결 1991. 3. 11, 91헌마21).

376) 허영, 『한국헌법론』, 530, 723면.

Jellinek), ⅳ) 선거권을 주관적 권리로서의 주권의 구성권·운용권으로 주권의 소재와 행사를 결정하는 가장 중요한 권리로 보는 權利說(주관적 권리설), ⅴ) 선거는 국가를 위한 공무의 성격과 공법에 의하여 보장된 주관적 권리로서의 성격을 동시에 가지는 것으로 이해하는 二元說(이분설) 등 견해가 나누어져 있다.377)

생각건대, 참정권이 법적 의무를 포함하지 않더라도 국가의 이익을 위하여 적절하게 행사되어야 할 도의적·윤리적 의무까지 부인하는 것은 아니므로, 선거권 역시 도의적·윤리적 의무를 포함하는 공무로 보아서, 개인의 공권인 동시에 공무로 보는 이원설이 타당하다고 본다.

2. 선거권의 내용

선거권에는 대통령 선거권(헌법 제67조)·국회의원 선거권(헌법 제41조, 공선법 제2장)·지방자치단체의 장 및 지방의회의원 선거권(헌법 제118조 제2항, 공선법 제15조) 등이 있다.

① 적극적 요건

그러나 이들 선거에서 선거권을 행사하기 위해서는 만 19세 이상이라는 요건과 선거인명부에 등재라는 요건을 충족하여야 한다. 특히, 지방선거에서 선거권을 행사하기 위해서는 이들 요건 외에도 선거인명부작성기준일 현재 당해 지방자치단체의 관할구역 안에 주민등록이 되어 있어야 한다(공선법 제15조 제2항).378)

---

377) 홍성방, 『헌법학』, 615면. 이원설이 국내 다수설이다.
378) 외국인의 경우, 출입국관리법 제10조(체류자격)의 규정에 따른 영주의 체류자격 취득

② 소극적 요건

소극적 요건으로서의 결격사유는 ⅰ) 금치산선고를 받은 자, ⅱ) 금고 이상의 형의 선고를 받고 그 집행이 종료되지 아니하거나 그 집행을 받지 아니하기로 확정되지 아니한 자, ⅲ) 選擧犯[379]을 범한 자로서 100만 원 이상의 벌금형의 선고를 받고 그 형이 확정된 후 5년 또는 형의 집행유예의 선고를 받고 그 형이 확정된 후 10년을 경과하지 아니하거나 징역형의 선고를 받고 그 집행을 받지 아니하기로 확정된 후 또는 그 형의 집행이 종료되거나 면제된 후 10년을 경과하지 아니한 자(형이 실효된 자도 포함한다), ⅳ) 법원의 판결 또는 다른 법률에 의하여 선거권이 정지되거나 상실된 자이다(공선법 제18조).

Ⅲ. 공무담임권

1. 서 설

모든 국민에게 공무담임권을 보장하고 있는 자유민주적 헌법질서에서 공직제도는 공무담임권[380]을 실현하기 위한 통치구조적인

일 후 3년이 경과한 19세 이상의 외국인으로서 제37조 제1항의 선거인명부작성기준일 현재 출입국관리법 제34조(외국인등록표등의 작성 및 관리)의 규정에 따라 당해 지방자치단체의 외국인등록대장에 등재된 자는 그 구역에서 선거하는 지방자치단체의 의회의원 및 장의 선거권이 있다(공선법 제15조 제2항 제2호).

379) 그 외에 정치자금법 제45조(정치자금부정수수죄) 및 제49조(선거비용관련 위반행위에 관한 벌칙)에 규정된 죄를 범한 자 또는 대통령·국회의원·지방의회의원·지방자치단체의 장으로서 그 재임 중의 직무와 관련하여 형법(특가법 제2조에 의하여 가중 처벌되는 경우를 포함한다) 제129조(수뢰, 사전수뢰) 내지 제132조(알선수뢰)·특가법 제3조(알선수재)에 규정된 죄를 범한 자.

수단이라는 의미도 갖는다.381) 이러한 맥락에서 모든 국민에게 公務擔任權이 인정되는 것은 민주주의의 실현에 있어서 選擧權에 못지않은 의미와 비중을 갖는 것이라고 할 수 있다.382)

(1) 의의

헌법 제25조는 "모든 국민은 법률이 정하는 바에 의하여 공무담임권을 가진다."383)라고 하여 국민에게 공무담임권을 보장하고 있다. 공무담임이라 함은 입법부・행정부・사법부는 물론, 지방자치단체 등 국가・공공단체의 구성원(대통령・국회의원・지방자치단체의 장・지방의회의원)으로 선임되거나384) 비선거직 공직에 취임하여 공무를 담당하는 것을 말한다.385) 따라서 공무담임권은 공직에 취임하여 직무를 수행할 수 있는 권리로서386) 헌법이 정하는 選擧職

---

380) 공무담임권이라 함은 선거직 공무원을 비롯한 모든 국가기관의 공직에 취임할 수 있는 권리를 말한다. 따라서 공무담임권은 선거에 입후보해서 당선될 수 있는 被選擧權과 국정과 관계되는 모든 공직에 임명될 수 있는 公職就任權을 포괄하는 개념이다(허영, 『헌법이론과 헌법』, 724～725면).

381) 허영, 『헌법이론과 헌법』, 1125면.

382) 장영수, 『헌법학』, 736면.

383) 독일 기본법에는 공무담임권을 기본권으로 규정하고 있지는 않다. 그러나 기본법 제33조 제2항은 "독일인은 누구나 그의 적성, 능력, 전문적 업적에 따라 모든 공직에 취임할 평등한 권리를 가진다."라고 규정하고 있는데, 이는 기본권과 동등한 권리로 취급되며 침해 시 헌법소원을 할 수 있다(독일기본법 제93조 제1항 제4a호, 독일연방헌법재판소법 제90조 제1항 참조). 판례와 학설은 제33조 제2항에서 나오는 주관적 권리의 범위를 공직에 대한 균등한 접근권으로 한정하였다(Höfling, Bonner Kommentar (1998) Art.33 Rn.95). 따라서 이는 기본법 제3조 제1항의 일반적 평등원칙에 우선하여 적용되는 특별 평등규정의 성격을 가진다(윤영미, "공무담임권에 관한 소고", 139～140면).

384) 선거로 선출된 공직자는 '직무전념 및 공정'의 의무상 일정 직에의 겸직금지의무에 따라 피선거권능력이 결격된다(강경근, 『헌법』, 315면). 국회의원은 법률이 정하는 직을 겸할 수 없으며(헌법 제43조), 대통령은 국무총리・국무위원・행정각부의 장 기타 법률이 정하는 공사의 직을 겸할 수 없다(헌법 제83조). 그 밖에 ⅰ) 지방자치단체의 장과 의회의원의 경우, ⅱ) 정부투자기관의 경우, ⅲ) 교사의 경우 등이 있다.

385) 권영성, 『헌법학원론』, 594면.

과 任命職의 공직에 취임할 수 있는 권리를 의미한다.[387] 즉 공무
담임권은 각종 선거에 입후보하여 당선될 수 있는 被選舉權과 공
직에 임명될 수 있는 公職就任權을 포괄하는 권리이다.[388] 그러나
이러한 공무담임권은 ⅰ) 공직지원자의 주관적 요건,[389] ⅱ) 공직
의 수급,[390] ⅲ) 겸직금지[391] 등에 의하여 제한될 수 있다.[392]

(2) 법적 성격

헌법 제25조가 공무담임권을 보장하고 있지만, 모든 국민이 이
규정에 의하여 직접 공무를 담당할 수 있는 것은 아니다. 법률이
정하는 바에 의하여 선거에 당선되거나 임명에 필요한 자격을 구

386) 이승우, "공무담임권의 보호범위에 관한 평석",『공법연구』제36호 제1호, 한국공법
학회, 2007. 10, 566면.

387) 정종섭,『헌법학원론』, 631면.

388) 헌재결 1999. 12. 23, 98헌마363.

389) 선거에서의 당선·공무원채용시험에서의 합격 또는 일정한 자격요건의 구비 등이 공무
담임권의 전제로 요구될 수 있으며, 이를 갖추지 못하는 경우에 공무담임권이 제한된다.

390) 공직의 수요·공급의 차원에서 공무담임권이 현실적으로 제한된다. 따라서 인력수급
계획은 국민의 공직취임권에 따라 정해지는 것이 아니고, 국가가 해결해야 할 공적인
과제의 양, 국가의 인력예산규모, 인력정책 등에 의해서 결정된다. 따라서 국가의 인
력수급계획은 어디까지나 정치적·정책적인 결정사항이지 기본권적인 결정사항은 아
니다(허영,『헌법이론과 헌법』, 1127면).

391) 공무담임권은 겸직금지의 형식으로 제한될 수 있는데, 겸직금지란 이미 일정한 공직
을 가지고 있는 경우에는 새로운 공직에의 취임이 제한되는 것으로서 '직무전념 및
공정'을 위한 겸직금지가 인정된다. 직업공무원이 공직근무 중에 선거직에의 진출을
위한 피선거권을 행사하는 경우에도 입후보를 위해서는 미리 선거실시일의 일정기한
전에 공직에서 사퇴하게 하는 현행의 이른바 '무자격의 방법(Ineligibilitätslösung)'보다
는 그의 피선거권을 긍정하고서 선거에서 선출된 이후에 비로소 해당 공무원이 그 선
거직을 수락하는 경우에만 공직을 떠나게 하거나 또는 선거직의 당해 임기 동안에 휴
직하게 하는 이른바 '부조화의 방법(Inkompatibilitätslösung)'이 보다 규범조화적인 해
결방법이 될 것이다(허영,『헌법이론과 헌법』, 1122면). 예컨대 의원직을 겸하는 (공
사)직원이 의원직 수행으로 인하여 규정된 근로시간을 채우지 못하는 경우에는 일정
비율로 급여를 감액하는 방법 등을 통하여 공무담임권을 보장할 수도 있고, 나아가
직원의 직을 '휴직'할 수 있도록 하는 규정을 둘 수도 있을 것이다(헌재결 2004. 12.
16, 2002헌마333, 재판관 김영일의 반대의견).

392) 장영수,『헌법학』, 738면.

비하거나 선발시험 등에 합격하여야 한다.393)

그중 피선거권의 법적 성격에 대하여 資格說과 權利說이 대립하고 있다.394) ⅰ) 資格說은 피선거권을 선거인단에 의하여 선출되었을 때 이를 승낙하고 공무원으로 될 수 있는 자격에 불과하다고 한다. 그에 대하여 ⅱ) 權利說은 피선거권을 입후보와 당선을 조건으로 하여 공무원이 될 수 있는 헌법상의 기본적 권리라고 한다.395)

생각건대, 우리 헌법이 공무담임권을 규정하고 있다는 점과 참정권이 민주적 권리로서의 성격을 가진다는 점에서 이를 정치적 권리로 보는 권리설이 타당하다고 본다.

2. 공무담임권의 내용

(1) 피선거권

피선거권에는 대통령 피선거권·국회의원 피선거권·지방자치단체의 장 및 지방의회의원 피선거권 등이 있다(공선법 제16조).

---

393) 권영성, 『헌법학원론』, 594면. 選擧에 의한 공직자선발과 任命에 의한 공직자선발은 각각 다른 기준과 관점에 의해서 규율된다. 즉 選擧에 의한 공직자선발에서는 국민의 被選擧權을 존중해야 하는데, 국민의 피선거권은 민주적 선거의 기본원칙을 존중하는 선거에 의해서만 실현될 수 있다. 선거에 의한 공직자의 선발에는 능력·적성 등의 법적인 기준보다는 정치적 역량과 정치적 관점이 결정적인 작용을 할 수밖에 없는데, 선거직 공직은 능력주의 내지 성적주의가 아닌 국민의 政治的 信任에 의해서 정당화되는 관직이기 때문이다. 그에 반해서 비선거직 공직의 경우에는 그 공직자선발에서 공직이 요구하는 전문성·능력·적성 등 '能力主義'가 그 바탕이 되어야 한다. 따라서 국민의 공무담임권은 국민의 정치적 신임에 의해서 정당화되는 공직에 관한 것인지, 아니면 능력주의에 의해서 정당화되는 공직에 관한 것인지에 따라 그 실현형태가 다를 뿐만 아니라, 공직자선발과의 상관관계도 다르게 나타난다(허영, 『헌법이론과 헌법』, 1124～1125면).

394) 김철수, 『헌법학(상)』, 1381～1382면.

395) 홍성방, 『헌법학』, 617면. 권리설이 국내 다수설이다.

① 적극적 요건

그러나 이들 공직에 선출되기 위해서는 일정한 요건을 갖추어야 한다. 즉 ⅰ) 大統領에 선출되기 위해서는 국회의원 피선거권이 있고 선거일 현재 40세에 달하여야 하며(헌법 제67조 제4항), 5년 이상 국내에 거주하여야 한다(공선법 제16조 제1항). ⅱ) 國會議員에 선출되기 위해서는 만 25세 이상의 국민이어야 한다(공선법 제16조 제2항). ⅲ) 地方自治團體의 長과 地方議會議員으로 선출되기 위해서는 선거일 현재 계속하여 60일 이상 그 지방자치단체의 관할구역 안에 주민등록이 되어 있는 주민으로서 25세 이상의 국민이어야 한다(공선법 제16조 제3항).

② 소극적 요건

소극적 요건으로서의 결격사유는 ⅰ) 금치산선고를 받은 자, ⅱ) 금고 이상의 형의 선고를 받고 그 형이 실효되지 아니한 자, ⅲ) 選擧犯396)을 범한 자로서 100만 원 이상의 벌금형의 선고를 받고 그 형이 확정된 후 5년 또는 형의 집행유예의 선고를 받고 그 형이 확정된 후 10년을 경과하지 아니하거나 징역형의 선고를 받고 그 집행을 받지 아니하기로 확정된 후 또는 그 형의 집행이 종료되거나 면제된 후 10년을 경과하지 아니한 자(형이 실효된 자도 포함한다), ⅳ) 법원의 판결 또는 다른 법률에 의하여 선거권이 정지되거나 상실된 자, ⅴ) 법원의 판결 또는 다른 법률에 의하여 피선거

---

396) 그 외에 정치자금법 제45조(정치자금부정수수죄) 및 제49조(선거비용관련 위반행위에 관한 벌칙)에 규정된 죄를 범한 자 또는 대통령·국회의원·지방의회의원·지방자치단체의 장으로서 그 재임 중의 직무와 관련하여 형법(특가법 제2조에 의하여 가중 처벌되는 경우를 포함한다) 제129조(수뢰, 사전수뢰) 내지 제132조(알선수뢰)·특가법 제3조(알선수재)에 규정된 죄를 범한 자.

권이 정지되거나 상실된 자이다(공선법 제19조).

(2) 공직취임권

헌법이 보장하는 공직취임권은 모든 국민에게 누구나 그 능력과 적성에 따라 공직에 취임할 수 있는 균등한 기회를 보장한다는 뜻 이다.[397] 즉 공직취임에 관한 기회균등의 보장을 그 내용으로 한다. 아울러 헌법 제11조는 평등권에 관하여 규정하고 있으므로, 입법자 는 모든 국민에게 평등한 공무담임권을 부여하는 입법을 하여야 한다(국공법 제35조, 지공법 제33조).[398] 독일 기본법 제33조 제2항

---

[397] 전통적으로 공무담임권에는 피선거권과 공직취임권이 포함된다고 보았다(김철수, 『헌 법학(상)』, 1381면, 허영, 『한국헌법론』, 531면). 이에 대해 공직취임의 기회를 자의적 으로 배제당하지 않을 권리(공직취임권)뿐만 아니라, ⅱ) 공무원이 신분을 부당하게 박탈당하지 않을 권리(공직유지권)에, ⅲ) 공무원이 권한(직무)을 부당하게 정지당하 지 않을 권리(공직수행권)도 포함된다는 견해가 있다(이승우, "공무담임권의 보호범위 에 관한 평석", 567~568면, 헌재결 2006. 5. 25, 2004헌바12). ⅰ) 공직취임권은 모 든 국민이 국가와 지방자치단체 등 공공단체의 공직에 취임하여 공무를 수행할 수 있 는 기회를 갖는다는 권리이다. 즉 누구나 공직취임을 원하면 취임할 수 있는 권리가 아니라, 공직취임의 기회를 균등하게 부여받을 권리라는 것이다. 따라서 공직취임권 의 핵심내용인 공직취임에 있어서의 기회균등이 보장되기 위해서는 합리적인 공직자 선발제도가 뒷받침되어야 하고, 합리적 공직자선발제도란 능력주의에 따른 선발제도 를 의미한다. ⅱ) 공직유지권은 공직취임이 일단 이루어지면 공무원신분을 유지할 권 리가 공무원에게 인정된다는 것을 내용으로 한다. 즉 자진사퇴를 제외하고 합리적인 강제퇴직사유가 발생하지 않는 한 공무원으로서의 신분이 보장된다는 것이다. 공무담 임권과 직업공무원제도보장의 내용 가운데서 핵심을 차지하는 신분보장의 내용이 이 것이다. ⅲ) 공직수행권은 공직수행의 부당한 정지를 전제로 이를 방어하기 위한 '소 극적 공직수행권'과 자기의 권한을 적극적으로 행사하는 것을 의미하는 '적극적 공직 수행권'으로 구분되고, 여기서 공무담임권의 내용이 되는 공직수행권은 방어권으로서 의 '消極的 公職遂行權'을 의미한다. 즉 공무담임권의 내용이 되기 위한 공직수행권 은 공권력 주체로부터 위법·부당한 징계처분 등을 받았거나 법령에 의해 직무정지 를 받은 경우와 같이 公權力主體의 包括的 職務停止에 대한 防禦의 形態로만 주장 될 수 있다. 왜냐하면 대부분의 공직수행권에 해당하는 '적극적 공직수행권'이란 공권 력 주체를 대신하여 국민을 상대로 권한을 행사하는 것으로서 국가의 객관적 권한배 분 내지 조직구성권의 행사의 결과로 주어진 '권한'으로 인식되기 때문이다. 따라서 포괄적인 직무정지가 아닌 구체적인 공직수행으로서의 권한행사가 침해되는 경우에 는 객관적 권한배분의 문제에 해당하기 때문에 공무담임권의 내용인 소극적 공직수 행권의 침해를 전제로 하는 헌법소원이 아니라 권한쟁의심판 또는 기관소송의 형태 로 다투어져야 한다(이승우, 『기본권론』, 도서출판 두남, 2007, 386~387면).

은 "독일인은 누구나 그의 적성, 능력, 전문적 업적에 따라 모든 공직에 취임할 평등한 권리를 가진다."라고 규정하고 있는데, 이는 기본법 제3조 제1항의 일반적 평등원칙에 우선하여 적용되는 특별 평등규정의 성격을 가진다.[399]

따라서 공직자선발에서 능력과 적성 등 해당 관직이 요구하는 직무수행능력과 무관한 요소로 인한 어떠한 차별도 허용되지 않는다.[400] 즉 공직자선발의 유일한 기준은 해당 관직이 요구하는 직무수행능력이어야 하기 때문에 국민의 공직취임권과 조화될 수 있는 공직자선발제도는 能力主義에 바탕을 두어야 한다.[401] 그리고 공직자선발의 기준이 되는 능력주의는 관직을 희망하는 국민의 공직취임권의 실현을 위해서도 불가결한 원리이다.[402] 왜냐하면 능력주

---

398) 우리 헌법재판소는 공무담임권과 관련하여 "공무담임권은 원하는 경우에 언제나 공직을 담당할 수 있는 현실적인 권리가 아니라 공무담임의 기회를 보장하는 성격을 갖는 것으로서 선거에 당선되거나 또는 공직채용시험에 합격하는 등 일정한 공무담임에 필요한 요건을 충족하는 때에는 그 권리가 구체화되고 현실화되기 때문에 입법자는 이러한 공무담임의 전제조건으로서 각종 공직선거의 내용과 절차, 선거권·피선거권 등 공직선거에 참여할 수 있는 권리 또는 자격을 구체적으로 정하는 권한과 책임을 진다."(헌재결 2005. 4. 28, 2004헌마219)고 판시하고 있다.

399) 윤영미, "공무담임권에 관한 소고", 140면.

400) 헌법재판소는 "헌법 제25조의 공무담임권 조항은 모든 국민이 누구나 그 능력과 적성에 따라 공직에 취임할 수 있는 균등한 기회를 보장함을 내용으로 하므로, 공직자선발에 관하여 능력주의에 바탕한 선발기준을 마련하지 아니하고 해당 공직이 요구하는 직무수행능력과 무관한 요소를 기준으로 삼는 것은 국민의 공직취임권을 침해하는 것이 된다(헌재결 1999. 12. 23, 98헌마363)."라고 하면서 공무원임용시험의 군필자 가산점제도는 불합리한 차별이라고 보아서 위헌결정을 내렸다.

401) 이승우, "공무담임권의 보호범위에 관한 평석", 567면.

402) 공무담임권은 현실적인 권리가 아니고 공무담임의 기회보장적 성격의 것이기 때문에 선거에서의 당선·공직채용시험에서의 합격 등 주관적 전제조건에 의해서 공무담임권이 제한되는 것은 공무담임권에 내포되고 있는 당연한 제약이라고 할 것이다(허영, 『헌법이론과 헌법』, 725면).
선거직 공직과 달리 직업공무원에게는 정치적 중립성과 더불어 효율적으로 업무를 수행할 수 있는 능력이 요구되므로, 직업공무원으로의 공직취임권에 관하여 규율함에 있어서는 임용희망자의 능력·전문성·적성·품성을 기준으로 하는 이른바 능력주의 또는 성적주의를 바탕으로 하여야 한다. 헌법은 이 점을 명시적으로 밝히고 있지

의에 따른 공직자선발을 통해 자의적이고 정실적인 人選이 지양된다는 것은 결국 평등원칙의 특별한 실현형태인 공직취임의 기회균등의 보장에도 도움이 되기 때문이다.403) 이렇게 볼 때 공직취임권이 요구하는 공직자선발에서의 능력주의는 한편 공직제도의 객관적인 규범인 동시에 다른 한편 공직지망자의 주관적 공권이라는 이중적 성격을 갖게 된다.404)

① 적극적 요건

공무원이 되기 위해서는 일정한 資格을 갖추어야 한다. 공무원의 임용은 시험성적·근무성적, 그 밖의 능력의 실증에 따라 행한다. 공무원의 신규임용의 경우는 공개경쟁시험으로, 퇴직 공무원의 재임용 등의 경우는 특별채용시험으로 채용하는데, 공개시험합격자를 우선적으로 임용한다(국공법 제26조·제28조·제31조, 지공법 제25조·제27조·제30조).

② 소극적 요건

공무원이 되기 위해서는 법정의 결격사유가 없어야 한다. 즉 ⅰ) 금치산자 또는 한정치산자, ⅱ) 파산자로서 복권되지 아니한 자, ⅲ) 금고 이상의 형을 받고 그 집행이 종료되거나 집행을 받지 아니하기로 확정된 후 5년을 경과하지 아니한 자, ⅳ) 금고 이상의 형을 받고 그 집행유예의 기간이 완료된 날로부터 2년을 경과하지

아니하지만, 헌법 제7조에서 보장하는 직업공무원제도의 기본적 요소에 능력주의가 포함된다는 점에 비추어 헌법 제25조의 공무담임권 조항은 모든 국민이 누구나 그 능력과 적성에 따라 공직에 취임할 수 있는 균등한 기회를 보장함을 내용으로 한다고 할 것이다(헌재결 1999. 12. 23, 98헌마363).

403) 이종수, "공무원법의 헌법적 조망", 63면.
404) 허영, 『헌법이론과 헌법』, 1126면.

아니한 자, ⅴ) 금고 이상의 형의 선고유예를 받은 경우에 그 선고
유예기간 중에 있는 자, ⅵ) 법원의 판결 또는 다른 법률에 의하여
자격이 상실 또는 정지된 자, ⅶ) 징계에 의하여 파면의 처분을 받
은 때로부터 5년을 경과하지 아니한 자, ⅷ) 징계에 의하여 해임의
처분을 받은 때로부터 3년을 경과하지 아니한 자는 공무원에 임용
될 수 없다(국공법 제33조, 지공법 제31조).

위 결격사유에 해당하는 자405)를 공무원으로 임용하는 행위는
무효이며,406) 재직 중에 이 결격사유(단 금고 이상의 형의 선고유예
를 빈은 경우에 그 신고유예기간 중에 있는 자의 경우는 제외)407)
에 해당하는 사유가 발생한 때에는 당연히 퇴직된다(국공법 제69
조, 지공법 제61조).

---

405) 공무원 임용 결격사유가 있는지의 여부는 채용 후보자 명부에 등록된 때가 아닌 임용
당시에 시행되던 법률을 기준으로 하여 판단하여야 한다(대판 1987. 4. 14, 86누459).

406) 임용 당시 공무원 임용 결격사유가 있었다면 비록 국가의 과실에 의하여 임용 결격자
임을 밝혀내지 못하였다고 하더라도 그 임용행위는 당연무효로 보아야 한다(대판
1998. 1. 23, 97누16985).

407) ⅰ) 공무원이 금고 이상의 형을 받고 그 집행유예의 기간이 완료된 날로부터 2년을
경과하지 아니한 자를 공무원결격 및 당연퇴직사유로 하고 있는 국가공무원법 제69
조 중 제33조 제1항 제4호 및 지방공무원법 제32조 제4호(헌재결 1997. 11. 27, 95헌
바14, 96헌바63・85 병합)에 대해 합헌결정. ⅱ) 공무원이 금고 이상의 형의 집행유
예판결을 받았다는 이유만으로 예외 없이 그의 직으로부터 퇴직당하는 것으로 규정
하고 있는 국가공무원법 제69조 중 제33조 제1항 제4호 부분(헌재결 1997. 11. 27,
95헌바14) 및 지방공무원법 제31조 제4호(헌재결 2003. 12. 18, 2003헌마409)에 대해
합헌결정. ⅲ) 공무원이 금고 이상의 형의 선고유예를 받은 경우에는 공무원직에서
당연히 퇴직하도록 규정한 국가공무원법 제69조 중 제33조 제1항 제5호(헌재결
2003. 10. 30, 2002헌마684) 및 지방공무원법 제61조 중 제31조 제5항(헌재결 1990.
6. 26, 89헌마220에서 합헌결정을 하였으나, 그 후 헌재결 2002. 8. 29, 2001헌마788
에서 판례변경)에 대해 위헌결정. ⅳ) 공무원이 자격정지 이상의 형의 선고유예를 받
은 경우에 군공무원・경찰공무원직에서 당연히 퇴직하도록 규정한 군인사법 제40조
제1항 제4호 중 제10조 제2항 제6호(헌재결 2003. 9. 25, 2003헌마293・437) 및 경
찰공무원법 제21조 중 제7조 제2항 제5호(헌재결 2004. 9. 23, 2004헌가12)에 대해
위헌결정. ⅴ) 지방자치단체의 장이 금고 이상의 형의 선고를 받은 경우 부단체장으
로 하여금 그 권한을 대행하도록 한 지방자치법 제101조의 2 제1항 제3호(헌재결
2005. 5. 26, 2002헌마699)에 대해 합헌결정.

제4절 검 토

1) 헌법 제7조는 "공무원은 국민 전체에 대한 봉사자이다."라고 규정하고 있다. 즉 공무원은 국가와 공법상의 근무관계를 맺고 공적 업무를 실현하는 공무담당자로서, 그 궁극적인 임용주체가 되는 주권자로서의 국민 전체를 위하여 직무수행상의 공익성 등을 요구받는 공법상의 근무관계에 있는 자이다. 이러한 공무원의 국민 전체에 대한 봉사자성은 우리 헌법이 "대한민국의 주권은 국민에게 있다."라고 규정하고 있는 국민주권의 원리에 근거를 두고 있다. 따라서 공무원은 그 사회공동체의 구성원인 국민으로부터 정당성을 부여받고 그 국민을 위해 봉사하여야 한다. 즉 국민 전체에 대한 공무원의 봉사자성은 공무원이 그 나라의 국민임을 필요조건으로 한다.408) 외국인이 우리나라의 국민이 되기 위해서는 형식적으로 대한민국 국적이 요구될 뿐만 아니라, 실질적으로 최소한의 국민적 동일성409) 내지 동질성을 담보하기 위해서 일정기간 체류를 요건으로 하는 경우도 있다.410) 현행 국적법이 단일국적주의를 원

---

408) 다만 현행법에서 명시적으로 대한민국 국적을 임용자격 및 결격사유로 규정하고 있는 법률로는 경찰공무원법(제7조), 외무공무원법(제9조) 등이 있으나, 공직선거법은 대통령의 피선거권을 선거일 현재 5년 이상 국내에 거주하고 있는 40세 이상의 '국민'에게, 국회의원의 피선거권을 25세 이상의 '국민'에게, 지방자치단체의 장과 지방의회의원의 피선거권을 선거일 현재 계속하여 60일 이상 당해 지방자치단체의 관할구역 안에 주민등록이 되어 있는 주민으로서 25세 이상의 '국민'에게 부여하고 있으며(공선법 제16조), 국가공무원법과 지방공무원법은 공개경쟁에 따른 채용시험은 같은 자격을 가진 모든 '국민'에게 평등하게 공개하여야 한다고 규정하고 있다(국공법 제35조, 지공법 제33조).

409) 여기서 국민적 동일성은 우리나라 국민으로서의 정체성을 의미한다.

410) 일반귀화 · 간이귀화의 경우에 일정기간 이상의 주소가 있을 것을 요구하고 있는 것과 유사하게, 공무담임권의 경우에도 일정기간 이상의 거주를 요구하거나 주소가 있

칙으로 채택하고 있는 상황에서 자국의 국적을 포기하고 귀화를 하지 않는 이상 외국인의 공직자 채용을 위한 대안으로는 제한적 이중국적 허용을 들 수 있는데,[411] 이는 단순히 한 국가의 국민이 되기 위해서 갖추어야 할 형식적 요건을 충족시키기 위한 방편에 지나지 않으며, 이런 식의 문제해결은 또 다른 문제를 야기할 수 있다. 그리고 제한적 이중국적 허용은 전면적 이중국적의 허용이라는 교두보로써 기능할 수 있기 때문에 특히 더 신중하여야 할 것이다.

2) 참정권은 국민이 국가구성원으로서 국가권력의 창설과 국가권력의 행사 과정에 참여함으로써 자신의 정치적 견해를 국정에 반영할 수 있는 권리이다. 참정권은 오늘날의 민주정치에 있어서는 국민이 국가기관의 구성과 국가의사의 형성에 참여하고 국가권력의 행사를 통제 내지 견제하게 하는 기능을 하며, 이를 통하여 국가권력에 정당성을 부여한다. 또한 현실적인 정치사안에 대한 국민의 다양한 의사가 선거 등을 통하여 구체적인 모습으로 나타나기 때문에 참정권은 국민의 정치적 공감대를 형성하기 위하여 필수적인 수단이라고 할 수 있다. 즉 참정권은 국민주권의 표현이라 할 수 있다.[412] 국민주권은 국가권력의 정당성이 국민에게 있고, 모든 통치권의 행사를 이념적으로 국민의 의사에 귀착시킬 수 있어야 한다는 국가권력의 민주적 정당성을 의미한다.[413] 만일 국가내적

을 것을 요구하는 경우가 있다.

411) "제한적 이중국적 허용 신중 검토", 한국일보, 2008년 5월 1일자 참조.

412) 홍성방, 『헌법학』, 607면. 우리 헌법재판소도 참정권의 국민주권적인 기능을 강조한다. 즉 "참정권은 국민주권의 상징적 표현으로서 국민의 가장 중요한 기본적 권리의 하나이며 다른 기본권에 대하여 우월적 지위를 가진다. 따라서 이러한 국민주권이 현실적으로 행사될 때에는 국민 개인이 가지는 불가침의 기본권으로 보장된다."(헌재결 1989. 9. 8, 88헌가6)

권리인 참정권을 외국인에게도 인정하게 되면, 국가권력은 외국인으로부터 민주적 정당성을 부여받게 되거나, 외국인이 국민으로부터 나오는 국가권력을 행사하게 되기 때문에 이는 타당하지 않다고 본다. 따라서 참정권 특히 공무담임권의 성질상 외국인의 기본권 주체성은 제한되어야 한다. 이와 관련하여 일본 최고재판소는 "일본국적을 가지지 않는 자에게 관리직에의 취임을 허용하면 국민 아닌 자가 공권력을 행사하는 등 통치작용에 관여하게 되는 결과가 되어 국민주권의 원리에 반한다."라고 판시하였다.414)

3) 따라서 국가내적 권리인 참정권으로서 공무담임권은 국가적 차원에서 외국인에게 인정되기 곤란하다. 그럼에도 불구하고, 이명박 정부는 "외국인의 공무원 선발 범위를 기존의 계약직에서 정무직·별정직으로 확대하겠다."415)고 밝혔다. 이것을 반대로 해석해 보면, 외국인에게 공직취임권을 인정하는 것으로 이해할 수 있다. 하지만 국가가 한 사회공동체의 정치적 일원체416)라는 점을 상기해

---

413) 허영, 『헌법이론과 헌법』, 224면, 853면. 민주적 정당성은 통치권의 창설은 물론 모든 통치권의 행사는 국민의 의사에 귀착될 수 있어야 정당화될 수 있다는 원리를 의미한다(허영, 『헌법이론과 헌법』, 836면 참조).

414) 이 사안은 정주외국인의 공무담임권에 관한 최고재판소 판결이다. 쟁점은 일본국적을 가지지 않는 외국인이라고 하여도 일본에서 태어나서 성장하고 생활하며 일본에서 영주할 권리를 가지고 있는 경우에 그에게 관리직에의 승진기회를 부여하지 않는 것은 일본국헌법 제14조의 평등원칙과 동법 제22조의 직업선택의 자유에 반하는가 하는 것이었다. 국민주권의 원리에 반한다는 것이 정주외국인이라도 외국인인 한 관리직에의 승진임용은 불가하다는 주된 논거가 되고 있다(2005. 1. 26. 선고 1998년(행ツ) 제93호, 판결전문과 해설에 관해서는 ジュリスト, 2005. 4. 15(통권 1288호), 26－48頁 참조, http://blog.korea.kr/blog.bs?act=BLOG_MAIN&blog_id=molegbj&b_idx=50054308&user_idx=0&teamblog=0&member_auth=0&target=blog&pg3=5, 2009. 9. 20. 최종확인).

415) "제한적 이중국적 허용 신중 검토", 한국일보, 2008년 5월 1일자.

416) C. Schmitt, 김기범 역, 『헌법이론』, 21면. 정치적 일원체가 국가를 의미하기 때문에 헌법은 사회공동체가 정치적 일원체로 조직되기 위한 법질서를 의미한다(허영, 『헌법이론과 헌법』, 145면).

본다면, 공무담임권의 주체를 외국인에게도 인정하는 것은 공감대적 가치에 의한 사회공동체의 동화적 통합을 저해하는 요인이 될 수 있을 뿐만 아니라, 외국인이 우리나라 공직자로 임용되는 경우, 과연 어느 나라의 국민 전체에 대한 봉사자로서 기능할 수 있을지도 의문시되지 않을 수 없다. 그리고 해당 업무를 규율하는 법령이 존재하지 않은 경우 혹은 해당 법령은 존재하지만 재량규정으로 형성되어 있는 경우,417) 공무원은 국민 전체의 이익을 위하여 자신의 업무를 최적화시킬 성실의무가 있는데(국공법 제56조, 지공법 제48조) 외국인이 공직자로서 정책결정자의 지위에 있다면, 그 사회공동체의 구성원인 국민이 아닌 이상 무엇이 국민 전체의 이익을 위한 것인지 제대로 파악하는 것이 쉽지 않을 수도 있다. 왜냐하면 제도나 문화가 다를 뿐만 아니라, 정치사상418)이나 사회현상419)에 대한 이해가 다를 수 있기 때문이다.

또한 참정권의 성질상 기본권의 주체를 인정할 수 없는 외국인에게 공직취임권을 인정하는 것은 두 가지 측면에서 중대한 제한이 발생한다. 즉 평등권과 직업선택의 자유이다. 기회균등이라는 측면에서 공직취임권은 평등권에 대해 특별법적 성격을 갖고,420) 취업이라는 측면에서 공직취임권은 직업선택의 자유에 대해 특별법

---

417) 전광석, 『한국헌법론』, 465면.

418) 여기서 정치사상은 정치적 문제에 대하여 갖는 사상이나 견해로서, 한 나라의 모든 제도와 정치 단체 및 국민 개개인의 정치행동에 대한 인식과 그에 관한 가치판단의 사상체계를 의미한다.

419) 여기서 사회현상은 경제, 도덕, 법률, 예술, 종교 따위와 같이 인간의 사회생활에 의하여 생기는 모든 현상을 의미한다.

420) 평등권은 모든 국민에게 생활영역에서 평등한 기회를 보장해 주는 것을 그 내용으로 한다(허영, 『헌법이론과 헌법』, 517면). 특히, 평등권은 정치적인 면에서는 참정권의 절대적인 평등을 보장받을 권리로 파악된다(김철수, 『헌법학(상)』, 588면).

적 성격을 갖기 때문이다.[421)

따라서 외국인에게 공무 내지 정책결정을 맡기는 것은 한 나라의 정치적 일원체를 위협할 수도 있으므로, 외국인은 자문역할을 수행하는 선에 그쳐야 한다고 본다. 그리고 관련 전문지식이 필요한 분야에 대해서는 필요할 때마다 임기응변식으로 외부에서 전문가를 수혈하기보다는 기존 공무원들의 재교육이나 연수 등을 통해서 적극적으로 인재를 양성하기 위해 노력하여야 할 것이다.

---

421) 공직의 경우 공무담임권은 직업선택의 자유에 대하여 특별법적 지위를 갖는다. 이러한 공무담임권은 국가 등에 능력주의를 존중하는 공정한 공직자선발을 요구할 수 있는 권리라는 점에서 직업선택의 자유보다는 그 기본권의 효과가 현실적·구체적이므로, 공직을 직업으로 선택하는 경우에 있어서 직업선택의 자유는 공무담임권을 통해서 그 기본권보호를 받게 된다(헌재결 2006. 3. 30, 2005헌마598).
그러나 이러한 직업선택의 자유는 기본권의 주체에게 그가 선택한 직업을 국가가 보장해 줄 것을 요구할 권리를 주는 것이 아니라, 직업선택이 국가권력에 의한 부당한 간섭 없이 자유롭게 이루어지는 것을 그 내용으로 하기 때문에 공직자선발제도와 직접적인 연관성이 있는 것은 아니다. 물론, 공직취임권도 공직희망자에게 그 희망공직을 보장해 주는 것이 아니라, 다만 능력주의에 따른 공직취임의 기회균등만을 보장한다는 점에서 별로 큰 효과상의 차이는 없다고 볼 수도 있다. 하지만 공직취임권은 적어도 공직자를 선발하는 국가에 능력주의를 존중하는 공정한 선발을 요구할 수 있는 권리이고, 이 권리의 침해에 대해서는 사법적 권리구제가 인정된다는 점에서 직업선택의 자유보다는 그 기본권의 효과가 현실적이고 구체적이라 할 것이다. 왜냐하면 사기업에 일자리를 구하는 사람이 그의 직업선택의 자유를 근거로 공직취임권과 같은 기본권적 보호를 받을 수 없기 때문이다. 그렇다 하더라도 공직취임권의 침해가 사법적 권리구제절차에 따라 다투어지는 경우에도 그것은 어디까지나 공직을 지망하는 자기 자신의 능력을 올바르게 평가해 줄 것을 소구하는 것이어야 하지, 선발된 타 경쟁자의 공직임명을 다투는 것이거나, 그의 공직취임의 정지를 요구할 수는 없다(허영, 『헌법이론과 헌법』, 1129면).

제7장 成果給制의 導入 · 擴大

성과급제는 1980년대 많은 OECD 국가들에서 공공조직의 구조와 관리과정에 대한 개혁의 하나로 추진되었다. 이러한 개혁은 신공공관리론의 흐름으로 이해되는데, 이것은 민간부문의 관리기법을 공공부문에 받아들여 공공조직의 관리향상을 꾀하려는 것으로 볼 수 있다. 우리나라에서는 1990년대 말에 들어 정부의 생산성을 높일 수 있는 주요 수단들 중의 하나로 성과급제에 대한 논의가 진행되어 왔다. 그러나 보수제도개혁 역시 헌법적 한계에 의하여 일정한 제약을 받지 않을 수 없다.

제1절 서 설

IMF 외환위기를 겪으면서, 공직사회의 경쟁력을 높이기 위해서는 계급과 연공서열 위주의 인사관리체계를 직무와 성과중심으로 전환해야 한다는 주장이 공직 내외에서 제기되었다. 1998년 말에 국장급 이상 공무원에게 연봉제를 도입하였고, 이와 함께 과장급 이하 공무원에게 성과상여금제도를 도입하였다.[422]

2008년 공무원 보수는 2007년보다 총액 대비 2.5% 인상되고, 공무원 개인의 실적과 성과에 따라 차등지급 되는 성과급 비중도 확대된다. 공무원 보수에서 차지하는 성과급의 비중은 2007년 3%에서 2008년에는 4%로 확대되어[423] 같은 직급이라도 개인별 실적과 성과에 따라 보수 차이가 커지게 된다.[424] 고위공무원은 성과와 역량 중심의 인사관리를 더욱 강화하기 위해 2007년에 이어 2008년에도 기본연봉을 동결하고 성과연봉 비중을 5%(2007년)에서 8.5%(2008년)로 확대했다. 이에 따라 고위공무원 간 성과연봉 최대 격차는 710만 원(2007년)에서 1,208만 원(2008년)으로 벌어지게 되었으며, 성과가 낮은 고위공무원은 연봉이 작년 수준으로 동결되어 실질소득이 줄어드는 경우도 생기게 되었다.[425]

또한 2008년부터 경찰, 소방, 군인 등 특정직 실·국장급 공무원까지 成果賞與金 적용대상이 확대되었다.[426] 2007년까지만 하더라도, 군인 가운데 중령 이하는 성과급 제도의 대상이지만, 대령 이상은 이 제도를 적용받지 않았다.[427] 이것은 지휘관들의 성과를 평

---

422) 중앙인사위원회, 『공무원인사개혁백서』, 155면. 그러나 성과상여금제도가 모든 직종 공무원을 대상으로 하는 것과는 달리, 연봉제는 일부 특정직이 적용대상에 배제되었다.

423) 중앙인사위원회 예규 제158호, 공무원 연봉 업무처리지침(2008. 1. 11. 시행).

424) 또한 정부는 공기업 직원들의 성과급을 보다 확대함으로써 직원들의 능력과 성과에 따른 급여 차별을 더욱 뚜렷이 할 계획이다. 21일 기획재정부 등에 따르면, 정부는 공기업에도 민간경영 기법을 적극 도입한다는 차원에서 성과급을 확대하기로 했다("정부, '공기업 성과급 비중 확대'", 한국일보, 2008년 4월 21일자(http://news.hankooki.com/lpage/politics/200804/h2008042106251621060.htm, 2009. 9. 20. 최종확인)).

425) 중앙인사위원회 보도자료, "공무원 성과급 비중 확대"(2008. 1. 4).

426) 중앙인사위원회 보도자료, "공무원 성과급 비중 확대"(2008. 1. 4).

427) 군인계급은 이병, 일병, 상병, 병장, 하사, 중사, 상사, 원사, 준위, 소위, 중위, 대위,

가하기 어려울 뿐 아니라, 평가결과에 따라 급여를 차등화하는 것
도 바람직하지 않다는 군 의견에 따른 것이다. 법관·검사들도 성
과평가 제도가 사법적 업무의 공정한 수행에 장애물이 될 수 있다
면서, 그동안 이 제도의 도입에 반대해 왔다. 경찰의 경우,[428] 총경
(경찰서장급)까지는 성과평가가 이루어지고 있으나, 그 위의 계급인
경무관급 이상은 법관·검사 등과 비슷한 이유로 업적에 따른 급
여 차등화가 수용되지 않았다.[429]

그러나 최근 능력·업적에 따라 급여를 차등 적용하는 사회적 추
세를 반영하고, 공공부문의 효율성을 높이기 위해 성과급 적용대상
자를 확대하기로 결정하였다. 다만 현재 일반직 공무원 중 장·차
관이 성과급 적용대상에서 빠져 있는 점을 고려해 법조계와 군·경
찰의 장·차관급에 해당하는 최고위직 그룹의 경우 적용대상에서
제외되었다.[430] 따라서 일반직 공무원 중 장·차관, 장·차관급
판·검사(통상 고법 부장판사와 대검 검사급(검사장급)),[431] 중장 이

소령, 중령, 대령, 준장, 소장, 중장, 대장 순으로 높다.

428) 경찰직급은 의경, 순경, 경장, 경사(비간부), 경위, 경감, 경정, 총경, 경무관, 치안감,
  치안정감(서울지방경찰청장, 경기지방경찰청장, 경찰청 차장, 경찰대학장), 치안총감
  (경찰청장, 해양경찰청장)(간부)으로 구성된다.

429) "판검사, 장성, 지방경찰청장 차등 성과급", 동아일보, 2007년 10월 8일자
  (http://www.donga.com/fbin/output?f=total&n=200710080392&top20=1, 2009. 9. 20.
  최종확인).

430) "고위공무원 성과급 대상 확대", 국민일보, 2007년 10월 8일자(http://www.kukinews.com/
  news/article/view.asp?page=1&gCode=soc&arcid=0920683498&cp=nv, 2009. 9. 20.
  최종확인). 2008년부터 법관과 검사, 군 장성, 지방경찰청장 등 특수직 고위 공무원의
  연봉도 성과급 체계 적용을 받게 되는 대상자는 전체 법관과 검사 4,500여 명과 대령
  이상 군인 3,000여 명, 경무관 이상 경찰 70여 명, 국장급 이상 경호공무원 등이다.

431) 판·검사에게도 '성과급제' 도입으로 2월 18일과 22일에 '법관 및 법원공무원 수당
  등에 관한 규칙'과 '검사의 보수에 관한 법률 시행령'에 직무성과급 지급 조항이 신설
  되었다. 이에 따라 통상 고법 부장판사와 대검 검사급(검사장급) 이상을 제외한 15호
  봉 이하 판·검사 4,500여 명은 직무의 내용, 곤란성 및 책임의 정도에 따라 갑·
  을·병·정 4개 등급으로 나뉘어 연간 두 차례 성과급을 차등지급 받게 된다. 갑등

상 군장성(중장, 대장), 치안총감(경찰청장, 해양경찰청장)은 성과급 대상에서 제외된다.[432]

그러나 경영원리를 도입하기 곤란한 공공부문에 성과급제의 도입·확대는 실질적으로 공무원의 재산상 권리가 제한되는 결과를 초래할 수 있고, 능력주의의 본래 의미를 희석시킬 수 있다.

이하에서는 成果給制의 導入·擴大에 대한 헌법적 검토를 위해, ⅰ) 공무원의 보수제도, ⅱ) 공무원의 성과급제, ⅲ) 공무원의 재산상 권리, 그리고 ⅳ) 직업공무원제도의 내용으로서 능력주의에 관하여 살펴보기로 한다.

제2절 공무원의 보수제도

Ⅰ. 서 설

공무원의 보수제도는 보수체계와 보수형태로 나누어 볼 수 있다. 보수체계와 보수형태는 모든 보수제도의 관리상 중요한 개념이지만, 보수체계가 보수형태보다는 상위개념이라 할 수 있다.[433] 보수

급(상위 15%이내)은 지급기준액(9호봉 전년도 월 봉급액)의 130% 이상, 을등급(15~35%)은 기준액의 100%, 병등급(35~70%)은 기준액의 80%, 정등급(상위 70% 초과)은 기준액의 70% 이하를 받게 되어 있다. 추가로 지급받는 성과급을 평균으로 환산하면 1인당 연간 300만 원가량이다("판검사도 성과급 도입, 평가방법 골치", 조선일보, 2008년 3월 12일자(http://news. chosun.com/site/data/html_dir/2008/03/12/2008031200241.html, 2009. 9. 20. 최종확인)).

432) "판검사, 군장성도 차등성과급제", 조선일보, 2007년 10월 9일자(http://news.chosun.com/site/data/html_dir/2007/10/09/2007100900006.html, 2009. 9. 20. 최종확인).

체계는 직무급, 직능급, 성과급, 연공급 등을 일컫는 것으로, 이는 분류기준과 사회관습 등 여러 상황 차이에 따라 다양한 유형이 있을 수 있다. 따라서 나라마다 다르고 민간분야와 공공분야가 다를 수 있다. 한편, 보수형태는 보수체계 내에서 좀 더 구체적 지급형태인 고정급(월급제)과 비고정급(성과급) 등과 같은 개념을 일컫는다.

II. 공무원의 보수체계

1. 의 의

보수체계란 보수지급 항목(보수종류)들의 구성체계를 말한다. 어떤 종류의 보수를 어떻게 배합하느냐에 따라 보수체계의 형태가 결정된다. 보수는 어떠한 체계에 의하여 구성되며, 어떠한 형태로 지급되고 있는가 하는 것이 보수체계 관리상 중요한 과제이다.[434] 보수체계는 조직이 처해 있는 대내외의 환경적 요구를 반영하고 보수정책의 기본방향에 부합하는 것이어야 한다.

보수를 분류하는 유형론은 다양하나, 크게 두 가지 범주로 나눌 수 있다. 하나는 보수가 기본적인 것인가 또는 부가적인 것인가 하는 형식에 따라 분류하는 形式的 分類이고, 다른 하나는 보수의 목적 또는 보수수준 결정의 기준이 무엇이냐에 따라 분류하는 實質的 分類이다.[435] 이러한 분류방법은 상대적인 것으로 실제 보수

---

433) 강성철 외, 『새 인사행정론』, 470면.
434) 한영수 · 강인호, 『인사행정론』, 328면.
435) 오석홍, 『인사행정론』, 421면.

제도를 운영하는 경우에는 대개 양자를 혼합하여 사용하고 있다. 우리나라의 「(지방)공무원보수규정」 및 「(지방)공무원수당 등에 관한 규정」에서 보수의 종류를 분류한 방식은 형식적 분류에 속한다.

2. 기본급(봉급)

기본급인 봉급은 기준근무시간에 대한 보수이며, 보수의 기본이 되는 것으로서 모든 공무원에게 지급되는 보수이다. 기본급은 각종 수당과 연금 및 실비변상 등을 산정하는 기준이 되는 것이다. 기본급은 그 결정기준을 어디에 두느냐에 따라 다양한 종류로 나눌 수 있다. 실질적 형태의 분류를 정리하면 다음과 같다.

(1) 생활급

생활급은 공무원과 그 가족의 기본적인 생계유지를 보장하기 위한 것이다. 생활급은 생계비를 결정기준으로 하는 보수로서 공무원과 그 가족의 생활을 보장하기 위한 것이다. 따라서 생활급을 정하는 데 있어서 고려되는 변수들로는 공무원의 연령, 가족의 수, 자녀들의 교육비 등이 있다.[436]

(2) 연공급

연공급은 공무원의 근속연수를 기준으로 하는 보수로서 근속급이라고도 한다. 근속급제도하에서는 비교적 적은 初任給으로 시작하여 근속기간이 늘어남에 따라 보수액을 증가시켜 간다.[437] 이러

---

436) 박천오 외, 『현대인사행정론』, 400면.
437) 오석홍, 『인사행정론』, 423면.

한 근속급은 노동시장이 폐쇄적인 때에 공무원의 근속을 장려하여 필요한 노동력을 확보할 수 있다. 그리고 공무원 자녀의 성장 등에 따른 생계비 증가를 뒷받침해 주어야 한다는 요청을 어느 정도 충족시킬 수 있다.

(3) 직무급

직무급은 공무원이 담당하고 있는 직무의 곤란성 및 책임의 정도에 따라 직무의 가치를 평가하여 결정되는 보수를 말한다. 이를 속직급이라고도 한다. 직무급은 동일직무에 대한 동일보수의 원칙을 적용하여 보수의 공정성을 기한다는 원칙에 기초하고 있다.[438] 이러한 원칙을 반영하기 위해서는 직무평가에 의해 각 직무의 가치를 평가하고, 평가가치들을 등급화하여 동일한 등급에 해당되는 직무들에 대해 동일한 보수를 지급하여야 한다.[439]

(4) 직능급

직능급은 직무수행능력(지식과 능력의 숙련도)을 기준으로 한 것으로서 직무를 수행하는 데 요구되는 능력을 기준으로 하는 보수를 말한다.[440] 이를 능력급이라고도 한다. 직능급에서 의미하는 능력은 일반적 능력이 아닌 직무를 수행하는 데 필요한 능력을 뜻한다. 즉 일을 해낼 수 있는 잠재적 능력의 정도에 따라 지급금액을

---

438) 직무급의 형태로는 세 가지 유형이 있다. ⅰ) 개별 직무급은 평점제 직무급이라고도 하는데, 직무평가의 결과에 따라 산출되는 평점에 1점당 단가를 곱하여 보수를 산출하는 형태이다. ⅱ) 단일 직무급은 기관 내의 각 직무가 가진 상대적 가치를 비교하여 평가한 직무평가의 평점을 기준으로 직급을 분류하고 각 직급마다 동일한 보수를 책정하는 형태이다. ⅲ) 범위 직무급은 동일직급 내의 직무에 대해서도 각 개인의 호봉 수에 따라 보수에 차이를 두는 형태이다(한영수 · 강인호, 『인사행정론』, 330면).

439) 김중양, 『한국인사행정론』, 515〜516면.

440) 강성철 외, 『새 인사행정론』, 475면.

결정하는 방식의 보수를 말한다.[441] 따라서 직능급은 직무의 가치, 즉 직무의 양과 질에 직접 관계가 없는 장래적·잠재적 능력에 따라 임금을 지급하는 제도를 말한다.[442]

(5) 성과급

실적급, 업적급, 능률급, 유인급, 장려급 등으로 불리기도 하는 성과급은 직무수행의 결과를 기준으로 결정하는 보수이다.[443] 능률급은 공무원이 앞으로 일을 해낼 수 있는 능력을 기준으로 보수를 결정하는 것이 아니라, 실제로 해낸 업적을 기준으로 결정한다는 점에서 능력급과는 그 성격이 다르다.[444] 성과급을 결정하기 위해서는 전년도의 근무실적을 평가하여 금년도의 기본급에 반영한다.[445]

3. 부가급(수당)

수당은 계급제와 관련이 깊은 것으로서 직무내용, 근무환경 및 생활조건 등의 특수성을 고려하여 지급되는 보수의 일부로 기본급의 미비점을 보완하여 보수제도의 탄력성을 확보시켜 주는 것이다. 보수가 충족시켜야 할 요청은 많고 공직의 성격과 조건은 매우 다양하기 때문에 기본급이라는 하나의 수단만으로 대처하기는 어려우며, 수당제도로써 이를 보완하지 않을 수 없다. 여기에 부가급의

---

441) 행정학용어 표준화연구회, 『행정학용어사전』, 새 정보 미디어, 1999, 218면.

442) 이종수, 『행정학사전』, 대명문화사, 2000), 95면.

443) 직능급은 업무를 수행하는 데 있어서의 개인적 능력을 기초로 한 것인 반면, 실적급은 보수의 결정에 있어서 개인의 능력과 관계없이 실제로 개인에 의해 수행된 결과를 기준으로 삼는다는 점에서 차이가 있다.

444) 행정학용어 표준화연구회, 『행정학용어사전』, 219면.

445) 박천오 외, 『현대인사행정론』, 402면.

존재이유가 있는 것이다.

(1) 생활보조급적 수당

공무원의 생활조건을 고려하여 생활비를 보조하기 위하여 활용되는 수당으로 가계보전수당이라고도 부른다. 그 대표적인 것이 가족수당(부양수당)이다. 가족수당은 공무원이 부양하는 가족의 생계비를 보조하려는 수당이다. 가족수당 이외에도 자녀학비보조수당, 주택수당 등 복리후생적 수당이 생활보조급적 수당에 포함된다.

(2) 직무가급적 수당

직무의 차이에 대한 보수의 조정이 기본급만으로는 불충분할 때 활용되는 수당을 통칭하여 직무가급적 수당이라고 한다. 즉 직무의 특수성 때문에 지급되는 수당을 말한다.[446] 직무의 특수성이란 구체적으로 ⅰ) 직무의 성질이나 직무상 필요로 하는 자격요건이 특수한 경우, ⅱ) 근무시간·근무형태 등이 특수한 경우, ⅲ) 근무환경이 위험하거나 건강에 해로운 경우 등이다. 직무가급적 수당의 예로는 위험근무수당, 특수업무수당 등이 있다.[447]

(3) 성과급적 수당(상여수당)

성과급적 수당은 금전적 유인의 부여로 직무능률의 향상을 꾀하고 탁월한 직무수행을 보상하려는 상여수당이다. 성과상여금, 능률급적 수당 또는 장려수당이라고도 부른다.[448]

---

446) 한영수·강인호, 『인사행정론』, 331면.
447) 신기원·김시동, 『한국인사행정론』, 297면.
448) 오석홍, 『인사행정론』, 427면.

(4) 초과근무수당

정상근무시간을 초과하여 근무하는 사람에게 지급되는 것으로서 시간외 근무수당, 야간근무수당, 휴일근무수당, 일직수당, 숙직수당 등이 여기에 포함된다.

(5) 조정수당

조정수당은 노동시장의 형편에 따라 특정한 직위 또는 직급의 보수를 조정하거나 새로운 보수체계의 도입 등으로 일시적인 보수 불균형이 생긴 경우 이를 조정하기 위한 수당이다. 우리 정부에서는 민간부문에 비해 낮은 보수를 보전해 주는 데 봉급조정수당을 활용하고 있다.

Ⅲ. 공무원의 보수형태

안정 지향적이냐 성장 지향적이냐에 따라 보수형태를 고정급과 변동 가능한 성과급 등으로 나눌 수 있다.

1. 고정급

고정급은 개개인의 작업량이나 실적보다는 업무에 종사한 시간을 단위로 하여 정액으로 보수를 지급하는 제도로서 일종의 시간급이다. 고정급에는 일급, 주급, 월급, 연봉제 등이 있으나, 우리나라에서는 월급제가 일반적인 보수형태라 할 수 있다.

그러나 우리나라 공무원 연봉제[449]는 固定給的 年俸制와 成果

給的 年俸制, 職務成果給的 年俸制 등으로 나뉘는데, 고정급적 연봉제는 차관급 이상 정무직 공무원 등을 대상으로 한다.[450] 정무직 공무원은 일반직 공무원과 달리 성과측정이 극히 어렵기 때문에 개별 직위마다 고정된 연봉을 책정하고 있다.[451] 成果給的 年俸의 내용으로는 봉급·정근수당·관리업무수당·명절휴가비·교통보조비 그리고 가계지원비 연액을 포함한다.

2. 성과급

성과급은 변동 가능한 것으로서 공무원이 수행한 직무성과 등에

---

449) 우리나라 공무원의 연봉제 도입문제는 1997년 발생한 외환위기로 국제통화기금(IMF)으로부터 국제금융을 받기 시작하면서, 정부의 경쟁력강화 차원에서 논의되었다. 이에 따라 1999년도부터 공직사회의 경쟁력과 생산성을 제고하고 창의적이고 열심히 일하는 공직분위기를 조성하기 위한 목적에서 3급 이상(3급 과장급 제외) 및 계약직 공무원들을 대상으로 시행하게 되었다. 기본방향은 직종별 특성에 맞는 연봉제 급여체계로 전환하고, 호봉제를 폐지하여 능력과 실적에 상응하는 보상을 제공하자는 것이다. 즉 계급과 경력을 중시하는 연공급 보수체계에서 능력과 업무실적을 중시하는 성과급 보수체계로 전환하여 민간부문의 우수인력을 신축적으로 도입하려고 하였다(신기원·김시동, 『한국인사행정론』, 304면).

450) 유민봉·임도빈, 『인사행정론』, 550면. 고정급적 연봉제 적용대상 공무원의 경우에는 해당 직책과 계급을 반영하여 일정액으로 지급되는 금액을 말한다(공보규 제4조 제8호, 지보규 제3조 제8호).

451) 연봉제 종류별 적용대상(행정안전부 예규 제241호, 공무원보수 등의 업무지침(2009. 5. 29), 217면).

구 분	적용대상 공무원	비 고
고정급적 연봉제	◦ 정무직 공무원	◦ 직위별로 고정액 지급 ◦ 외무공무원의 14등급 포함
성과급적 연봉제	◦ 1~4급(상당) 공무원 및 이에 준하는 공무원 ◦ 4급 또는 5급의 복수직급 정원에 해당하는 4급(상당) 공무원에 대해선 과장급 직위에 임용된 경우에 한함 ◦ 계약직 공무원(계약직 고위공무원을 제외함)	◦ 경력 등에 따라 최초 연봉을 설정하고, 성과에 따라 연봉 조정 ◦ 외무공무원의 7~13등급 포함
직무성과급적 연봉제	◦ 고위(감사)공무원에 속하는 공무원 (연구직 공무원과 지도직 공무원 등 호봉제가 적용되는 공무원을 제외함)	◦ 경력, 직무값, 성과 등에 따라 연봉 설정

대한 평가를 실시하여 보수를 차등하여 지급하는 것이다. 이것은 생산성을 높이려는 데 그 주된 목적이 있다.[452] 성과급제에 대한 더 자세한 내용은 節을 바꾸어 살펴보기로 한다.

제3절 공무원의 성과급제

I. 서 설

成果給(pay – for – performance)은 직무수행의 실적을 결정기준으로 삼는 보수이다.[453] 따라서 성과급은 측정 가능한 직무수행의 결과에 보수를 직접적으로 연결하는 제도이다. 이 제도하에서는 공무원의 직무수행성과의 수준과 그의 보수 사이에 직접적인 관계가 설정된다. 직무수행성과에 대한 평가결과에 따라 1년 단위로 보수를 차등지급 하는 성과급은 年俸制 또는 成果年俸制라 한다.[454]

---

452) 임금인지 여부를 판단함에 있어 가장 중요한 기준은 '근로의 대상성'인데 그 규범적 의미는 법해석에 맡겨져 있다. 일반적으로 사용종속관계하에서 행하는 근로에 대하여 그의 보수로서 지급되는 것이라 해석된다. 성과급은 근로자 개인의 업무실적에 따라 지급되는 것이라는 점에서 '근로제공과 직접적 또는 밀접하게 관련된 것'으로서 '근로의 대가'인 임금에 해당한다(김홍영, "성과급의 임금성 여부", 『노동법연구』 제17호, 서울대노동법연구회, 2004년 하반기, 276, 283면).
그러나 최근 대법원은 "근로자 개인의 실적에 따라 결정되는 성과급은 지급조건과 지급시기가 단체협약 등에 정하여져 있다고 하더라도 지급조건의 충족 여부는 근로자 개인의 실적에 따라 달라지는 것으로서 근로자의 근로제공 자체의 대상이라고 볼 수 없으므로, 임금에 해당된다고 볼 수 없다."(대판 2004. 5. 14, 2001다76328)는 판결을 내렸다.
453) 성과급에는 여러 가지 별칭이 있다는 것에 대해서는 앞서 언급하였다. 실적급, 업적급, 능률급, 유인급, 장려급, 실적연관적 보수(pay contingent on performance) 등이 그 예이다.

1. 성과급제의 의의

성과급제는 연공서열식 보수를 타파하고 공무원의 동기를 유발시킴으로써 공직사회의 경쟁력과 생산성을 제고시키려는 의도에서 도입된 제도이다.[455] 成果給制는 직무능력과 실적의 평가에 따른 보수의 차등지급을 내용으로 한다.[456] 즉 공무원의 개별적 직무성과를 매년 평가한 뒤 보수를 그 결과에 따라 차등지급 하는 것이다.

2. 성과급제의 도입

우리나라도 행정개혁의 일환으로 1995년에 공직사회에 일하는 분위기를 조성한다는 취지에서 '특별상여수당'이라는 명칭으로 공무원 성과급제도를 처음 도입하였다.[457] 이 제도는 행정부 소속(상당 계급) 전 공무원을 대상으로 업무실적평가결과 상위 10% 이내에 해당하는 사람들을 선정하여 본인의 월기본급의 100% 내지 50% 상당액을 연 1회 일시불로 지급하는 것이었다.

그 이후 이 제도는 1999년에 새로운 제도로 개편되었다. 개편된

---

454) 오석홍, "성과급제도의 이상과 좌절", 『행정논총』 제38권 제1호, 서울대학교 행정대학원, 2000, 194면.

455) 박천오, "중앙인사위원회 주도의 인사개혁", 『인사행정』 제19호, 중앙인사위원회, 2004, 여름, 50면.

456) 정부의 인력 및 조직관리 측면에서 공무원의 경쟁력과 생산성 향상을 위해서 민간부문에서 활용되어 온 다양한 인센티브 제도를 공공부문에 도입하고 있다. 그러한 인센티브 제도의 하나가 바로 성과급제도이다. 이는 행정에서 민주성, 합법성, 책임성, 대표성, 사회적 형평성, 공익 등의 전통적 규범이 쇠퇴하고, 효용성, 능률성, 생산성, 수익성 등 경영학적 규범이 강조됨에 따라서 "민간부문에서 적절한 것은 공공부문에도 적용해야 한다."는 논리와 궤를 같이한다(황성원, "공공조직의 성과급제에 관한 소고", 『한국행정연구』 제12권 제3호, 한국행정학회, 2003, 겨울호, 124면).

457) 한영수・강인호, 『인사행정론』, 333면.

제도는 두 종류로 구분되는데, 하나는 3급 과장(상당 계급) 이하 전 공무원을 대상으로 하는 '성과상여금'이며, 다른 하나는 성과급적 연봉제가 적용되는 3급 국장(상당 계급)부터 1급까지를 대상으로 하는 '성과연봉'이다.[458] 성과연봉은 계급별 연봉범위 내에서 목표 관리제에 의한 개인별 업무평가 결과에 따라 차등지급 되었다.[459]

458) 1999년부터 3급 국장급 이상의 공무원에게 연봉제 보수제도가 적용되었다. 2000년부 터는 호봉승급 대신 전년도의 성과평가가 연봉에 반영되도록 하였고, 2005년부터는 성과연봉제가 과장급까지 확대되었다. 외무공무원의 경우에는 한 걸음 더 나아가 계 급제와 이에 기초한 연봉제를 폐지하고 직무분석을 실시하여 각 직위별 직무값과 성 과에 따라 연봉이 결정되는 직무성과급적 연봉제를 도입하여 2002년부터 실시하고 있으며 적용대상에 과장급도 포함된다(중앙인사위원회, 『공무원인사개혁백서』, 155면).

459) 성과급 지급을 위한 해당 공무원의 평가방법은 한동안 目標管理制(MBO)를 활용하기 도 했으나, 2005년 이후에는 이를 변경하여 현재는 職務成果契約制(performance agreement)에 의한 평가결과 등을 활용하고 있다(강성철 외, 『새 인사행정론』, 478면). 목표관리제는 목표설정과정에서의 조직구성원의 참여와 목표달성도에 대한 평가를 통하여 관리자와 조직구성원의 업무성과를 촉진시키는 관리전략으로 '성과'에 상응한 보상체계를 주요 내용으로 하고 있다. 즉 목표관리제는 "조직계층의 상·하위자 간에 협의를 통하여 부서 및 개인의 목표를 명확히 설정하고, 평가자와 수행자가 목표달성 에 관하여 의견교환을 통해 평가하여 다음 목표설정에 피드백하고 그 결과를 보상체 계에 반영하는 관리제도"이다. 이와 같이 목표관리제는 기본적으로 인간의 자율성과 성취동기에 의한 자기관리에 기초를 두고 있으며, 결과 지향적 목표설정, 참여적 의 사결정(또는 관리), 최종결과의 평가 및 피드백이라는 세 가지 요소를 특징으로 하고 있다(권경득, "목표관리제(MBO)의 도입과 성공적 실시를 위한 과제", 『지방포럼』 제4 권, 한국지방행정연구권, 2000, 104면).
직무성과계약제도란, 장·차관 등 기관의 책임자와 실·국장, 과장 간에 공식적인 성 과계약(Performance Agreement)을 체결하여 성과목표 및 지표 등에 관하여 합의하고, 당해 연도의 '직무성과계약'에 의해 개인의 성과를 평가하고, 평가결과를 성과급, 승 진 등에 반영하는 인사관리 시스템을 말한다. 중앙부처 4급 이상 일반직·별정직·특 정직·계약직 공무원이 직무성과계약의 대상으로서, 계약체결일 현재의 보직을 기준 으로 계약당사자를 확정하고, 기관장은 부기관장과, 부기관장은 실·국장과, 실·국 장은 과장과, 과장은 복수직 서기관과 성과계약을 체결하게 된다. 계약은 1년 단위로 체결하며, 연도 말을 기준으로 익년도 초에 평가하게 된다. 부기관장은 결과(Outcome) 를 중심으로 전략목표를 설정하고, 실·국장은 단위업무의 산출물(Output) 중심으로, 과장 및 서기관은 성과목표 내에서 본인의 역할(Activity)을 중심으로 성과목표를 제시 한다. 상·하급자 간에 정량적 지표 외에 정성적 지표까지 계약함으로써 질적인 측면 까지 고려하여 성과계약의 달성도를 평가할 수 있다(행정안전부 예규 제84호, 직무성 과계약제 운영지침(2008. 3. 14), 1면 이하).
이론적으로 볼 때, 직무성과계약제는 신공공관리 사조 이후 투입요소에 대한 통제보 다 결과에 대한 통제가 강조되는 흐름과 직결되어 있다. 즉 성과계약을 통해 공공조 직의 투입요소에 대한 통제를 줄여 보다 많은 관리적 자율성을 공공기관에 부여하고 현재 정부에서 활용되고 있는 성과급에는 1급 내지 4급(과장급) 공무원을 대상으로 하는 成果年俸[460]과 4급(과장급 제외) 이하 공무원을 대상으로 하는 成果賞與金[461]이 있다.[462]

있다. 이러한 관리적 재량권의 증가는 공정한 평가관리와 함께 결과 평가를 강조하는 방향으로 귀결된다(채은경·이종수·노승용, "한국 공공부문에 있어서의 직무성과계약제도 도입에 관한 분석", 『현대사회와 행정』 제16권 제1호, 한국국정관리학회, 2006. 5, 103면).

460) 성과급적 연봉제의 적용대상은 기본적으로 1급(상당)~4급(상당) 공무원(이에 준하는 공무원 포함)과 계약직 공무원이다. 특정직인 외무공무원의 경우에는 7등급부터 13등급이 성과급 적용을 받는다. 성과급적 연봉제의 적용을 받는 공무원에 대한 급여는 기본연봉과 성과연봉 등으로 구성된다. 기본연봉은 해당 직책과 계급 및 개인의 누적성과를 반영하여 지급되는 기본급여의 연액을 말하며, 성과연봉은 전년도 업무실적의 평가결과를 반영하여 지급되는 급여의 연액을 말한다(강성철 외, 『새 인사행정론』, 478면). 외교통상부와 그 소속기관의 각 직위는 그 직무의 곤란성 및 책임의 정도에 상응하여 1등급 내지 14등급의 직무등급으로 구분하고 있다(외임령 제32의 2 제2항). 이 가운데 7등급 이상 13등급까지는 성과급적 연봉제를 적용하고 있으며, 14등급에 대해서는 고정급적 연봉제를 적용하고 있다(공보규 제58조 제1항). 나머지 등급은 호봉제의 적용을 받는다(공무원보수규정 별표35 참조). 호봉제를 적용하는 고위공무원(고위공무원단에 속하는 연구직·지도직 공무원 등)의 보수는 봉급, 수당, 직무급, 성과상여금으로 구성된다(행정안전부 예규 제241호, 공무원보수 등의 업무지침(2009. 5. 29), 214면).

461) 성과상여금은 공무원이 전년도 업무실적을 객관적으로 평가하여 능력이 있고 실적이 우수한 공무원에게 인센티브를 부여함으로써, 공직사회의 경쟁력과 생산성을 제고하고 열심히 일하는 분위기 조성을 위하여 도입되었다(강성철 외, 『새 인사행정론』, 479면).

462) 성과연봉과 성과상여금은 지급기준, 지급방법·절차, 지급액 규모에서 동일하다. 다만 성과연봉의 전부 또는 일부는 다음 연도 기준급에 누적되지만, 성과상여금은 다음 연도에 누적되지 않는다는 점에서 차이가 있다(행정안전부 예규 제241호, 공무원보수 등의 업무지침(2009. 5. 29), 232면).

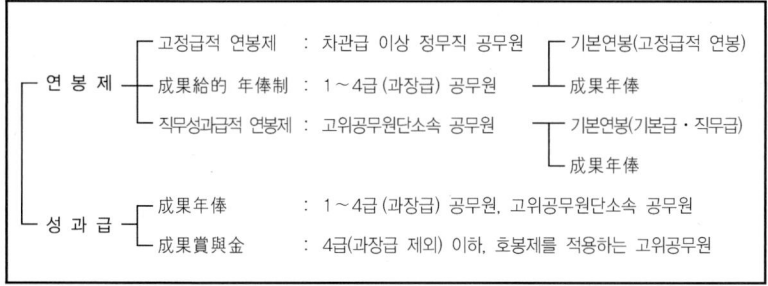

II. 현행 성과급제

현재 성과급은 몇 가지로 지급되고 있으나, 그중에서도 '본질적'인 성격을 갖는 것은 1급 내지 4급(과장급) 공무원에게 지급하는 成果年俸과 4급(과장급 제외) 이하 공무원에게 지급하는 成果賞與金이다.[463]

1. 성과급적 연봉제도

成果給的 年俸制度가 적용되는 1급 내지 4급(과장급) 공무원의 범주에는 일반직(공안직 포함)·별정직 공무원, 재외공무원(재외무관 제외), 그리고 계약직 공무원이 포함된다. 성과급제 연봉은 두 가지로 구분된다. 그 하나는 '基本年俸'이다. 이것은 '固定給的 年俸'이며, 봉급·정근수당·관리업무수당·명절휴가비·교통보조비 그리고 가계지원비 연액을 포함한다. 다른 하나는 '成果年俸'이다. 이것은 '業績年俸'으로서 전년도 업무성과에 대한 평가결과에 따라 평가등급별로 차등하여 당해 연도에 지급되는 금액을 말한다.[464] 연봉제 적용대상 공무원들은 연봉 외에 가족수당·자녀학비보조수당·직급보조비·정액급식비·특수근무수당·특수지근무수당·대우공무원수당 등을 따로 받는다.

---

463) 강성철 외, 『새 인사행정론』, 476~477면.
464) 성과급적 연봉제(성과연봉)의 평가등급별 인원비율 및 지급률(지급기준액 기준)(행정안전부 예규 제241호, 공무원보수 등의 업무지침(2009. 5. 29), 161면).

평가등급	S등급	A등급	B등급	C등급
인원비율	20%	30%	40%	10%
지급률	7%	5%	3%	0%

그리고 職務成果給的 年俸制가 있다.465) 직무성과급적 연봉제 (기본급과 성과급 외의 등급별 직무급이 포함)의 대상은 고위공무 원단에 속한 고위공무원이다.466) 이것은 계급제와 이에 기초한 연 봉제를 폐지하고 직무분석을 실시하여 각 직위별 직무값과 성과에 따라 연봉이 결정되는 제도로서, 기본적인 운영체제의 형식은 성과 급적 연봉제와 대동소이하지만, 연봉결정의 기초가 공무원 개개인 의 계급이 아니라 담당하는 직무의 곤란성 및 책임의 정도인 점에 서 차이가 있다. 직무성과급제 연봉도 두 가지로 구분된다. 그 하 니는 '基本年俸'으로시 게인의 경력 및 누적성과를 빈영하여 책징 되는 기본급여인 基準給과 직무의 곤란성 및 책임의 정도를 반영 하여 직무등급에 따라 책정되는 기본급여인 職務給이 있다. 다른 하나는 '成果年俸'으로서 당해 연도 업무실적에 대한 평가결과에 따라 평가등급별로 차등하여 다음 연도에 지급되는 금액을 말한 다.467) 연봉 외에 가족수당·자녀학비보조수당·직급보조비·정액 급식비 등을 따로 받는다.

2. 성과급적 수당제도

成果賞與金制는 공직사회에 경쟁원리를 도입하여 열심히 일하

---

465) 직무성과급적 연봉제의 평가등급별 인원비율 및 지급률(지급기준액 기준)(행정안전부 예규 제241호, 공무원보수 등의 업무지침(2009. 5. 29), 233면).

평가등급	S등급	A등급	B등급	C등급
인원비율	20%	30%	40%	10%
지급률	15%	10%	6%	0%

466) 강성철 외, 『새 인사행정론』, 478면.
467) 행정안전부 예규 제241호, 공무원보수 등의 업무지침(2009. 5. 29), 130면.

는 분위기를 조성하고 행정의 생산성과 서비스의 질을 높이기 위해 1998년에 도입하여 2001년도에 첫 시행되었다. 현행 성과상여금제도는 일반직 공무원의 경우 4급(과장급 제외) 이하 공무원을 적용대상[468]으로 한다.[469] 그 성과평가기준은 근무성적평가결과와 다면평가결과에 의하되 혁신평가결과 등 부처별 특성을 반영한 별도의 평가기준을 추가할 수 있다.[470] 지급된 성과상여금은 성과연봉과 달리 기본급 등에 누적되지 않는다.[471]

---

468) 성과상여금 지급대상(행정안전부 예규 제241호, 공무원보수 등의 업무지침(2009. 5. 29), 371면).

공무원의 종류	지급대상
일반직 공무원	4급(과장급 제외) 이하
외무공무원	6등급 이하
연구직·지도직 공무원	3급 상당(과장급) 이하
별정직 공무원	4급 상당(과장급 제외) 이하 및 지방해양안전심판원심판관
기능직·고용직 공무원	전체
경찰공무원	치안정감 이하
소방공무원	소방정감 이하
교육공무원	공무원보수규정[별표 11]의 적용을 받는 공무원과 동 규정[별표 12]의 적용을 받는 공무원(장학관·교육연구관·장학사 및 교육연구사)
군인	소장 이하('군인사법' 제6조 제7항 제3호에 의한 하사 제외)
군무원	1급 이하
국가정보원직원	1급 이하
경호공무원	1급 이하

469) 성과상여금의 지급등급과 등급별 인원비율 및 지급률(기준액 기준)(행정안전부 예규 제241호, 공무원보수 등의 업무지침(2009. 5. 29), 374면).

평가등급	S등급	A등급	B등급	C등급
인원비율	상위 20%	20% 초과 50% 이내	50% 초과 90% 이내	하위 10%
지급률	230% 이상	160% 이상	90% 이하	0%

470) 행정안전부 예규 제241호, 공무원보수 등의 업무지침(2009. 5. 29), 117면. 따라서 연봉제 적용대상자는 성과에 따라 연봉액을 결정하고, 연봉제 적용대상자가 아닌 경우에만 성과상여금을 지급하고 있다.

471) 박천오 외, 『현대인사행정론』, 408면.

Ⅲ. 성과급제 도입의 문제점

1. 동기유발의 불확실성

성과급의 지급이 반드시 직무에 대한 동기를 유발시킨다고 볼 수 없다. 즉 성과기준에 의한 추가적인 금전지급이 동기유발과 생산성 향상에 직결되지 않을 수도 있다는 근본적인 문제가 있다. 이는 돈으로 모든 것을 해결하려는 이른바 물질만능주의적 사고에 기초를 두고 있다. 오히려 금전적 유인은 외재적으로 동기를 유발하지 못하고 내재적 동기유발을 방해할 수도 있으므로, 먼저 근무환경의 개선이나 공직에 대한 사명감을 높이게 함으로써 동기를 유발시켜야 할 것이다.

2. 성과측정의 곤란성

성과급은 '직무수행의 결과', 즉 측정된 실적을 기준으로 하는 것인데, 타당한 실적측정이 매우 어렵다. 행정업무 가운데는 업적의 객관적 측정이 어려운 것이 많고, 측정기술도 만족스럽지 못하다. 직무수행자의 노력에 의한 성과를 다른 영향요인으로부터 구분할 수 있을지도 의문이다.[472)]

3. 직무수행에 대한 목표왜곡

성과급제의 도입은 목표를 왜곡시키는 폐단이 존재한다. 공무원

---

472) 오석홍, "성과급제도의 이상과 좌절", 201면.

들은 측정되고 보상되는 업무에만 치중하고, 비측정·비보상업무는 기피하게 되어 담당업무 전체의 목표추구에 왜곡이 일어난다. 따라서 공무원들은 쉬운 방법으로 목표달성의 양적 기준만을 충족시키려고 할 가능성이 있으므로, 성과급제는 공무원들의 量的 복종을 조장하고 직무수행의 量으로 인해 質을 희생시킬 수 있다. 특히, 당해 공무원의 의사와 무관하게 실적을 낼 수 없는 직역에서 공무원이 근무하게 된다면, 노력과 관계없이 불이익을 받을 수밖에 없게 된다.

제4절 공무원의 재산상 권리

공익실현이라는 국가작용을 현실적으로 수행하는 공무원은 직무의 내용인 공무수행 그 자체가 공공의 이익을 위한 활동이라는 근무관계의 특수성 때문에 국가의 공적사무를 수행할 권리와 이에 따른 신분상·재산상의 부수적 권리를 향유함과 동시에 이에 상응하는 국가에 대한 공무원의 근무의무, 특히 직무전념의무를 진다.

Ⅰ. 서 설

공무원은 일반국민으로서의 지위와 국가기관구성원으로서의 지위라는 이중적 지위를 가진다. 국가기관구성원으로서의 공무원은 일반국민이 지지 않는 특별한 의무와 책임을 지는 반면에, 일반국민에게는 인정되지 않는 여러 가지 권리를 향유한다. 이러한 권리는 공무원이 국가 또는 지방자치단체에 대하여 가지는 개인적 공권이라는 점에서 그 특성이 인정된다.[473) 공무원의 권리는 공무원의 종류에 따라 차이가 있으나, 여기서는 재산상의 권리로서 보수청구권을 중심으로, 연금청구권 등을 살펴보기로 한다.

II. 보수청구권

1. 보수의 의의 및 성질

공무원은 근로의 대가로서의 보수청구권을 가진다. 공무원의 보수의 성질에 관하여는 일찍이 反對給付說과 生活資金說로 나뉘어 있었다. 그러나 국가공무원법과 지방공무원법이 공무원의 보수는 일반의 표준생계비·민간의 임금 기타 사정을 고려하여 직무의 곤란성 및 책임의 정도에 상응하도록 계급별로 정한다(국공법 제46조, 지공법 제44조)고 규정하고 있으므로, 공무원의 보수는 기본적으로 근로의 대가로서의 성격을 가지면서도 공무원의 생활보장적 성격을 가진다고 보아야 한다.[474)

---

473) 김동희, 『행정법 II』, 155면. 재산권보장의 범위는 경제활동을 통하여 축적된 동산이나 부동산 등 개별적인 재산의 보호에 그치지 않는다. 이러한 개별적인 재산의 보호 이외에도 헌법상 재산권보장의 범위는 일체의 재산적 가치 있는 권리 및 특정한 공법상의 주관적 공권의 보호를 포함한다. 여기에서 재산적 가치 있는 권리는 민법상 물권 또는 채권을 포함한다. 또한 공법상의 주관적 공권은 국가배상청구권, 손실보상청구권뿐만 아니라 보수청구권과 연금청구권도 포함된다(김성수, 『개별행정법』, 122면).

474) 공무원의 보수는 "직무의 곤란성 및 책임의 정도에 적응하도록 계급별 또는 직위별로 정한다."라고 한 것과 휴직 중인 자, 직위해제 중인 자 및 결근한 자에게는 봉급을 지

2. 보수의 내용

報酬라 함은 봉급과 기타 각종 수당을 합산한 금액을 말한다. 다만 연봉제 적용대상 공무원은 연봉과 기타 각종 수당을 합산한 금액을 말한다(공보규 제4조 제1호, 지보규 제3조 제1호).

俸給이라 함은 직무의 곤란성 및 책임의 정도에 따라 직책별로 지급되는 기본급여 또는 직무의 곤란성 및 책임의 정도와 재직기간 등에 따라 계급(직무등급 또는 직위를 포함한다)별·호봉별로 지급되는 기본급여를 말한다(공보규 제4조 제2호, 지보규 제3조 제2호).

年俸이라 함은 매년 1월 1일부터 12월 31일까지 1년간 지급되는 기본연봉과 성과연봉을 합산한 금액으로서, 基本年俸은 개인의 경력·누적성과와 계급 또는 직무의 곤란성 및 책임의 정도를 반영하여 지급되는 기본급여의 연액을, 成果年俸은 전년도 업무실적의 평가결과를 반영하여 지급되는 급여의 연액을 말한다. 다만 고정급적 연봉제 적용대상 공무원의 경우는 해당 직책과 계급을 반영하여 일정액으로 지급되는 금액을 말한다(공보규 제4조 제8호, 지보규 제3조 제8호).[475]

手當이라 함은 직무여건 및 생활여건 등에 따라 지급되는 부가급여를 말한다(공보규 제4조 제3호, 지보규 제3조 제3호). 수당으로는 共通手當(기말수당, 정근수당, 가족수당, 관리업무수당 등), 特

급하지 않거나 감액하여 지급하는 것 등은 보수의 반대급부적 성격을 나타낸 것이고, 공무원의 보수는 "일반의 표준생계비, 민간의 임금 기타 사정을 고려하여 결정한다." 라고 규정한 것과 보수의 압류가 제한되는 것은 보수의 생활보장적 급부의 성격을 나타낸 것으로 볼 수 있다(김중양, 『한국인사행정론』, 509~510면).

475) 1~4급(상당) 공무원에게 적용되는 연봉제를 성과급적 연봉제, 정무직 공무원에게 적용되는 연봉제를 고정급적 연봉제로 구분한다(유민봉·임도빈, 『인사행정론』, 550면).

殊手當(위험근무수당, 특수업무수당, 특수지근무수당), 超過勤務手當(시간외근무수당, 야간근무수당 등), 調整手當 그리고 其他手當(성과상여금, 자녀학비보조수당 등)이 있다(공수규, 지수규 참조).

3. 보수청구권의 성격

보수청구권은 공법관계인 공무원법관계에서 발생하는 것으로, 公權으로 보아야 한다. 따라서 보수지급청구소송이나 보수청구권 확인소송은 공법상 당사자소송에 의하여야 한다. 또한 보수청구권은 생활보장적 성격을 가지므로, 포기나 양도가 금지되고 압류가 제한된다. 현행법상 보수청구권의 압류는 2분의 1을 넘어서는 안 되는 것으로 규정되어 있다(민사집행법 제246조, 국세징수법 제33조).

보수청구권은 국가에 대한 권리로서 금전의 급부를 목적으로 하는 것이므로, 시효에 관하여 다른 법률에 규정이 없는 것은 5년간 행사하지 아니할 때에 시효로 인하여 소멸한다(국가재정법[476] 제69조, 지방재정법 제82조).[477]

Ⅲ. 연금청구권

1. 연금의 의의 및 성질

年金이라 함은 본래 일정한 기간 근무하고 퇴직(사망으로 인한

---

476) '예산회계법'과 '기금관리기본법'은 폐지되고, '국가재정법'이 제정되었다(시행일 2007년 1월 1일).

477) 박균성,『행정법론(하)』, 256면.

퇴직을 포함한다.)한 경우에 공무원 또는 그 유족에게 지급되는 급여를 말한다. 공무원연금법상 공무원이 20년 미만 재직하고 퇴직한 때에는 퇴직일시금을 지급한다(동법 제48조). 그런데 공무원연금법은 그 본래의 연금 이외에 공무로 인한 부상・질병・폐질에 대한 급여, 즉 공무상 災害補償金도 포함하여 인정하고 있다.

그러나 본래의 年金(퇴직금)과 공무상 災害補償金은 성격을 달리하는 것으로 이론상으로는 구별되어야 한다. 본래의 年金(퇴직금)은 공무원이 기여금을 납부하는 점에서 後拂賃金的 性格을 가지며, 또한 기여금 이상으로 국가와 지방자치단체가 부담하는 부담금이 포함되어 지급되는 점(동법 제65조 제1항)에서 社會保障的 性格을 가진다. 반면에, 공무로 인한 부상・질병・폐질에 대한 給與인 공무상 災害補償金은 공무원이 부담하지 않고 국가와 지방자치단체가 부담한다(동법 제65조 제2항)는 점에서 社會保障的 性格만을 가진다.

2. 연금의 내용

공무원연금법상의 급여에는 단기급여와 장기급여가 있다(동법 제25조). 短期給與는 공무원의 공무로 인한 질병・부상과 재해에 대하여 지급되는 급여를 말하는데, 공무상 요양비, 공무상 요양일시금, 재해부조금, 사망조위금을 내용으로 한다(동법 제34조). 長期給與는 공무원의 퇴직・폐질 및 사망에 대하여 지급되는 급여를 말하는데, 퇴직급여, 장해급여, 유족급여, 퇴직수당을 내용으로 한다(동법 제42조).

3. 연금청구권의 성격

연금청구권은 公權이다. 따라서 지급결정이 된 연금의 지급청구소송은 공법상 당사자소송에 의하여야 한다.[478] 급여를 받을 권리는 이를 양도, 압류하거나 담보에 제공할 수 없다. 다만 연금(퇴직연금, 장해연금, 유족연금)인 급여를 받을 권리는 이를 대통령령이 정하는 금융기관에 담보로 제공할 수 있고, 국세징수법·지방세법 기타 법률에 의한 체납처분의 대상으로 할 수 있다(동법 제32조).

공무원연금법에 의한 급여를 받을 권리는 그 급여의 사유가 발생한 날로부터 短期給與에 있어서는 1년간, 長期給與에 있어서는 5년간 이를 행사하지 아니할 때에 시효로 인하여 소멸한다(동법 제81조 제1항).

Ⅳ. 기타 재산상 권리

공무원은 보수를 받는 외에 국가공무원의 경우 대통령령, 지방공무원의 경우 조례가 정하는 바에 의하여 직무수행에 소요되는 실비변상을 받을 수 있는 實費辨償請求權(국공법 제48조 제1항, 지공법 제46조 제1항)과 공무원이 소속기관의 장의 허가를 받아 본래의 업무수행에 지장이 없는 범위 내에서 담당직무 외의 특수한 연구과제를 위탁받아 이를 처리한 경우에는 그 보상을 지급받을 수 있는 報償請求權(국공법 제48조 제2항, 지공법 제46조 제2항) 등을 가진다.

---

478) 대판 2004. 7. 8, 2004두244.

제5절 직업공무원제도의 내용으로서 능력주의

Ⅰ. 서 설

1. 의 의

능력주의는 신분질서를 타파하고 입헌국가에서의 공직제도를 형성함에 있어서 그 정당화의 토대를 이루는 개념이다.[479] 능력주의는 공무원의 임면 등에 있어 정치적 고려나 정실을 배제하고 오직 그 능력, 즉 성적에 의거하여야 함을 내용으로 하는 것으로서 직업공무원제도의 중심적 내용을 이루는 것이다.[480] 즉 정치세력에 의한 간섭 없이 개인의 성적을 기초로 하여 인사행정이 이루어져야 한다는 원칙을 말한다.[481]

2. 능력주의의 적용영역

능력주의(성적주의)는 여러 법률에서 공무원의 任用은 시험성적·근무성적 기타 능력의 실증에 의하여 행한다는 방식으로 규정되고 있다(국공법 제26조, 지공법 제25조). 이 임용의 원칙에 따라 新規採用은 시험성적에 의하도록 함을 원칙으로 하고(국공법 제28조, 지공법 제27조), 昇進任用은 근무성적·경력 기타 능력의 실증에

---

479) 이종수, "공무원법의 헌법적 조망", 73면.
480) "공무원의 임용은 시험성적·근무성적 기타 능력의 실증에 의하여 행한다."(국공법 제26조, 지공법 제25조)
481) 홍정선, 『행정법원론(하)』, 265면.

의하여 작성된 승진후보자명부의 고순위에 의하도록 함을 원칙으로 하고 있다(국공법 제40조·제40조의 2, 지공법 제38조·제39조). 이러한 능력주의는 공직에의 취임에 적용되는 '일반적 능력주의'와 공직질서 내부에서의 승진에 관련되는 '특별한 능력주의'로 구분할 수 있다.[482)

그리고 최근 근무성적이 우수한 공무원에게 성과급을 지급하려는 성과급제는 공직제도개혁의 중요한 수단으로 손꼽히고 있는데,[483) 이는 보수제도에 관한 내용으로서 능력주의와 직접적인 관련성은 없다.

Ⅱ. 능력주의의 개념확장의 위험성

능력주의는 능력에 따른 공직자선발을 통하여 자의적이고 정실적인 人選을 지양한다.[484) 따라서 능력주의는 공직에 있어서 공무원의 신규채용과 승진임용이 능력에 근거해야 한다는 사실과 관련해서만 적용된다. 다른 영역에로의 확장은 능력주의의 본래 의미를 희석시키거나 직업공무원제도 자체를 위태롭게 만들 수 있다. 따라서 능력주의 원칙은 조직경영상의 원칙이 아니라, 공무원의 身分上의 原則일 뿐이라고 이해하여야 한다.[485) 능력결여 및 부족에 대한 제재수단으로는 강임, 퇴직 그리고 면직 등이 언급되고 있다.

---

482) W. Leisner, Beamtentum(Berlin, 1995), S. 275(이종수, "공무원법의 헌법적 조망", 73~74면에서 재인용).

483) 황성원, "공공조직의 성과급제에 관한 소고", 123면.

484) 허영, 『헌법이론과 헌법』, 1126면.

485) 이종수, "공무원법의 헌법적 조망", 74~75면. 이러한 능력주의는 행정의 대사회적인 최적능력을 뜻하지 않는다.

Ⅲ. 능력주의와 실적주의의 구별

직업공무원제도의 능력주의 혹은 성과주의가 공무원의 성과급제에 대한 근거라고 생각하기 쉽다. 그러나 능력주의와 성과주의는 다른 개념이며, 직업공무원제도는 성과주의를 그 본질적 내용으로 하지 않는다. 이와 관련해서 용어의 선택문제를 먼저 살펴볼 필요가 있다. 성과급과 관련해서는 능력주의, 성적주의, 실적주의, 성과주의 등의 용어들이 다양하다. 그래서 '능력주의와 성적주의'를 동의어로 묶고, '실적주의와 성과주의'를 동의어로 묶어서 구별해 보기로 한다.

먼저, '능력주의와 성적주의'를 동의어로 묶은 이유는 다음과 같다. 공무원법에서 공무원의 新規採用은 시험성적·근무성적 기타 능력의 실증에 의한다(국공법 제26조, 지공법 제25조)는 규정과 함께 昇進任用은 근무성적·경력 기타 능력의 실증에 의한다(국공법 제40조, 지공법 제38조)는 규정이 있는데, 여기서 엿볼 수 있듯이 그 능력은 성적에 의해 검증받아야 한다. 즉 개인의 능력은 (시험·근무)성적에 의해 검증받았을 때 비로소 능력으로서 인정받게 된다. 그렇지 않으면 그 주관적 능력은 객관적으로 평가될 수 없기 때문이다. 그리고 역으로 일정한 성적을 갖춘 자는 그만큼의 능력을 갖추었다고 인정받게 된다. 따라서 양자는 적어도 법적 관점에서 보면 필요충분조건의 관계에 있기 때문에 동의어로 볼 수 있다. 직업공무원제도의 내용으로서 능력주의(성적주의)가 바로 이것을 의미한다. 즉 공직에 있어서 공무원의 신규채용과 승진임용은 능력에 근거해야 한다는 것을 의미한다.

다음으로, '실적주의'와 '성과주의'가 동의어라는 사실은 사전을 찾음으로써 쉽게 알 수 있다. 즉 실적주의에서 '實績'이라는 단어의 사전적 의미가 '실제로 이룬 업적이나 공적'을 의미하고, 성과주의에서 '成果'가 '이루어 낸 결실'을 의미하므로,[486) 더 이상 부연설명을 하지 않더라도 이들을 동의어로 보는 데는 무리가 없을 것이다. 그래도 그 이론적 근거를 찾는다면, 행정학 교과서에서 成果給의 동의어가 實績給 또는 業績給이라는 데에서 그 실마리를 찾을 수 있다. 따라서 실적주의(성과주의)는 보수제도에 관한 원칙으로 이해할 수 있다.

이렇게 능력주의(성적주의)와 실적주의(성과주의)를 대별함으로써, 일차저으로는 혼란스러운 용어의 선택문제를 해결할 수 있고, 더 나아가서는 그 용어가 가지는 본질적 내용을 파악함으로써 직업공무원제도의 내용인 능력주의(성적주의)와 그렇지 않은 실적주의(성과주의)를 구별할 수 있다. 즉 능력주의(성적주의)는 공무원의 신규채용과 승진임용에서 '직무를 수행할 수 있는 자격'에 관한 내용이다. 이러한 능력주의는 직업공무원제도의 내용으로서 능력주의의 본래 의미와 동일하다. 반면에, 실적주의(성과주의)는 해당 공무원이 '직무를 수행한 결과'에 관한 내용이다. 이러한 실적주의(성과주의)는 실제로 이룬 업적이나 공적을 기초로 하여 보수를 지급하는 원칙을 의미하는 것으로 이해할 수 있다.[487) 이렇게 구별함으로

---

486) 네이버 국어사전 참조(실적: http://krdic.naver.com/detail.nhn?docid=24048700, 성과: http://krdic.naver.com/detail.nhn?docid=21330400).

487) '능력주의와 실적주의'를 구별함으로써 '실적주의와 실적제'를 구별할 필요성이 제기된다. 일반적으로 양자는 동일한 의미를 지니는 것으로 이해된다. 그러나 인사제도 내지 보수제도를 체계적으로 이해하기 위해서 이들을 구별할 실익이 있다고 본다. 먼저, '실적제'는 앞서 언급한 대로 인사행정의 기본원리를 의미한다. 이는 엽관제의 반대개념으로서 개인의 능력이나 실적을 임용기준으로 삼는 인사행정 제도를 말한다(이종수, 『행정학사전』, 193면). 다음으로, '실적주의(성과주의)'는 보수제도에 관한 원칙으로서, 실제의 업적이나 공적을 기초로 하여 보수를 지급하는 원칙을 의미하는 것으로 이해할 수 있다. 따라서 '실적제에서 말하는 實績'과 '실적주의에서 말하는 實

써 실적주의(성과주의)는 직업공무원제도의 내용이 될 수 없고, 이러한 실적주의는 직업공무원제도에 관한 내용과 분리되어야 한다. 이렇게 되면, 종신주의와 실적주의 간에 제기될 수 있는 부조화의 문제도 해결할 수 있다. 즉 종신주의는 단지 공무원의 지위만을 보장하는 원칙이고, 능력주의는 신규채용과 승진임용에 있어서 능력에 따라야하는 원칙인 반면에, 실적주의는 직무수행의 결과에 따라 보수를 지급하는 원칙을 의미할 뿐이기 때문이다. 또한 이렇게 구별함으로써 능력주의의 본래 의미가 희석되는 것도 막을 수 있다. 따라서 실적주의가 더 이상 직업공무원제도의 내용이 아니라면, 직업공무원에게 실적주의(성과주의)에 근거한 성과급제의 도입은 오히려 직업공무원제도에 의해 제한되어야 한다.[488)

제6절 검 토

1) 오늘날 공무원의 근무관계는 전통적인 특별권력관계이론에서와 같이 포괄적 의무로 특징지어지지 않는다. 현대 민주국가에서의 공무원과 국가의 관계는 권리의무관계인 法律關係이며, 기본적으로는 勤勞關係이다. 그러나 공무원은 국민 전체에 대한 봉사자로

績'은 서로 다른 개념이다. 前者는 '자격에 관한 중립적 기준'을 말하고, 後者는 '직무수행의 결과'를 말한다. 이렇게 보는 것이 용어의 통일성(職業公務員制)에도 기여한다.

488) 공무원은 공직을 공평무사하게 성실히 수행하는 대신 국가는 능력에 따른 공무원의 인사를 하고 공무원의 신분을 보장해 주는 것은 물론 공무원에 대한 생활부양을 해주는 것은 직업공무원제도의 본질적 내용을 이루기 때문이다(허영, 『헌법이론과 헌법』, 1132～1133면).

서 공익을 위하여 근무하여야 하기 때문에, 공무원의 근무관계는 일반사법상의 고용관계와 동일시할 수는 없다. 즉 공무원의 근무관계는 공무원의 직무의 공익적 성격으로 인하여 일반사법상의 근로관계와는 다른 법적인 특수성이 인정된다.[489]

우리 헌법은 공무원을 국민 전체의 봉사자라고 규정함으로써 공무원에게 국민 전체에 대한 봉사자로서 공익을 추구하고 공직에 전념할 것을 요구하고 있으므로, 공무원의 근무관계는 사법상의 근무관계에서와는 달리 국가의 임명에 의해서 성립되는 충성의 근무관계라는 특성을 갖는다.[490] 이에 따라 국가와 공무원 사이에 근무 및 충성관계가 성립되도록 함으로써 국가는 능력에 따른 공무원의 인사를 하고 공무원의 신분을 보장해 줌은 물론 공무원에 대한 생활부양을 통해 공무원으로 하여금 오로지 국가와 국민을 위한 공직수행에만 전념하게 한다.[491] 이러한 직업공무원제도의 본질적 내용은 성과급의 비중이 계속 늘어나고 있는 상황에서 공무원의 보수가 최저한의 생계와 직무수행을 가능하게 할 수 있는 수준의 전제하에서만 허용되는 것으로 보아야 한다.[492] 왜냐하면 공무원의 보수는 기본적으로 근로의 대가로서의 성격을 가지면서도 공무원의 생활보장적 성격도 가지기 때문이다. 따라서 근로조건의 향상을 위한 노동쟁의권이 배제된 공무원에게 성과급의 비중을 과도하게 확대한다면, 실질적으로는 행정개혁이라는 이름으로 개인적 공권으

---

489) 김동희, 『행정법Ⅱ』, 160면.

490) 허영, 『한국헌법론』, 768면.

491) 특히 생활부양원칙(Alimentationsprinzip)은 공무원의 報酬請求權뿐만 아니라 그 직무수행에 맞는 適切한 扶養을 요구할 수 있는 공무원보수규정상의 地位를 보호하려는 직업공무원제도의 파생원리이다(홍준형, "신공공관리론의 공법적 문제", 107면).

492) 홍준형, "신공공관리론의 공법적 문제", 107면.

로서의 특성을 가지는 공무원의 보수청구권(연금청구권)을 제한하고,[493] 국가의 생활부양의무를 해태하는 결과를 초래할 수 있다. 특히, 당해 공무원의 의사와 무관하게 실적을 낼 수 없는 직역에서 공무원이 근무하게 된다면, 노력과 관계없이 불이익을 받을 수밖에 없게 된다. 이러한 이유로 모든 공공부문에 성과급제를 일률적으로 적용할 수 없는 한계가 여기에 있다.

2) 또한 공공서비스를 제공하는 공무원들에게 성과급을 지급하는 것은 그 직무의 성격상 적합하지 않다. 그 이유로는 우선, 성과급은 현실화된 '직무수행의 결과'에 대한 대가로서 보수를 의미하는데,[494] 공직제도의 구성원인 공무원은 공공서비스를 제공하는 집단으로서 결과만을 가지고 평가할 수 없다는 점을 들 수 있다. 즉 서비스는 '結果나 量'이 아니라 '節次나 質'이 더 중요하기 때문이다.[495] 또 행정서비스의 '節次나 質'을 평가하기 위한 기준의 설정도 곤란하다는 점을 들 수 있다. 성과급으로 인해 자칫 대국민 행정서비스의 질적 향상을 위해 노력하기보다는 높은 실적평가를 받기 위해 목표가 왜곡되는 현상이 나타날 수 있다. 여기에 성과급제를 공무원들에게 적용하기 곤란한 또 다른 한계가 있다. 실제 도입된 성과급제에서는 객관적 평가기준의 미비, 90%의 인원에 대한

---

493) 재산권적 보호의 궁극적인 의미는 개인이 자기책임에 기초하여 생활을 형성하기 위해서 필요한 경제적 기반을 보장하는 데 있다. 이와 같은 재산권에 대한 기능적인 이해에 기초해 본다면, 근로기간 중에는 보수청구권이, 퇴직 후에는 연금청구권이 개인의 경제적인 기반을 형성하는 상황에서는 재산권의 보호범위가 연금청구권에까지 확대되어야 하는 것은 필연적이다(전광석, 『한국사회보장법론』, 법문사, 2005, 151면).

494) 오석홍, 『인사행정론』, 424면.

495) 행정은 재화의 생산보다는 서비스 제공의 비중이 훨씬 크기 때문에 양보다는 질적인 측면이 더욱 강조된다(유민봉 · 임도빈, 『인사행정론』, 561면). 그럼에도 불구하고, 공직사회에 경쟁력과 생산성을 제고시키기 위해 성과급제를 도입(박천오, "중앙인사위원회 주도의 인사개혁", 50면)하는 것은 부적합하다고 생각한다.

성과급 지급 등으로 인해 여러 문제점들이 지적되고 있다.[496]

다음으로, 실적만을 강조하기에는 국가작용상의 법치행정원리나 공기업의 공익지향성은 사기업에서의 실적주의(성과주의)나 수익성 원칙과는 다른 특성이 분명히 존재한다.[497] 즉 사기업에서의 실적주의(성과주의)나 수익성 원칙은 결국 헌법이 법치행정과 함께 요구하고 있는 목표인 행정의 원활한 수행을 저해하는 장애요인이 될 수 있다. 결국 공무원에게 도입된 성과급제는 '경쟁원리 도입을 통한 일하는 분위기 조성'이라는 당초 취지를 살리지 못한 채 파행적으로 운영되고 있다.[498] 단적인 예로 판사에게 성과급을 계급순으로 지급하는 경우를 들 수 있다.

판·검사들에 대한 성과급제의 도입에 있어서 가장 큰 문제는 성과급 등급 기준이다. 판·검사 업무를 판결건수, 기소건수, 기소 후 유죄건수 등 양적으로 따지기도 모호하고, 질적으로 평가하기도 쉽지 않기 때문이다.[499] 만약 量을 기준으로 한다면, 사건처리의 건수나 업무처리의 신속성이 우선시됨으로 인해 공정성이 침해될 여지가 있고,[500] 또 質을 기준으로 한다면, 재판상 독립과 신분보

---

496) 성과급제도에 대해서는 정적 인간주의와 서열적 인간관계를 기본으로 하는 한국적 풍토에서는 평가측정의 투명성과 공정성을 담보하기 어려워, 동기유발의 효과를 낳기보다 조직 내의 위화감을 조성할 위험이 오히려 더 크다는 주장이 제기되고 있다. 실제로 성과급제도는 본래의 목적과 달리 성과상여금이 동료들 사이에 균등하게 배분되는 등 변칙적으로 운영되거나, 시간이 경과할수록 수혜 액수가 하향 조정되고 수혜 범위가 늘어나 일반보수로 변질되고 있는 것이 현실이다(박천오 외, 『현대인사행정론』, 57면).

497) 이종수, "공무원법의 헌법적 조망", 84면.

498) "'눈먼 공무원 성과급' 실상은 나눠먹기", 동아일보, 2007년 6월 13일자 (http://www.donga.com/fbin/output?sfrm=1&n=200706130088, 2009. 9. 20. 최종확인).

499) "판검사도 성과급 준다지만, 평가는 어떻게 …… 법조계 술렁", 한국경제, 2008년 3월 13일자(http://www.hankyung.com/news/app/newsview.php?aid=2008031222101&intype=1, 2009. 9. 20. 최종확인).

장이라는 헌법정신이 침해될 수 있다. 올해 첫 도입된 판사 성과급 제도를 놓고 고심하던 대법원은 결국 계급순으로 성과급을 나눠 주기로 결정하였다.[501] 성과에 따라 차등지급 하겠다는 성과급은 당초 목적과는 달리 근무 연수에 따른 '정기 보너스'가 된 셈이다.

3) 보수는 기본적으로 근로, 즉 직무수행의 대가를 의미한다. 이러한 대가는 직무수행에 대한 정당한 대가이어야 한다. 따라서 보수는 기본적으로 직무를 수행한 근로의 대가이므로, 원칙적으로 직무의 곤란성 및 책임의 정도에 따라 직무의 가치를 평가하여 결정되는 직무급[502]을 보수의 기본원칙으로 삼아야 할 것이다.[503]

직무급은 직위분류제를 전제로 하는데, 우리 헌법재판소는 과학적 직위분류제를 직업공무원제도의 한 내용으로 보고 있다.[504] 직

---

500) "검찰사도 성과급", MBC TV, 2007년 10월 8일자(오후 9:30), 이종수 교수님 인터뷰 내용(http://imnews.imbc.com/replay/nwdesk/article/2077779_2687.html, 2009. 9. 20. 최종확인).

501) "판사 성과급 결국 '계급順'……경력 따라 200∼380만 원씩 지급", 경향신문 2008년 5월 20일자(http://news.khan.co.kr/kh_news/khan_art_view.html?artid=200805201816165&code=940301, 2009. 9. 20. 최종확인). 대법원 관계자는 "법관은 보통 경력이 높을수록 업무가 중해지고 책임도 커지기 때문에 재직기간과 보직을 고려했다."고 밝혔다. 대법원은 20일 고법 부장판사 미만 판사 2,248명을 직무기간에 따라 4등급으로 나눠 200∼380만 원의 성과급을 지급하기로 했다. 갑등급은 15년 이상 근무자로 380만 원, 을등급은 10∼15년 근무자로 290만 원, 병등급은 5∼10년 근무자로 230만 원, 정등급은 5년 미만 근무자로 200만 원을 받는다. 성과금 전체 예산은 115억 원으로 판사들은 매년 2차례 성과급을 받는다.

502) 직무급과 비교해서 직능급(능력급)이란 것이 있다. 능력급에서 말하는 능력은 '잠재적 능력'으로, 능력주의에서 말하는 '성적에 의해 객관적으로 검증된 현실적 능력'과는 동일하지 않다. 따라서 보수가 근로의 대가라는 점에서 잠재적 능력에 의한 능력급은 보수의 기본원칙으로 삼기에는 한계가 있다고 본다.

503) 그러나 기존의 공무원 보수제도는 주로 계급과 연공서열에 의존함으로써 현행 (지방)공무원보수규정에서 俸給을 '직무의 곤란성 및 책임의 정도에 따라' 지급하여야 한다고 하여 직무급을 원칙으로 하고 있음에도 불구하고, 직위분류제가 전면적으로 시행되고 있지 않음으로 인하여, 보수와 직무 간의 관련성은 거의 없어 보인다. 우리나라의 공직분류체계는 표면적으로는 직위분류제의 개념들을 사용하고 있으면서도 실제로는 계급제적 요소를 강하게 반영하고 있기 때문이다(박천오 외, 『현대인사행정론』, 112면).

504) 헌재결 1989. 12. 18, 89헌마32·33(병합). 그리고 행정법 교과서들도 과학적 직위분

위분류제는 모든 직위를 직무의 종류와 곤란성 및 책임의 정도에 따라 체계적으로 분류하여,505) 유사한 직무값을 가진 직위, 즉 동일직급 또는 동일직무등급에 속하는 직위에 대해서는 동일하거나 유사한 보수가 지급되는 인사제도를 말한다(국공법 제22조, 지공법 제22조).506) 따라서 직위분류제는 직위가 지니고 있는 직무를 분석하고 평가하여, 거기에 적합한 자를 임용하고 근무하게 하는 제도이기 때문에 동일직무에 대한 동일보수를 지급함으로써 보수체계의 형평성을 확보할 수 있다. 이러한 직위분류제는 시험이나 임용, 보수, 기타 인사관리의 합리화를 위한 수단으로 활용되고 있다.507)

특히, 보수와 관련하여 직위분류제하에서 직무등급제가 활용되고 있다.508) 직무등급제는 모든 직위를 직무 분석하여 유사한 직무값을 지니는 직위군별로 구분해서 이를 직무등급이라 하여,509) 인사

류제를 직업공무원제도의 한 요소로 보고 있다(김동희, 『행정법Ⅱ』, 138면, 김철용, 『행정법Ⅱ』, 171면).

505) 직위에 내포된 직무의 특성이나 차이를 기준으로 하여 유사한 직무를 수평으로 분류하고, 직무의 곤란성·책임의 정도가 유사한 직무를 수직으로 분류하여 공직을 체계화한다(한영수·강인호, 『인사행정론』, 99면).

506) 직위분류제는 직위를 체계적으로 분류함으로써 행정사무의 전문화를 도모할 수 있다.

507) 강성철 외, 『새 인사행정론』, 178면.

508) 제한적이긴 하지만, 현행 고위공무원단제도에서 직무등급제를 도입하여 정원관리(채용, 승진)와 보수지급 등을 직위 또는 직무등급 기준에 따라 운영하고 있다(김연수·김근세, "고위공무원단제도 비교분석", 55면).

509) 1인의 공무원에게 부여할 수 있는 직무와 책임을 직위(職位)라 하고, 직무의 종류는 다르지만 그 곤란성·책임의 정도가 유사하여 동일한 보수를 지급할 수 있는 모든 직위를 등급(等級)이라 한다(채한수, 『인사행정론』, 102면). 직위를 직급 또는 직무등급에 배정시키는 것을 정급(定級)이라 하고, 직급(職級)은 직무의 종류와 곤란성·책임의 정도가 상당한 유사한 직위의 군(따라서 직급은 직종(職種)과 등급(等級)의 조합을 의미한다)을, 직무등급(職務等級)은 직무의 곤란성·책임의 정도가 상당히 유사한 직위의 군을 의미한다. 직무의 종류가 유사하고 그 곤란성·책임의 정도가 상이한 직급의 군을 직렬(職列)이라 하고, 직무의 성질이 유사한 직렬의 군을 직군(職群)이라 하며, 동일한 직렬 내에서의 담당분야가 동일한 직무의 군을 직류(職類)라 한다(국공법 제5조, 지공법 제5조, 유진식, "국가공무원법과 직위분류제", 74면 참조).

제도상 보수지급 및 정원관리의 기준으로 사용하는 직위분류제적 공직분류방식을 말한다.[510] 따라서 직무등급제는 직무분석[511]과 직무평가[512]에 의해 직무의 가치를 평가하여 이들을 등급화하여야 한다.[513] 이러한 직무등급제에 의하여 공무원이 담당하고 있는 직무의 곤란성 및 책임의 정도에 따라 직무의 가치를 평가하여 결정되는 보수를 직무급이라 하는데, 직위분류제에 근거한 직무급은 동일직무에 대한 동일보수의 원칙을 적용하여 보수의 공정성을 기한다는 원칙에 기초하고 있다. 이러한 직무급은 공직제도가 추구하는 직업공무원제도의 한 내용인 직위분류제의 취지와 부합할 뿐만 아니라, 직업공무원에게 성과급제의 도입으로도 해결할 수 없었던 직무의 종류에 따른 보수의 차등화를 실현할 수 있다.

따라서 보수제도의 개혁의 초점은 우선 공무원 보수의 현실화에 맞추어져야 한다고 본다. 이것은 근로에 대한 정당한 대가가 지급되어야 한다는 것을 의미하는 것으로서, 계급과 연공서열이 아닌 동일직무에 대한 동일보수가 지급되는 직무급을 통해서 가능하다. 그 다음으로 성과급과 관련해서 성과급제가 모든 공공부문에 적용되는 데에는 일정한 한계가 있으므로, 성과급은 성과측정이 가능한 특정한 직역을 대상으로 하여 보충적으로 지급되어야 한다.

---

510) 진재구, "직위분류제적 인사제도 도입의 실험", 26면, 30면. 현재 직무등급제의 인사제도는 2001년 7월 외무공무원법, 외무공무원임용령, 외무공무원임용령시행규칙, 외교통상부와 그 소속기관 직제, 외교통상부와 그 소속기관 직제시행규칙 등이 개정됨으로써 본격적으로 시행되었다.

511) 직무분석은 직무의 종류가 같거나 유사한 직위들을 묶어 직류와 직렬을 형성하고, 다시 동일하거나 유사한 직렬들을 묶어 직군을 형성하는 작업이다(한영수·강인호, 『인사행정론』, 103면).

512) 직무평가는 직무의 종류별로 직무의 곤란성·책임의 정도에 따라 상하로 분류하는 작업이다(한영수·강인호, 『인사행정론』, 103면).

513) 김중양, 『한국인사행정론』, 515~516면.

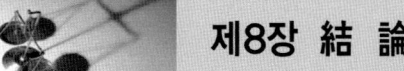

제8장 結 論

1. 행정의 경영화 또는 경영행정의 제도화를 통해 '작고 효율적인 정부' 또는 '작고 강력한 정부'를 실현하려는 신공공관리론을 배경으로 자의적이고 불합리한 규제의 철폐와 정책결정 및 집행과정의 개선, 조직운영의 개선을 위한 계약제 확대와 성과급제의 도입 등을 포함하는 정부개혁 프로그램들이 구체화되고 있다. 그중에서도 공무원의 人事制度改革은 公職制度改革의 핵심요소를 이루는데, 구체적으로는 계약직 공무원의 확대, 공무원의 인력감축, 고위공무원단 도입, 외국인의 공직자 채용, 그리고 성과급제의 도입 등이 논의된다.

2. 공직제도의 가장 핵심적인 내용으로서 직업공무원제도는 공무수행의 일관성과 독자성을 유지하고, 정권교체에 따른 국가작용의 중단과 혼란, 엽관제의 폐단을 방지하기 위하여 공무원의 정치적 중립과 신분이 보장되는 공직구조에 관한 제도를 말한다. 헌법에 의하여 일정한 제도가 보장되면 입법권자는 그 제도를 설정하고 유지시킬 입법의무를 지게 된다. 직업공무원제도에 관한 보다 자세한 내용은 국가공무원법과 지방공무원법 등에서 구체화되고

있다. 직업공무원제도의 내용에는 공무원의 신분보장, 공무원의 정치적 중립, 능력주의(성적주의) 등이 있다. 이것들은 현재 진행되고 있는 공무원의 인사제도개혁에 있어서도 당연히 준수되어야 한다. 따라서 직업공무원제도는 공직제도개혁의 가장 중요한 헌법적 한계를 설정한다.

3. 직업공무원제는 동태적 외부환경에 적응력이 약하고 폐쇄형 충원으로 말미암아 전문화의 수준이 떨어진다는 비판을 받기도 한다. 서구제국과 호주·뉴질랜드 등이 직업공무원제의 개혁을 시도하는 것은 민간부문의 인적자원과 그 관리체계를 공무원제도에 도입·접목시킴으로써 공무원조직의 효율성을 강화시키려는 작업이라고 할 수 있다. 따라서 공직제도개혁은 기본적으로 공직수행의 효율성을 증진시키기 위하여 직업공무원제에 대한 변화를 시도하고 있다. 하지만 공직제도개혁은 헌법과 법률에서 오는 한계가 준수될 때에만 허용될 수 있다.

4. 계약직 공무원의 확대는 한시적 임용에 따른 행정의 안정성과 계속성 저해, 현직 공무원의 승진기회 감소에 따른 사기저하, 정실에 의한 부적격자 임용 등 부작용으로 인하여 직업공무원제도에 따라 존중되어야 할 '공무원의 원칙적인 종신주의', '공무원의 직무전념의무'와 '공무원에 대한 국가의 생활부양의무'를 저해할 수 있다. 결국, 계속적인 계약직 공무원의 확대는 직업공무원의 지위를 잠탈하는 결과를 초래하여 직업공무원제도의 본질적 내용을 훼손시킬 수 있으므로, 노동법상의 근로계약관계에 있는 계약직 공무담당자는 전문성이 요구되는 특수전문분야에 제한적으로 허용되어야 할 것이다.

5. 국민이 공무원으로 임용된 경우에 있어서 그가 정년까지 근무할 수 있는 권리는 헌법상 공무원의 신분보장의 요청에 의하여 보장되는 기득권으로서 그 제한은 단지 신뢰보호의 원칙에 위배되지 않는 범위 내에서만 가능하다. 또한 공직의 인력수급계획은 국가의 재정상태·국가적 과제규모·공직의 전체 규모 등 여러 여건에 의해서 제약을 받는 비교적 경직된 성질의 것이기 때문에 그것을 예산절감·경제정책 등의 도구로 삼는 데에는 일정한 한계가 있다. 따라서 공무원의 감축에 의한 효율성의 향상이 궁극적으로 대국민 행정서비스 향상에 있다면, 공직제도의 개혁은 공무원의 인력감축이 아니라, 공무원의 직무적합성에 맞추어져야 하며, 이를 통하여 행정서비스의 질적 향상을 꾀하여야 할 것이다.

6. 고위공무원단의 도입·운용과정에서 여러 가지 폐단들이 빚어졌고, 그중에서도 헌법적 차원에서 정치적 오용 내지 정실개입의 문제가 지적되고 있다. 고위공무원의 정치인화는 직업공무원제도의 근간을 흔들 수 있는 중요한 문제이다. 왜냐하면 공무원이 정치인화되면, 거기에는 필연적으로 엽관제적 임용이 뒤따르고 여당에 편승하게 되어 공무원에 대한 정치적 중립성 요청은 그 의미를 상실하게 되고 더 이상 공무원은 임용권자로부터 자유로울 수 없어 신분보장의 확보가 어려워지기 때문이다. 고위공무원단에 속해 있는 고위공무원은 정치적 공무원과 그 직무의 성격을 달리하며, 고위공무원도 엄연히 직업공무원으로서 역할을 수행해야 하기 때문에 정치적 공무원과 권력분립적 기능을 수행하여야 한다. 만약 고위공무원단제도의 도입이 고위공무원의 정치인화를 예정하고 있다면, 정치적 중립성 보장을 위한 제도적 장치를 마련하여야 할 것이다. 그

렇지 않으면, 이 제도는 헌법에서 규정하고 있는 직업공무원제도에 위배된다고 할 것이다.

7. 공무원은 그 사회공동체의 구성원인 국민으로부터 정당성을 부여받고 그 국민을 위해 봉사하여야 한다. 그리고 참정권은 오늘날의 민주정치에 있어서는 국민이 국가기관의 구성과 국가의사의 형성에 참여하고 국가권력의 행사를 통제 내지 견제하게 하는 기능을 하며, 이를 통하여 국가권력에 정당성을 부여한다. 만일 국가 내적 권리인 참정권을 외국인에게도 인정하게 되면, 국가권력은 외국인으로부터 민주적 정당성을 부여받게 되거나, 외국인이 국민으로부터 나오는 국가권력을 행사하게 되기 때문에 이는 타당하지 않다고 본다. 따라서 참정권 특히 공무담임권의 성질상 외국인의 기본권 주체성은 제한되어야 한다. 그럼에도 불구하고 공무담임권의 주체를 외국인에게도 인정하는 것은 공감대적 가치에 의한 사회공동체의 동화적 통합을 저해하는 요인이 될 수 있을 뿐만 아니라, 외국인이 우리나라 공직자로 임용되는 경우, 과연 어느 나라의 국민 전체에 대한 봉사자로서 기능할 수 있을지도 의문시되지 않을 수 없다.

8. 보수제도개혁 역시 헌법적 한계에 의하여 일정한 제약을 받지 않을 수 없는데, 근로조건의 향상을 위한 노동쟁의권이 배제된 공무원에게 성과급의 비중을 과도하게 확대한다면, 실질적으로는 행정개혁이라는 이름으로 개인적 공권으로서의 특성을 가지는 공무원의 보수청구권을 제한하고, 국가의 생활부양의무를 해태하는 결과를 초래할 수 있다. 보수는 기본적으로 근로, 즉 직무수행의 대가를 의미한다. 이러한 대가는 직무수행에 대한 정당한 대가이어

야 한다. 따라서 보수는 기본적으로 직무를 수행한 근로의 대가이므로, 원칙적으로 직무의 곤란성 및 책임의 정도에 따라 직무의 가치를 평가하여 결정되는 직무급을 통하여 보수체계의 형평성을 확보할 수 있다고 본다. 따라서 보수제도의 개혁의 초점은 우선 공무원 보수의 현실화에 맞추어져야 하고, 그 다음으로 성과급과 관련해서 성과급제가 모든 공공부문에 적용되는 데에는 일정한 한계가 있으므로, 성과급은 성과측정이 가능한 특정한 직역을 대상으로 하여 보충적으로 지급되어야 한다.

참고문헌

1. 단행본

강경근, 『헌법』, 법문사, 2004.

강성철 외, 『새 인사행정론』, 대영문화사, 2007.

권영성, 『헌법학원론』, 법문사, 2008.

김재기, 『행정학』, 법문사, 2006.

김남진·김연태, 『행정법Ⅰ』, 법문사, 2008.

김남진·김연태, 『행정법Ⅱ』, 법문사, 2008.

김도창, 『일반행정법론(하)』, 청운사, 1989.

김동희, 『행정법Ⅰ』, 박영사, 2008.

김동희, 『행정법Ⅱ』, 박영사, 2008.

김성수, 『개별행정법』, 법문사, 2004.

김성수, 『일반행정법』, 법문사, 2008.

김종희, 『신행정학』, 법론사, 2005.

김중양·김명식, 『공무원법』, 박영사, 2000.

김중양, 『한국인사행정론』, 법문사, 2004.

김철수, 『헌법학(상)』, 박영사, 2008.

김철용, 『행정법Ⅰ』, 박영사, 2008.

김철용, 『행정법Ⅱ』, 박영사, 2008.

류지태, 『행정법신론』, 신영사, 2007.

박균성, 『행정법론(상)』, 박영사, 2008.

박균성, 『행정법론(하)』, 박영사, 2008.

박윤흔, 『행정법강의(상)』, 박영사, 2004.

박천오 외, 『인사행정의 이해』, 법문사, 2004.

박천오 외, 『현대인사행정론』, 법문사, 2007.

석종현, 『일반행정법(상)』, 삼영사, 2005.

석종현, 『일반행정법(하)』, 삼영사, 2005.

성낙인, 『헌법학』, 법문사, 2008.

신기원·김시동, 『한국인사행정론』, 도서출판 이화, 2004.

신윤표, 『인사행정관리학』, 법문사, 2006.

유민봉·임도빈, 『인사행정론』, 박영사, 2007.

오석홍, 『인사행정론』, 박영사, 2005.

오석홍, 『행정개혁론』, 박영사, 2006.

오석홍, 『행정학』, 박영사, 2007.

이상규, 『신행정법론(상)』, 법문사, 1994.

이상규, 『신행정법론(하)』, 법문사, 1994.

이승우, 『기본권론』, 도서출판 두남, 2007.

이준일, 『헌법학강의』, 홍문사, 2007.

장영수, 『헌법학』, 홍문사, 2008.

전광석, 『한국헌법론』, 법문사, 2007.

전광석, 『한국사회보장법론』, 법문사, 2005.

정종섭, 『헌법연구』 제3권, 박영사, 2001.

정종섭, 『헌법학원론』, 박영사, 2008.

정하중, 『행정법개론』, 법문사, 2008.

채한수, 『인사행정론』, 삼영사, 2006.

하연섭, 『제도분석』, 다산출판사, 2003.

한견우, 『현대행정법강의』, 신영사, 2007.

한영수·강인호, 『인사행정론』, 형설출판사, 2006.

허영, 『한국헌법론』, 박영사, 2008.

허영, 『헌법이론과 헌법』, 박영사, 2008.

홍성방, 『헌법학』, 현암사, 2008.

홍정선, 『행정법원론(상)』, 박영사, 2008.

홍정선, 『행정법원론(하)』, 박영사, 2008.

A. V. Dicey, 안경환·김종철 譯, 『헌법학 입문』, 경세원, 1999.

C. Schmitt, 김기범 譯, 『헌법이론』, 교문사, 1976.

2. 논문

강신택, "직업공무원제도의 정치적 맥락", 『행정논집』 제26권 제2호, 서울대학교 행정대학원, 1988. 12.

권경득, "목표관리제(MBO)의 도입과 성공적 실시를 위한 과제", 『지방포럼』 제4권, 한국지방행정연구권, 2000.

권인석, "신공공관리론의 논리, 한계 그리고 극복", 『한국공공관리학보』 제18권 제2호, 한국공공관리학회, 2004. 12.

김민배, "중앙인사위원회의 설치와 직업공무원제도", 『지방자치』 제128권, 현대사회연구소, 1999. 5.

김선욱, "정당정치와 공무원제도", 『공법연구』 제25집 제3호, 한국공법학회, 1997.

김세진, "헌법과 제도 – 기본권과 제도보장에 관한 해석론을 중심으로 – ", 『공법연구』 제34집 제4 – 2호, 한국공법학회, 2006. 6.

김연수·김근세, "고위공무원단제도 비교분석: Huddleston 모형을 중심으로", 『한국거버넌스학회보』 제14권 제1호, 한국거버넌스학회, 2007. 4.

김종철, "관료국가에서 계약국가로? – 김대중 정부의 정부혁신정책에 내포된 국가기능의 변화 – ", 『법과 사회』 제20호, 동성출판사, 2001. 6.

김진곤, "헌법상 노동3권의 보호와 제한에 관한 연구 – 공공서비스를 제공하는 근로자를 중심으로 – ", 연세대학교 박사학위논문, 2007. 2.

김진곤, "2007년도 헌법재판의 동향", 『헌법판례연구』 제9권, 박영사, 2008.

김홍영, "성과급의 임금성 여부", 『노동법연구』 제17호, 서울대노동법연구회, 2004년 하반기.

민경식, "헌법상의 공무원제도", 『법학논문집』 제17집, 중앙대학교 법학연구소, 1992.

박규하, "직업공무원제도의 헌법적 의의와 기능", 『월간고시』 1991년 8월호, 법지사, 1991. 9.

박병휴, "부당한 배치전환에 대하여 항의하면서 5일간의 작업을 거부한

　　것을 이유로 한 해고의 효력 – 大法院 1991. 5. 28 선고, 90다8046
　　판결 – ”,『사법행정』제33권 제1호, 한국사법행정학회, 1992. 1.

박응격, “실적주의의 본질과 과제”,『지방행정』제40권 제458호, 대한
　　지방행정공제회, 1991.

박창로, “직업공무원제와 공무원의 사기진작”,『행정논집』제16집, 동
　　국대학교 행정대학원, 1987. 2.

박천오, “중앙인사위원회 주도의 인사개혁”,『인사행정』제19호, 중앙
　　인사위원회, 2004. 여름.

변재옥, “헌법과 행정법의 관련성과 괴리”,『고시계』1992년 6월호, 고
　　시계사, 1992. 5.

안중현·박천오, “고위공무원단제도: 특징과 설계”,『사회과학논집』제
　　22집, 명지대학교 사회과학연구소, 2004.

안형기·최병대·강인호, “친환경정치행동화”,『한국행정학보』제33권
　　제4호, 한국행정학회, 2000. 2.

오동석, “제도적 보장론 비판 序說”,『헌법학연구』제6권 제2호, 한국
　　헌법학회, 2000. 11.

오석홍, “성과급제도의 이상과 좌절”,『행정논총』제38권 제1호, 서울
　　대학교 행정대학원, 2000.

오준근, “행정조직·인사개혁의 법적 과제”,『공법연구』제35집 제1호,
　　한국공법학회, 2006. 10.

유진식, “국가공무원법과 직위분류제”,『공법학연구』제8권 제2호, 한
　　국비교공법학회, 2007.

윤영미, “공무담임권에 관한 소고”,『법학논집』제23집 제2호, 한양대
　　학교출판부, 2006. 12.

이명석, “신자유주의, 신공공관리론 그리고 행정개혁”,『사회과학』제40
　　권 제1호, 성균관대학교 사회과학연구소, 2001.

이상팔, “고위공무원단제도”,『입법정보』제170호, 국회도서관 입법전
　　자정보실, 2005.

이우권, “신공공관리론의 행정학적 적용가능성”,『전북행정학보』제14
　　권 제2호, 전북행정학회, 2000. 12.

이우현, “관료제의 구조원리”,『사법행정』제5권 제1호, 한국사법행정

학회, 1964.

이재은, "신공공관리론과 행정개혁에 관한 이론적 고찰", 『현대사회와 행정』 제13권 제2호, 한국국정관리학회, 2003. 8.

이종영, "공무원법상 계급정년제도", 『법학논문집』 제29집 제1호, 중앙대학교 법학연구소, 2005.

이승우, "공무담임권의 보호범위에 관한 평석", 『공법연구』 제36호 제1호, 한국공법학회, 2007. 10.

이원호, "직업공무원제도에 관한 고찰", 『논문집』 제10권, 인천전문대학, 1988. 8.

이종수, "공무원법의 헌법적 조망", 『허영박사정년기념논문집』, 박영사, 2002.

이종수, "기본권의 보장과 제도적 보장의 준별론에 관한 비판적 보론 - '기본권의 최대한의 보장과 제도의 최소한의 보장'에 전제된 오해의 극복을 위하여 - ", 『헌법실무연구』 제3권, 박영사, 2002.

이종수, "공무원의 정치적 활동의 허용여부와 그 한계", 『연세법학연구』 제8권 제1호, 연세법학회, 2001. 8.

임도빈, "관료제, 민주주의, 그리고 시장주의: 정부개혁의 반성과 과제", 『한국행정학보』 제41권 제3호, 한국행정학회, 2007, 가을.

임도빈, "신공공관리론과 베버 관료제이론의 비교", 『행정논총』 제38권 제1호, 서울대학교 행정대학원, 2000. 6.

장철준, "공무담임권의 제한과 과잉금지원칙", 『법학연구』 제14권 제1호, 연세대학교 법학연구소, 2004.

진재구, "직위분류제적 인사제도 도입의 실험", 『국제문화연구』 제25권, 청주대학교 국제협력연구원, 2007.

채은경·이종수·노승용, "한국 공공부문에 있어서의 직무성과계약제도 도입에 관한 분석", 『현대사회와 행정』 제16권 제1호, 한국국정관리학회, 2006. 5.

최병대·김상묵, "공직사회 경쟁력 제고를 위한 실적주의 인사행정기능의 강화", 『한국행정학보』 제33권 제4호, 한국행정학회, 2000. 2.

최순영, "정부와 민간부문 인사교류의 활성화방안 모색", 『한국행정학회 2005년도 춘계학술대회 발표논문집』, 한국행정학회, 2005. 4.

허철행, "김대중정부 신자유주의 정부혁신의 비판적 검토", 『한국행정학회 학술대회 발표논문집』, 한국행정학회, 2000. 4.

홍완식, "체계정당성의 원리에 관한 연구", 『토지공법연구』 제29집, 한국토지공법학회, 2005. 12.

홍정선, "법률의 헌법적합성의 원칙", 『고시계』 1986년 6월호, 고시계사, 1986. 5.

홍준형, "신공공관리론의 공법적 문제: 공무원 인사제도개혁을 중심으로", 『행정논집』 제37권 제1호, 서울대학교 행정대학원, 1999. 6.

황성원, "공공조직의 성과급제에 관한 소고", 『한국행정연구』 제12권 제3호, 한국행정학회, 2003, 겨울호.

3. 대법원 판결

대법원 1975. 12. 9. 선고 75다385 판결.

대법원 1979. 11. 13. 선고 79누245 판결.

대법원 1987. 4. 14. 선고 86누459 판결.

대법원 1989. 5. 23. 선고 88누3161 판결.

대법원 1990. 3. 13. 선고 89누5034 판결.

대법원 1996. 2. 15. 선고 95다38677(전합) 판결.

대법원 1998. 1. 23. 선고 97누16985 판결.

대법원 2001. 12. 11. 선고 99두1823 판결.

대법원 2004. 5. 14. 선고 2001다76328 판결.

대법원 2004. 7. 8. 선고 2004두244 판결.

4. 헌법재판소 결정

헌법재판소 1989. 9. 8. 선고 88헌가6 결정.

헌법재판소 1989. 12. 18. 선고 89헌마32·33(병합) 결정.

헌법재판소 1990. 6. 26. 선고 89헌마220 결정.

헌법재판소 1991. 2. 11. 선고 90헌가27 결정.

헌법재판소 1991. 3. 11. 선고 90헌마28 결정.

헌법재판소 1991. 3. 11. 선고 91헌마21 결정.

헌법재판소 1991. 7. 22. 선고 89헌가106 결정.

헌법재판소 1992. 4. 28. 선고 90헌바27 결정.

헌법재판소 1993. 3. 11. 선고 88헌마5 결정.

헌법재판소 1993. 7. 29. 선고 91헌마69 결정.

헌법재판소 1994. 4. 28. 선고 91헌바15・19(병합) 결정.

헌법재판소 1995. 3. 23. 선고 94헌마175 결정.

헌법재판소 1995. 3. 23. 선고 95헌마53 결정.

헌법재판소 1995. 5. 25. 선고 91헌마67 결정.

헌법재판소 1995. 6. 12. 선고 95헌마172 결정.

헌법재판소 1997. 3. 27. 선고 96헌바86 결정.

헌법재판소 1997. 4. 24. 선고 95헌바48 결정.

헌법재판소 1997. 11. 27. 선고 95헌바14, 96헌바63・85(병합) 결정.

헌법재판소 1999. 5. 27. 선고 98헌마214 결정.

헌법재판소 1999. 12. 23. 선고 98헌마363 결정.

헌법재판소 2001. 6. 28. 선고 2001헌마735 결정.

헌법재판소 2002. 8. 29. 선고 2001헌마788 결정.

헌법재판소 2002. 11. 28. 선고 98헌바101 결정.

헌법재판소 2003. 9. 25. 선고 2003헌마293・437(병합) 결정.

헌법재판소 2003. 10. 30. 선고 2002헌마684 결정.

헌법재판소 2003. 12. 18. 선고 2003헌마409 결정.

헌법재판소 2004. 4. 29. 선고 2002헌마467 결정.

헌법재판소 2004. 8. 26. 선고 2002헌가1 결정.

헌법재판소 2004. 9. 23. 선고 2004헌가12 결정.

헌법재판소 2004. 11. 25. 선고 2002헌바8 결정.

헌법재판소 2004. 11. 25. 선고 2002헌바66 결정.

헌법재판소 2004. 12. 16. 선고 2002헌마333 결정.

헌법재판소 2005. 4. 28. 선고 2004헌마219 결정.

헌법재판소 2005. 5. 26. 선고 2002헌마699 결정.

헌법재판소 2006. 3. 30. 선고 2005헌마598 결정.

헌법재판소 2006. 5. 25. 선고 2004헌바12 결정.

헌법재판소 2007. 8. 30. 선고 2003헌바51 · 2005헌가5(병합) 결정.

5. (인터넷) 신문기사

"고위공무원 성과급 대상 확대", 국민일보, 2007년 10월 8일자.
"고위공직자 직무등급 5단계서 2단계로 축소", 문화일보, 2008년 4월
    25일자.
"국가공무원법 외국인 채용 조항 뜯어고쳐라", 조선일보, 2008년 1월
    21일자.
"경기도 계약직공무원 급증에 내부 반발", 연합뉴스, 2008년 2월 27일자.
"경기도 계약직공무원 크게 증가", 연합뉴스, 2007년 9월 7일자.
"'눈먼 공무원 성과급' 실상은 나눠먹기", 동아일보, 2007년 6월 13일자.
"도입 3년 '고위공무원단'", 서울신문, 2008년 2월 28일자.
"외국인 공무원 채용 논란 왜", 서울신문, 2008년 4월 24일자.
"외국인 첫 고위공직자 실패한 이유는?", 조선일보, 2008년 4월 12일자.
"이 당선인 '외국인, 공무원 채용 하겠다'", 뉴시스, 2008년 1월 18일자.
"인수위의 공무원 관련 정책·방안", 고시기획, 2008년 1월 24일자.
"정부, '공기업 성과급 비중 확대'", 한국일보, 2008년 4월 21일자.
"제한적 이중국적 허용 신중 검토", 한국일보, 2008년 5월 1일자.
"지방 공무원 1만 명 연내 감축", 동양일보, 2008년 5월 1일자.
"지방 공무원 감축 현실 무시", 연합뉴스, 2008년 5월 6일자.
"통치와 경영의 차이", 동아일보, 허영, 2008년 3월 28일자.
"판검사, 군장성도 차등성과급제", 조선일보, 2007년 10월 9일자.
"판검사, 장성, 지방경찰청장 차등 성과급", 동아일보, 2007년 10월 8일자.
"판검사도 성과급", MBC TV, 2007년 10월 8일자.
"판검사도 성과급 도입, 평가방법 골치", 조선일보, 2008년 3월 12일자.
"판검사도 성과급 준다지만, 평가는 어떻게 …… 법조계 술렁", 한국경
    제, 2008년 3월 13일자.
"판사 성과급 결국 '계급順'……경력 따라 200～380만 원씩 지급", 경
    향신문 2008년 5월 20일자.
"CEO 305명 전부 이달 사표 받는다", 중앙일보, 2008년 4월 25일자.

6. 기타

정부혁신지방분권위원회,『참여정부의 인사개혁』, 2005. 12.

중앙인사위원회,『공무원인사개혁백서』, 2005. 9.

중앙인사위원회,『참여정부 공무원인사개혁백서』, 2007. 12.

유종해 외,『행정학대사전』, 고시원, 1993.

이종수,『행정학사전』, 대영문화사, 2000.

총무처 직무분석기획단,『신정부혁신론』, 1998. 2.

행정학용어 표준화연구회,『행정학용어사전』, 새정보미디어, 1999.

중앙인사위원회 보도자료, "공무원 성과급 비중 확대", 2008. 1. 4.

행정안전부 기타자료, "공직분류체계 연혁 및 현황", 2009. 2. 4.

행정안전부 보도자료, "지방예산의 10%인 12조를 절감하여 경제 살리
　　　기에 투자한다", 2008. 3. 15.

중앙인사위원회 예규 제158호, 공무원 연봉 업무처리지침, 2008. 1. 11.

행정안전부 예규 제84호, 직무성과계약제 운영지침, 2008. 3. 14.

행정안전부 예규 제241호, 공무원보수 등의 업무지침, 2009. 5. 29.

손상식 ───

▌약 력

비사최우수상 수상(총장상, 2006)
계명대학교 법경대학 법학사(2006)
연세대학교 일반대학원 법학석사(헌법전공, 2008)
연세대학교 일반대학원 박사과정(현재)

▌주요논문

"공무원의 성과급제에 관한 고찰", 「법학연구」 제19권 제1호, 2009. 3, 연세대학교 법학연
구원(등재후보지).

공직제도개혁의 헌법적 조망

초판인쇄 │ 2009년 10월 26일
초판발행 │ 2009년 10월 26일

지은이 │ 손상식
펴낸이 │ 채종준
펴낸곳 │ 한국학술정보㈜
주 소 │ 경기도 파주시 교하읍 문발리 파주출판문화정보산업단지 513-5
전 화 │ 031) 908-3181(대표)
팩 스 │ 031) 908-3189
홈페이지 │ http://www.kstudy.com
E-mail │ 출판사업부 publish@kstudy.com
등 록 │ 제일산-115호(2000. 6. 19)

ISBN   978-89-268-0457-5 93360 (Paper Book)
        978-89-268-0458-2 98360 (e-Book)

내일을여는지식   은 시대와 시대의 지식을 이어 갑니다.